T0332847

ÉDITION FRANÇAISE

ENGLISH FOR EVERYONE

MANUEL DE GRAMMAIRE

La consultante linguistique, anglais britannique

Diane Hall intervient dans l'enseignement de l'anglais depuis plus de 30 ans, tour à tour enseignante, formatrice, éditrice et auteur. Elle a publié plusieurs manuels d'apprentissage généraux et de grammaire pour les plus grands éditeurs de langue anglaise. Titulaire d'un Master en Linguistique appliquée, elle est également professeur à l'université en grammaire anglaise et linguistique appliquée.

La consultante linguistique, anglais américain

Susan Barduhn est professeur d'anglais et formatrice expérimentée d'enseignants. Elle a, en tant qu'auteur, contribué à de nombreuses publications. Elle donne non seulement des cours d'anglais dans le monde entier, mais est également présidente de l'Association internationale des professeurs d'anglais langue étrangère et conseillère auprès du British Council et du département d'État américain. Elle est actuellement professeur à la School for International Training dans le Vermont, aux États-Unis.

ÉDITION FRANÇAISE

ENGLISH FOR EVERYONE

MANUEL DE GRAMMAIRE

conditional

reported speech

passive

past perfect

Rédacteur Ben Francon Davies
Éditeurs artistiques Dominic Clifford, Paul Drislane, Sunita Gahir, Clare Shedden
Assistants d'édition Sarah Edwards, Helen Leech
Illustrateurs Edwood Burn, Michael Parkin
Concepteur couverture Suhita Dharamjit, Ira Sharma
Éditeur couverture Claire Gell
Responsable conception couverture Sophia MTT
Production, préproduction Andy Hilliard
Production Mary Slater
Rédacteur en chef Daniel Mills
Éditeur artistique en chef Anna Hall
Éditeur Andrew Macintyre
Directeur artistique Karen Self
Directeur de publication Jonathan Metcalf

DK Inde
Éditeur artistique senior en chef Arunesh Talapatra
Éditeur artistique senior Chhaya Sajwan
Éditeur artistique Meenal Goel
Assistant artistique Rohit Dev Bhardwaj

Publié en Grande Bretagne en 2016
par Dorling Kindersley Limited
80 Strand, London, WC2R 0RL

Titre original : *English For Everyone. English Grammar Guide.*

Adaptation et réalisation : Édiclic
Traduction : Audrey Favre pour Édiclic
Lecture-correction : Sabrina Bendersky

ISBN : 978-0-2413-5260-1

Imprimé et relié en Slovaquie
Dépôt legal : mai 2018

UN MONDE D'IDÉES
www.dk.com

Sommaire

01 Le présent simple

Utilisez le présent simple pour énoncer des faits, parler de choses qui se produisent régulièrement et pour décrire des vérités générales.

Pour en savoir plus :
Le présent continu **4** Parler d'événements futurs avec le présent **19** Les adverbes de fréquence **102**

1.1 LE PRÉSENT SIMPLE

Pour former le présent simple, utilisez le radical du verbe (l'infinitif sans « to »).

I eat lunch at noon every day.

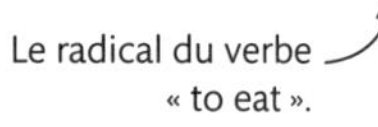

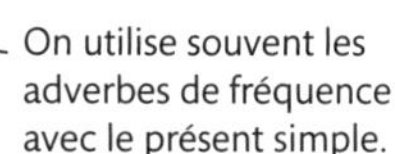

She eats lunch at 2pm every day.

Avec « he », « she » et « it », ajoutez « -s » au radical.

AUTRES EXEMPLES

We drink coffee every morning. 

She drinks coffee every morning. 

We start work at 9am. 

He starts work at 11am. 

They leave work at 5pm. 

Rob leaves work at 7pm. 

CONSTRUCTION

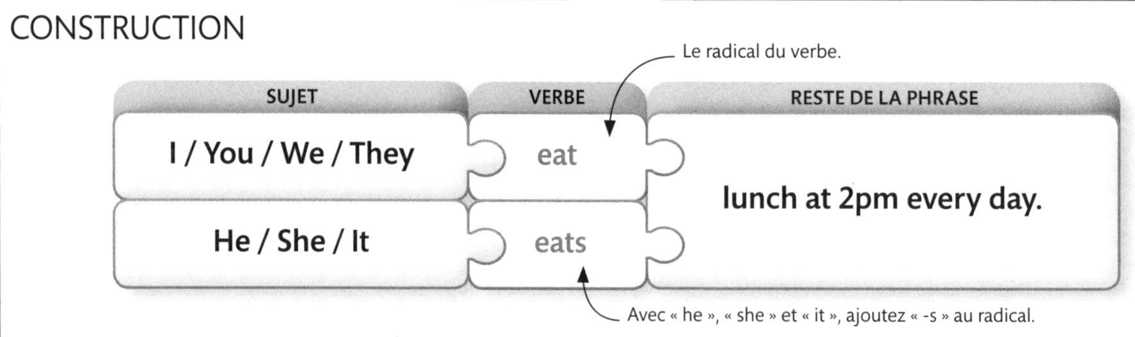

1.2 LES TERMINAISONS EN « -S » ET « -ES »

Avec certains verbes, on ajoute « -es » avec « he », « she » et « it ». C'est le cas avec les verbes se terminant en « -sh », « -ch », « -o », « -ss », « -x » et « -z ».

I go to bed.

He goes to bed.

Ajoutez « -es » aux verbes se terminant en « -o ».

I finish work.

He finishes work.

Ajoutez « -es » aux verbes se terminant en « -sh ».

I watch TV.

She watches TV.

Ajoutez « -es » aux verbes se terminant en « -ch ».

I cross the road.

She crosses the road.

Ajoutez « -es » aux verbes se terminant en « -ss ».

I fix cars.

She fixes cars.

Ajoutez « -es » aux verbes se terminant en « -x ».

Their phones buzz all day.

His phone buzzes all day.

Ajoutez « -es » aux verbes se terminant en « -z ».

AUTRES EXEMPLES

Tom does the dishes every evening. 

He washes the windows on Fridays. 

She teaches English to six students. 

He blushes when he's embarrassed. 

ERREURS COURANTES FORMER LE PRÉSENT SIMPLE

Avec « he », « she », « it » ou le nom d'une personne, le présent simple se termine toujours en « -s » ou « -es ».

Ajoutez un « s » au radical « start ».

He starts work at 11am. ✓

He start work at 11am. ✗

Utilisez « start » sans « s » uniquement avec « I », « you », « we » et « they ».

Il n'est pas nécessaire d'ajouter l'auxiliaire « do » pour former le présent simple. Il est réservé à la forme interrogative et négative.

I eat lunch at noon every day. ✓

I do eat lunch at noon every day. ✗

Utilisez « do » en guise d'auxiliaire uniquement pour la forme interrogative et la forme négative.

1.3 « TO BE » AU PRÉSENT SIMPLE

« To be » est un verbe important dont
la forme simple est irrégulière au présent.

I am **25 years old.**

You are **a chef.**

« Are » suit aussi
« we » et « they ».

He is **happy.**

« Is » suit aussi
« she » et « it ».

CONSTRUCTION

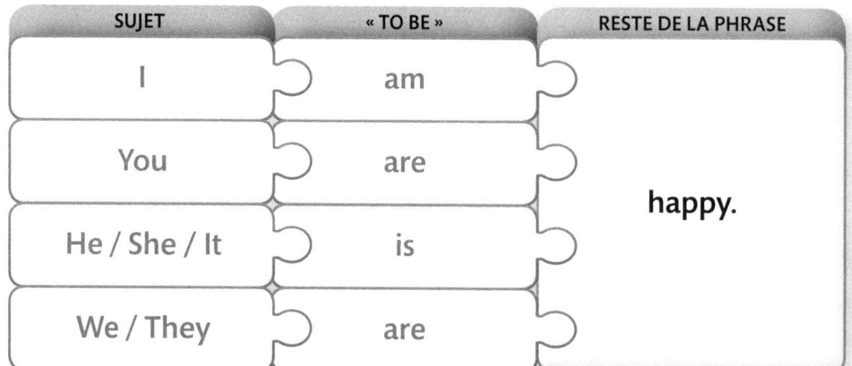

SUJET	« TO BE »	RESTE DE LA PHRASE
I	am	
You	are	**happy.**
He / She / It	is	
We / They	are	

AUTRES EXEMPLES

I am **a doctor.**

They are **students.**

My grandma is **92 years old.**

Vous pouvez aussi contracter
le sujet et le verbe.

We're **late for work.**

He's **American.**

Ruby's **seven years old.**

1.4 « TO HAVE » AU PRÉSENT SIMPLE

« To have » est un verbe irrégulier. À la troisième personne du singulier, sa forme est « has » et non « haves ».

I have **a garage.**

Utilisez « has » à la troisième personne du singulier : « he », « she » et « it ».

She has **a yard.**

CONSTRUCTION

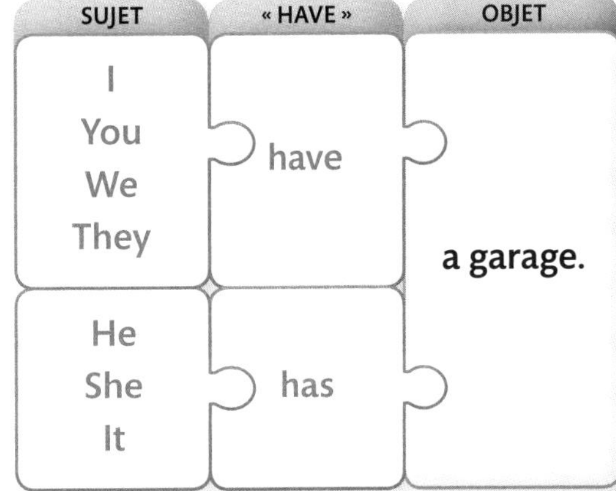

SUJET
« HAVE »
OBJET
I
You
We
They
have
He
She
It
has
a garage.

AUTRES EXEMPLES

I have **a car.**

You have **a sister.**

I have **a painful back.**

They have **the same dress.**

They have **a new baby.**

The cat has **a new collar.**

He has **a cold.**

Thomas has **a driving lesson today.**

Jack has **a bad headache.**

Sarah has **coffee with Tom every Tuesday.**

02 Le présent simple à la forme négative

Pour mettre « to be » au présent à la forme négative, il suffit d'ajouter « not » après le verbe. Devant la plupart des autres verbes, on utilise l'auxiliaire « do not » ou « does not ».

Pour en savoir plus :
Le présent simple **1** Vue d'ensemble du présent **5** Les types de verbes **49**

2.1 LA FORME NÉGATIVE DU VERBE « TO BE »

Le verbe « to be » se conjugue de la même manière à la forme négative et à la forme affirmative. Il suffit d'ajouter « not » à la forme négative.

I am **a farmer.** I am not **a doctor.**

CONSTRUCTION

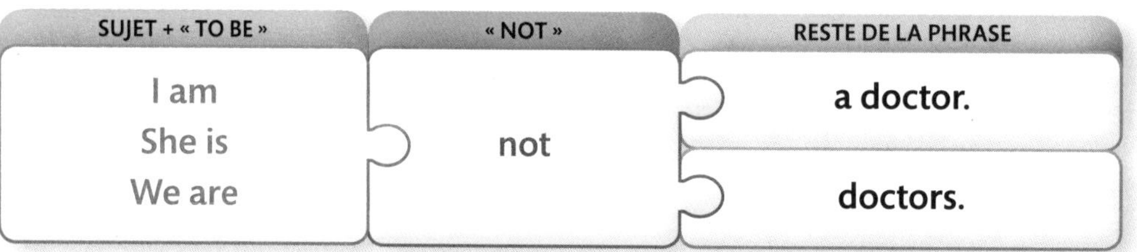

SUJET + « TO BE »	« NOT »	RESTE DE LA PHRASE
I am She is We are	not	**a doctor.** **doctors.**

2.2 LES FORMES NÉGATIVES CONTRACTÉES

Vous pouvez contracter « is not » et « are not » de deux façons. Vous pouvez contracter le sujet et le verbe, ou le verbe et « not ». Le sens reste le même.

You are **not a doctor.**

La forme contractée de « you are » est « you're ».

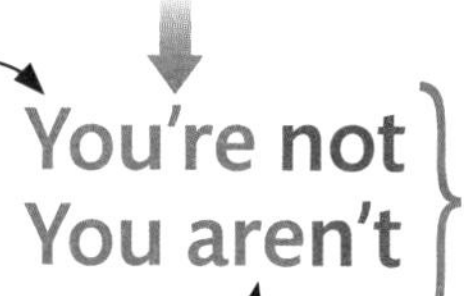

You're not / You aren't } **a doctor.**

La forme contractée de « are not » est « aren't ».

AUTRES EXEMPLES

I'm **not a teacher.**

Vous ne pouvez pas dire « I amn't ».

He's not / He isn't } **a farmer.**

They're not / They aren't } **American.**

2.3 LES AUTRES NÉGATIONS AU PRÉSENT SIMPLE

Il suffit d'ajouter « do not » ou « does not » devant la plupart des autres verbes pour obtenir la forme négative.

I work outside.

I do not work outside.

He works inside.

He does not work inside.

Radical du verbe principal.

CONSTRUCTION

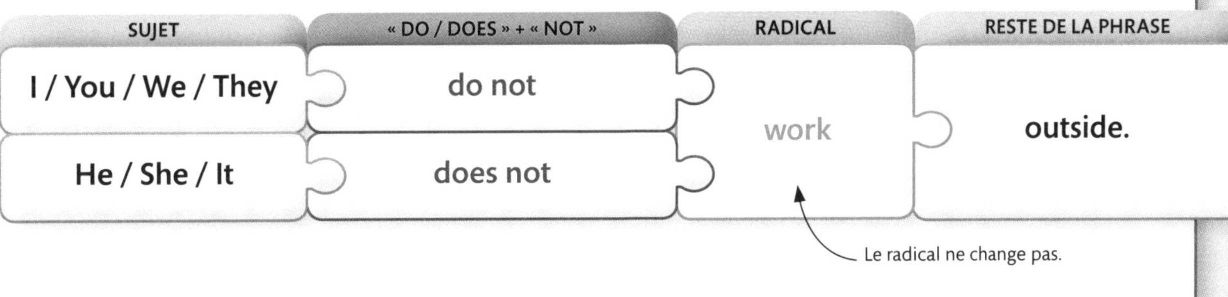

SUJET	« DO / DOES » + « NOT »	RADICAL	RESTE DE LA PHRASE
I / You / We / They	do not	work	outside.
He / She / It	does not		

Le radical ne change pas.

AUTRES EXEMPLES

You do not have a computer.

We don't start work at 8am.

He does not live in Los Angeles.

He doesn't have a car.

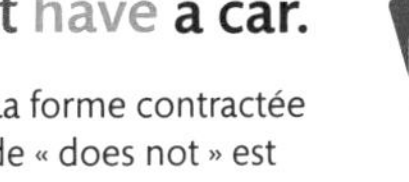

La forme contractée de « does not » est « doesn't ».

ERREURS COURANTES FORMER DES PHRASES NÉGATIVES

Le radical du verbe principal d'une phrase négative ne change pas, même si le sujet est « he », « she » ou « it ».

He does not work outside. 

He does not works outside. 

03 Les questions au présent simple

Pour poser des questions simples avec le verbe « to be », il suffit d'inverser le sujet et le verbe. Pour les autres verbes, vous devez placer l'auxiliaire « do » ou « does not » avant le sujet.

Pour en savoir plus :
Le présent simple **1** Poser des questions **34**
Les mots interrogatifs **35**
Les questions ouvertes **36**

3.1 LES QUESTIONS AVEC « TO BE » AU PRÉSENT SIMPLE

Pour poser une question avec le verbe « to be », il suffit de placer le verbe avant le sujet.

Dans une affirmation, le sujet se place devant le verbe.

You are Canadian.

Are you Canadian?

Dans une question, le verbe se place en début de phrase.

Le sujet se place après le verbe.

CONSTRUCTION

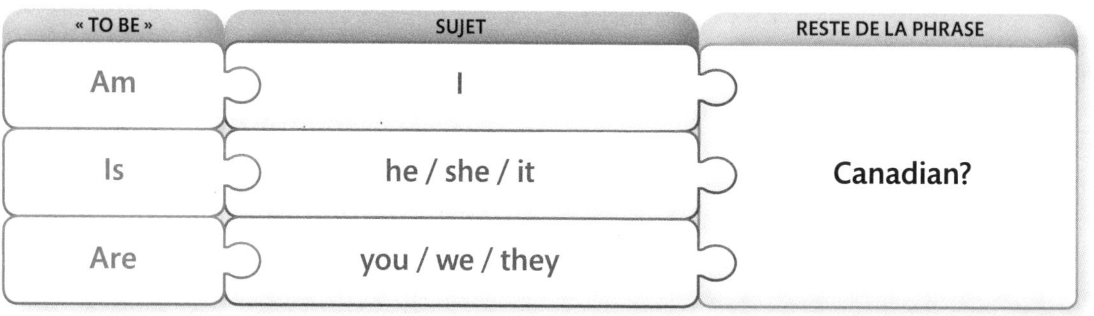

« TO BE »	SUJET	RESTE DE LA PHRASE
Am	I	
Is	he / she / it	Canadian?
Are	you / we / they	

AUTRES EXEMPLES

Am I **on time?**

Is he **your brother?**

Where are we?

Les mots interrogatifs peuvent être placés avant le verbe pour poser des questions ouvertes.

Am I **on the list?**

Is it **time to leave?**

Are they **friendly?**

3.2 LES QUESTIONS AVEC « DO » ET « DOES »

Pour poser une question sans le verbe « to be », commencez la question avec « do » ou « does ». N'inversez pas le sujet et le verbe principal.

You work in an office. → **Do you work in an office?**

Ajoutez « do » pour les questions avec « I », « you », « we » et « they ».

She works in a school. → **Does she work in a school?**

Ajoutez « does » pour les questions avec « he », « she » et « it ».

Le verbe est à l'infinitif sans « to ».

CONSTRUCTION

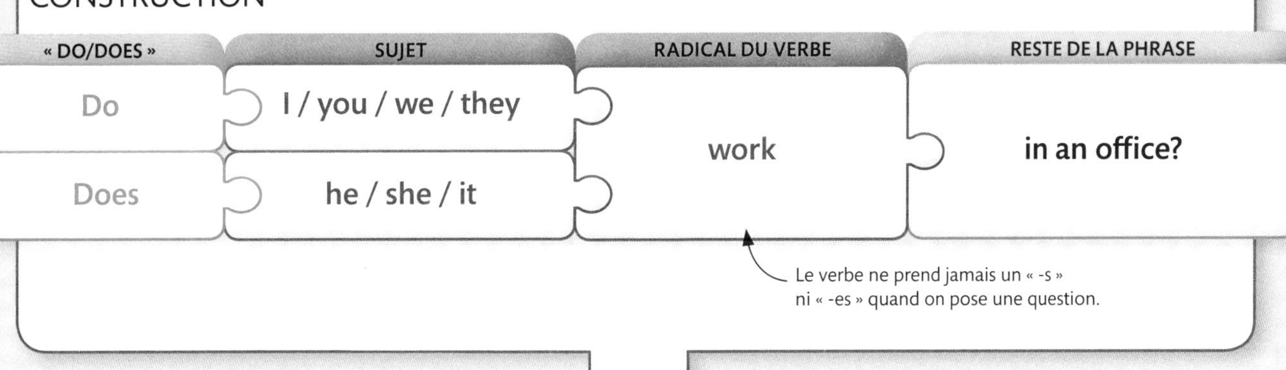

« DO/DOES »	SUJET	RADICAL DU VERBE	RESTE DE LA PHRASE
Do	I / you / we / they	work	in an office?
Does	he / she / it		

Le verbe ne prend jamais un « -s » ni « -es » quand on pose une question.

AUTRES EXEMPLES

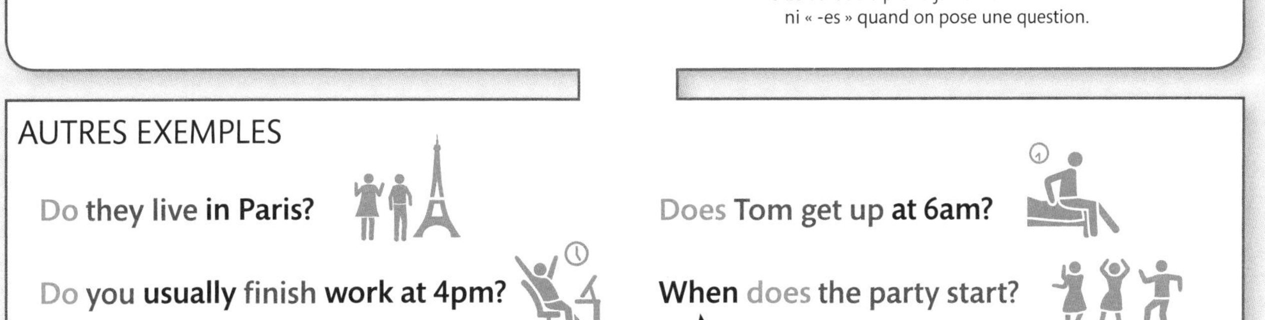

Do they live in Paris?

Does Tom get up at 6am?

Do you usually finish work at 4pm?

When does the party start?

Vous pouvez placer un mot interrogatif avant « do » ou « does » pour poser des questions ouvertes.

⚠ ERREURS COURANTES POSER DES QUESTIONS AU PRÉSENT SIMPLE

N'ajoutez jamais « -s » ou « -es » au radical quand vous posez une question, même à la troisième personne du singulier (« he », « she », ou « it »).

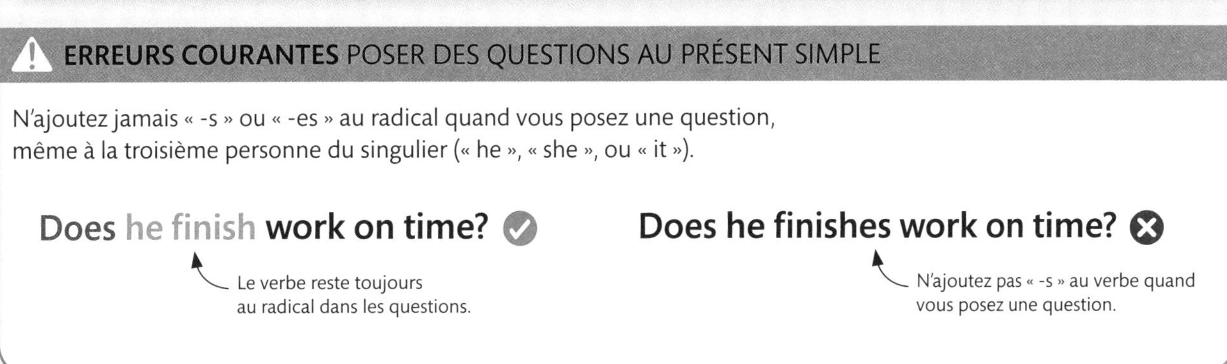

Does he finish work on time? ✔

Le verbe reste toujours au radical dans les questions.

Does he finishes work on time? ✘

N'ajoutez pas « -s » au verbe quand vous posez une question.

04 Le présent continu

Vous pouvez utiliser le présent continu pour évoquer quelque chose qui se passe maintenant. Il se construit avec « to be » et un participe présent.

Pour en savoir plus :
Le présent simple **1** Les verbes d'action et les verbes d'état **50** Les infinitifs et les participes **51**

4.1 LE PRÉSENT CONTINU

Le présent continu s'utilise pour évoquer une action qui se déroule au moment où l'on parle.

« Wears » est au présent simple. Il décrit une action ou une situation qui se répète.

Julie usually wears jeans, but today she is wearing a dress.

Le présent continu utilise le verbe « to be ».

« Is wearing » est le présent continu. Il décrit une action qui se passe au moment présent.

CONSTRUCTION

SUJET	« AM/IS/ARE »	VERBE + « -ING »	RESTE DE LA PHRASE
She	is	wearing	a dress.

Participe présent.

AUTRES EXEMPLES

We are walking **the dog.**

Vous pouvez contracter le sujet et le verbe.

They're fighting **with each other.**

He is washing **the dishes.**

She's relaxing **at the moment.**

They are talking **on their phones.**

It's raining **a lot outside.**

4.2 LES RÈGLES D'ORTHOGRAPHE DU PARTICIPE PRÉSENT

Pour construire le participe présent, ajoutez « -ing » au radical du verbe principal. Certains participes peuvent avoir une construction légèrement différente.

La dernière lettre est un « -e ».

Les dernières lettres sont « -ie ».

Le verbe se termine par consonne-voyelle-consonne et la dernière syllabe est accentuée.

wear → **wearing**

Ajoutez « -ing » pour former le participe présent simple.

choose → **choosing**

Supprimez le « -e ».

tie → **tying**

Remplacez le « -ie » par « -y ».

shop → **shopping**

Doublez la dernière lettre, sauf s'il s'agit de « -w », « -x » ou « -y ».

CONSEIL

Le participe présent suit les mêmes règles d'orthographe que le gérondif.

AUTRES EXEMPLES

Ne doublez pas la dernière lettre car la dernière syllabe n'est pas accentuée.

They're opening a store next week.

My uncle is writing a novel.

Harry is always lying to his mother.

Terry is mopping the floor.

I am cutting some apples.

My mother is baking us a cake.

⚠ ERREURS COURANTES LES VERBES D'ÉTAT AUX TEMPS CONTINUS

Les verbes d'action peuvent être utilisés à la forme simple et continue. On ne met généralement pas les verbes d'état à la forme continue.

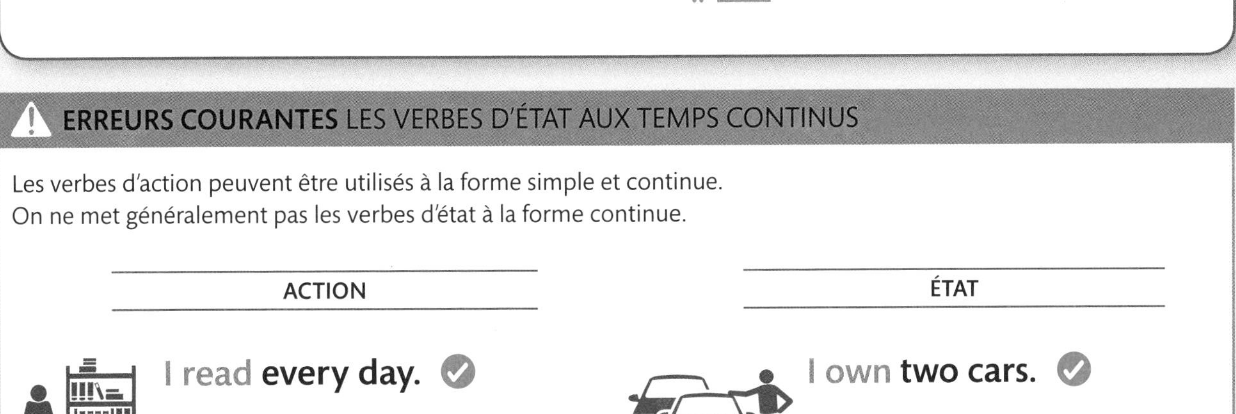

ACTION	ÉTAT
I read every day. ✓	I own two cars. ✓
I am reading right now. ✓	I am owning two cars. ✗

4.3 LE PRÉSENT CONTINU À LA FORME INTERROGATIVE

Pour poser une question au présent continu, inversez le sujet et « to be ».

Le sujet est « He ».

He is playing **tennis.**

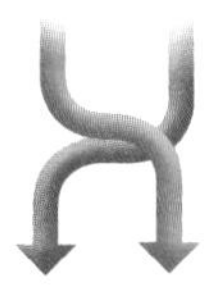

Is he playing **tennis?**

Dans une question, le verbe passe au début de la phrase.

Cette action se déroule en ce moment.

CONSTRUCTION

« AM/IS/ARE »	SUJET	VERBE + « -ING »	RESTE DE LA PHRASE
Is	he	playing	**tennis?**

AUTRES EXEMPLES

Are they going **to the park?**

Is he cycling **to work?**

Is she eating **pizza?**

Are they working **late?**

Vous pouvez ajouter des mots interrogatifs comme « what », « where » et « how » avant le verbe pour poser des questions ouvertes.

Where are we going **today?**

Are you coming **to the party?**

What are you eating **for dinner?**

Is it raining **outside?**

4.4 LE PRÉSENT CONTINU À LA FORME NÉGATIVE

Mettez le présent continu à la forme négative en ajoutant « not » après « to be ».

He is wearing **a tie, but** he { is not / isn't } wearing **a hat.**

Ajoutez « not « après « to be » pour passer à la forme négative. Vous pouvez aussi utiliser la forme contractée.

Le participe présent ne change pas avec la forme négative.

CONSTRUCTION

SUJET	« AM/IS/ARE » + NOT	VERBE + « -ING »	RESTE DE LA PHRASE
He	is not	wearing	**a hat.**

Le participe présent ne change pas.

AUTRES EXEMPLES

He isn't walking **the dog.**

We aren't taking **the bus today.**

They aren't singing **well today.**

You aren't doing **your job!**

She isn't cleaning **up her bedroom.**

James isn't reading **his book.**

They aren't looking **where they're going.**

We aren't eating **out this week.**

He isn't playing **football today.**

You aren't doing **well at school this year.**

05 Vue d'ensemble du présent

5.1 LE PRÉSENT SIMPLE ET LE PRÉSENT CONTINU

Le présent simple est utilisé pour parler de situations permanentes, d'occurrences régulières, de vérités générales, d'actions répétées et d'états permanents.

C'est toujours vrai.

The sun rises in the East.

Le présent continu sert à parler de situations temporaires, d'actions répétées autour du moment présent et d'actions continues dans le présent.

Cette situation est temporaire.

It is raining in San Francisco right now.

5.2 LE PRÉSENT À LA FORME INTERROGATIVE

Au **présent simple**, les questions avec « to be » ont une construction différente de celle des autres verbes.

Are | you | English?

Placez la forme de « to be » avant le sujet.

Do | you | speak | English?

Ajoutez « do » ou « does » avant le sujet.

Les questions au **présent continu** sont toujours formées de la même façon.

Is | it | raining?

Placez la forme de « to be » avant le sujet.

ERREURS COURANTES UTILISER « -S » AU PRÉSENT SIMPLE

À la forme **interrogative** ou **négative**, n'ajoutez jamais « -s » au radical, même à la troisième personne du singulier (« he », « she » ou « it »).

AFFIRMATION

Ajoutez un « -s » au radical des phrases affirmatives.

He starts work at 7am. ✓

He start work at 7am. ✗

Le radical sans « -s » est réservé à « I », « you », « we » et « they ».

Le présent simple et le présent continu ne renvoient pas aux mêmes cas de figure. Il existe différentes façons de construire leur forme interrogative et négative.

Pour en savoir plus :
Le présent simple **1** Le présent continu **4**
Poser des questions **34** Les infinitifs et les participes **51**

Cette action est répétée.

Giorgio plays golf every weekend.

Robert lives in London.

Cet état est continu.

Cette action est répétée autour du moment présent.

Julia is playing lots of golf these days.

At the moment, Robert is watching TV.

Cette action est en cours au moment présent.

5.3 LE PRÉSENT À LA FORME NÉGATIVE

La forme négative du **présent simple** avec « to be » est différente de celle des autres verbes.

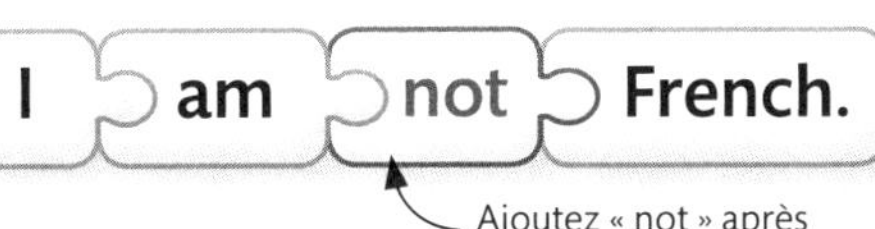

Ajoutez « not » après la forme de « to be ».

I | do not | speak | French.

Ajoutez « do not » ou « does not » entre le sujet et le verbe principal.

Le présent continu à la forme négative est toujours construit de la même façon.

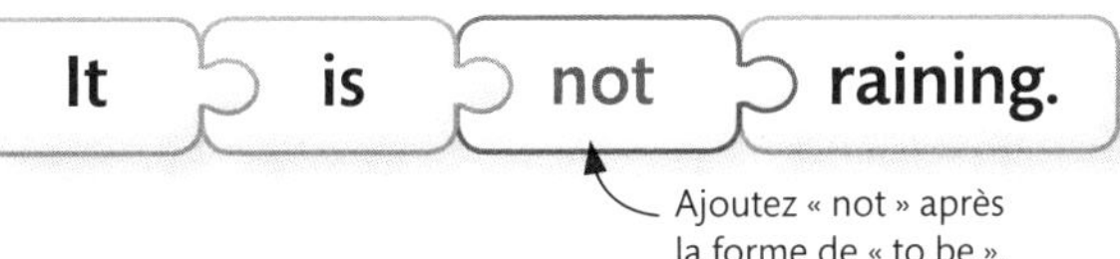

Ajoutez « not » après la forme de « to be ».

FORME INTERROGATIVE

On garde toujours le radical dans les questions.

Does he finish work on time? ✓

Does he finishes work on time? ✗

N'ajoutez pas « -s » ou « -es » au radical pour poser une question.

FORME NÉGATIVE

Utilisez le radical à la forme négative.

He does not work weekends. ✓

He does not works weekends. ✗

N'ajoutez pas « -s » ou « -es » au radical à la forme négative.

06 L'impératif

Utilisez l'impératif pour ordonner à quelqu'un de faire quelque chose. L'impératif permet également d'avertir une personne d'un danger ou de lui indiquer une direction.

Pour en savoir plus :
Les types de verbes **49** Les suggestions et les conseils **59** Les pronoms indéfinis **79**

6.1 L'IMPÉRATIF

Pour former l'impératif, on utilise le radical (l'infinitif sans « to »).

Ajoutez un point d'exclamation si l'impératif est urgent.

Stop!

Le radical du verbe « to stop ».

AUTRES EXEMPLES

Get **up.**

Be **careful!**

Give **that to me.**

Eat **your breakfast.**

Help!

Read **this book.**

6.2 L'IMPÉRATIF NÉGATIF

Ajoutez « don't » ou « do not » devant le verbe pour former l'impératif négatif.

Do not / Don't } turn **right.**

AUTRES EXEMPLES

Don't eat **that cake.**

I've just painted that door.
Don't touch **it.**

Don't rush. **I'm not in a hurry.**

Don't sit **there. That chair is broken.**

6.3 L'IMPÉRATIF AVEC UN SUJET

Une phrase à l'impératif n'a généralement pas de sujet, mais on peut parfois utiliser un nom ou un pronom pour préciser à qui on s'adresse.

Everybody sit down.

AUTRES EXEMPLES

Phillip, come here.

You stay there.

Pour plus d'emphase, vous pouvez utiliser « you » dans une phrase à l'impératif.

Someone open the window.

Have fun, Anne.

Le sujet peut aussi être placé à la fin de la phrase.

6.4 DEMANDER POLIMENT

En anglais, l'impératif peut parfois sembler trop sec. On peut ajouter des mots pour rendre la phrase plus polie.

Please close the door.

Vous pouvez placer « please » avant le verbe à l'impératif pour adoucir l'ordre.

Just give me a minute, please.

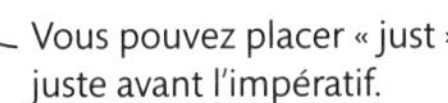

Vous pouvez placer « just » juste avant l'impératif.

« Please » peut aussi venir à la fin de la phrase.

Do come in.

« Do » peut se placer avant l'impératif pour faire une demande plus formelle.

6.5 FAIRE DES SUGGESTIONS AVEC « LET'S »

Utilisez « let's » pour faire une suggestion d'activité qui inclut le locuteur.

Radical.

It's sunny today. Let's go out.

It's cold. Let's not go out.

« Not » se place après « let's » pour obtenir la forme négative.

07 Le prétérit

Le prétérit permet de décrire des événements survenus à un moment précis du passé. C'est le temps passé le plus fréquent en anglais.

Pour en savoir plus :
Le prétérit à la forme négative **8** La forme interrogative au prétérit **9** Le present perfect simple **11**

7.1 LES VERBES RÉGULIERS AU PRÉTÉRIT

La terminaison des verbes réguliers au prétérit est « -ed ».

MARDI — MAINTENANT

Walter washed his car on Tuesday.

Le verbe se termine en « -ed ».

Moment précis dans le passé.

CONSTRUCTION

La plupart des verbes au prétérit ne changent pas en fonction du sujet.

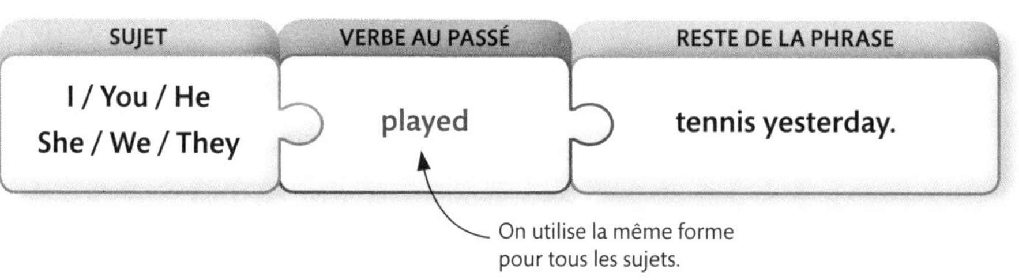

On utilise la même forme pour tous les sujets.

AUTRES EXEMPLES

Last night, I watched a documentary about Italy.

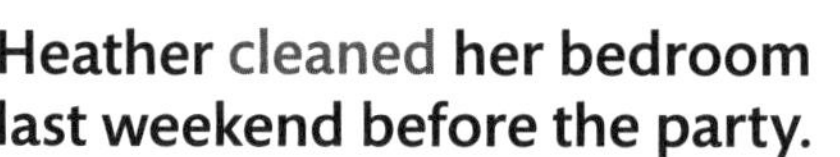

Heather cleaned her bedroom last weekend before the party.

Last Friday I danced with friends.

Tom shaved off his beard yesterday.

Tom usually drives to work, but yesterday he walked instead.

After work, Nia listened to music and started reading a new book.

7.2 LES RÈGLES ORTHOGRAPHIQUES DU PRÉTÉRIT

Au prétérit, les verbes réguliers se terminent en « -ed ».
Toutefois, certains verbes subissent des modifications orthographiques.

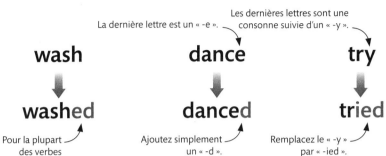

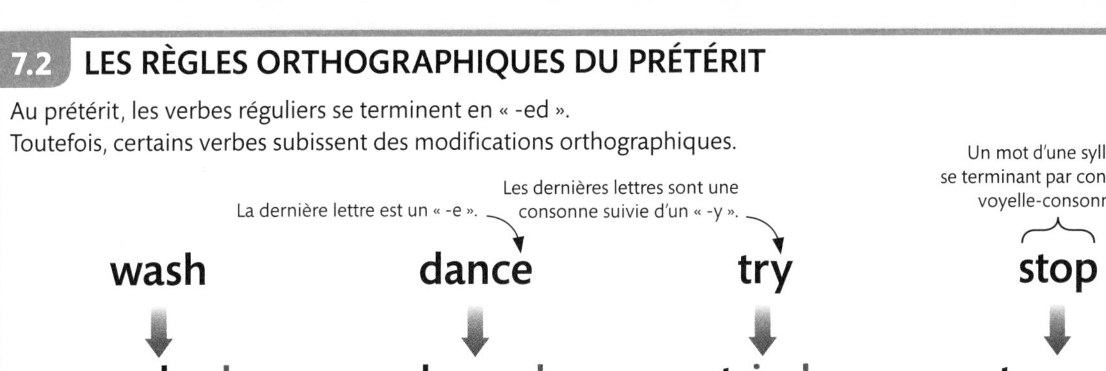

La dernière lettre est un « -e ».
Les dernières lettres sont une consonne suivie d'un « -y ».
Un mot d'une syllabe se terminant par consonne-voyelle-consonne.
wash
washed
dance
danced
try
tried
stop
stopped
Pour la plupart des verbes réguliers, ajoutez « -ed ».
Ajoutez simplement un « -d ».
Remplacez le « -y » par « -ied ».
Doublez la dernière consonne et ajoutez « -ed ».

AUTRES EXEMPLES

jump → jumped

arrive → arrived

carry → carried

drop → dropped

work → worked

save → saved

cry → cried

hop → hopped

play → played

decide → decided

hurry → hurried

step → stepped

7.3 LES VERBES IRRÉGULIERS AU PRÉTÉRIT

En anglais, certains verbes ne prennent pas « -ed » au prétérit. Il n'existe pas de règle définie pour savoir comment former les verbes irréguliers au prétérit.

« Went » est le prétérit de « go ».

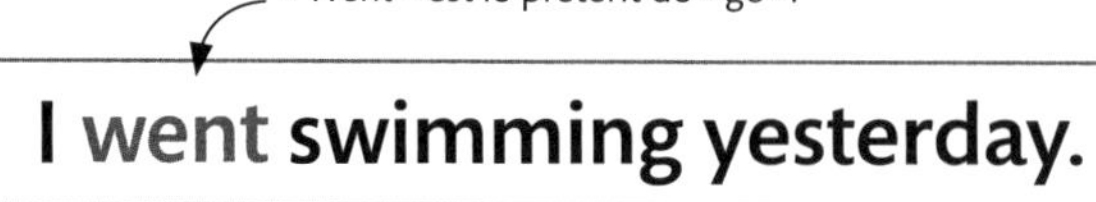
I **went** swimming yesterday.

HIER → MAINTENANT

PRÉTÉRIT DES VERBES IRRÉGULIERS COURANTS

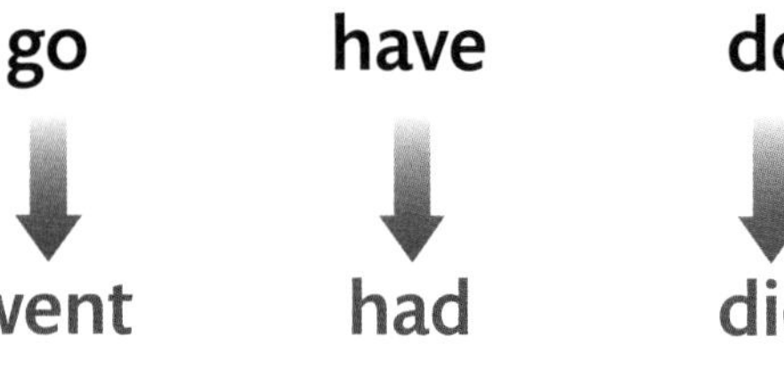

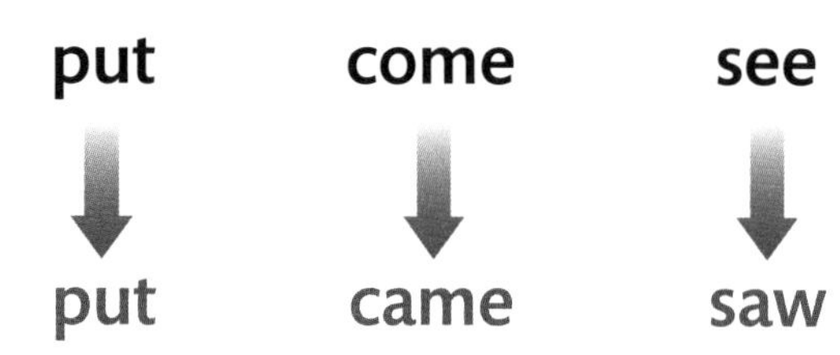

go	have	do	put	come	see
↓	↓	↓	↓	↓	↓
went	had	did	put	came	saw

AUTRES EXEMPLES

I **swam** in the 500m race.

Sam **ate** two pizzas.

I **came** to the US in 1980.

We **went** to the zoo last week.

We **saw** some rare birds.

They **drank** all the lemonade.

I **did** really well in school.

They **had** a great vacation.

Steve **put** his cup on the table.

Sheila **drove** to the park.

7.4 LE PRÉTÉRIT DE « TO BE »

Le prétérit de « to be » est complètement irrégulier. « To be » est le seul verbe à changer en fonction du sujet au prétérit.

The traffic was bad, so we were late for school.

CONSTRUCTION

Avec le prétérit de « to be », le verbe change en fonction du sujet.

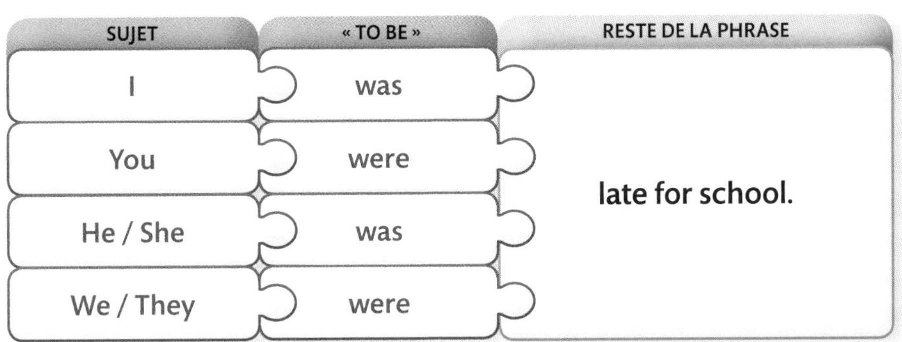

SUJET	« TO BE »	RESTE DE LA PHRASE
I	was	late for school.
You	were	
He / She	was	
We / They	were	

AUTRES EXEMPLES

He was **a doctor for 40 years.**

We were **at the library yesterday.**

She was **a Broadway star in the 1960s.**

There were **lots of people at the party.**

There was **a party last night.**

They were **at the movies last week.**

08 Le prétérit à la forme négative

On utilise le prétérit à la forme négative pour parler de choses qui ne se sont pas déroulées dans le passé. On le construit toujours de la même façon, sauf si le verbe est « to be ».

Pour en savoir plus :
Le prétérit **7** Le présent simple à la forme négative **2** Les types de verbes **49**

8.1 LE PRÉTÉRIT À LA FORME NÉGATIVE

Pour construire la forme négative du prétérit, on ajoute « did not » ou « didn't » au radical du verbe. Le verbe principal ne passe pas au prétérit.

I played tennis last week, but I didn't play yesterday.

« Played » est au prétérit.

Pour construire la forme négative, ajoutez « didn't » avant le verbe.

LA SEMAINE DERNIÈRE — HIER — MAINTENANT

CONSTRUCTION

SUJET	« DID NOT/DIDN'T »	RADICAL	RESTE DE LA PHRASE
I	didn't	go	swimming.

Utilisez « didn't » ou « did not » pour passer à la forme négative, quel que soit le sujet.

Utilisez le radical du verbe principal avec la forme négative du prétérit.

AUTRES EXEMPLES

You didn't like **the beach.**

I didn't eat **all the chocolate!**

They didn't buy **the big, expensive car.**

Emily didn't enjoy **the theme park as much as Zara.**

« Did not » est réservé à l'emphase ou aux situations formelles.

She did not talk **to anyone before the exam.**

Hugh did not cycle **to work today.**

ERREURS COURANTES LE RADICAL À LA FORME NÉGATIVE DU PRÉTÉRIT

Pour la forme négative du prétérit, on ajoute « didn't » devant le radical.
Le verbe principal n'est jamais au prétérit.

Gardez le radical « play ».

I didn't play tennis last night. ✓

Le radical ne doit être au prétérit que s'il s'agit d'une affirmation.

I didn't played tennis last night. ✗

8.2 LA FORME NÉGATIVE DU PRÉTÉRIT DE « TO BE »

Pour former le prétérit négatif de « to be », on ajoute « not » après « was » ou « were ».

The book was interesting, but the movie was not.

The books were great, but the movies were not.

CONSTRUCTION

SUJET	« WAS/WERE »	« NOT »	RESTE DE LA PHRASE
The movie	was	not	interesting.
The movies	were	not	interesting.

AUTRES EXEMPLES

Kate was not feeling well.

My parents were not pleased.

The cat wasn't in the house.

« Was not » est souvent raccourci en « wasn't ».

The computers weren't working.

« Were not » est souvent raccourci en « weren't ».

09 La forme interrogative au prétérit

On utilise l'auxiliaire « did » pour poser des questions au prétérit. Pour des questions au prétérit avec « to be », on inverse le sujet et le verbe « was » ou « were ».

Pour en savoir plus :
Le prétérit **7** Poser des questions **34**
Les types de verbes **49**

9.1 POSER DES QUESTIONS AU PRÉTÉRIT

Utilisez le prétérit de « do » (« did ») suivi du radical pour poser une question.

Dans l'énoncé, le verbe principal est au prétérit.

They bought **a new car.**

↓

Did they buy **a new car?**

Placez « did » avant le sujet.

Le verbe principal est à l'infinitif sans « to ».

She visited **her parents last week.**

↓

Who did she visit **last week?**

Vous pouvez ajouter des mots interrogatifs pour poser des questions ouvertes.

CONSTRUCTION

« DID »	SUJET	RADICAL	RESTE DE LA PHRASE
Did	they	buy	**a new car?**

AUTRES EXEMPLES

Did they have **a good time?**

Did you read **a book on the beach?**

Did Ray drink **all the milk?**

Where did she meet **her friends?**

Ajoutez des mots interrogatifs pour poser des questions ouvertes.

When did he go **to the gym?**

Why did you buy **so much food?**

9.2 LA FORME INTERROGATIVE DU PRÉTÉRIT AVEC « TO BE »

Pour poser une question avec le verbe « to be » au prétérit, inversez le sujet et « was/were ».

Dans une affirmation, le sujet se place avant le verbe.

She was excited. **You were excited.**

Was she excited? **Were you excited?**

Dans une question, le verbe et le sujet sont inversés.

Le sujet se place après le verbe.

CONSTRUCTION

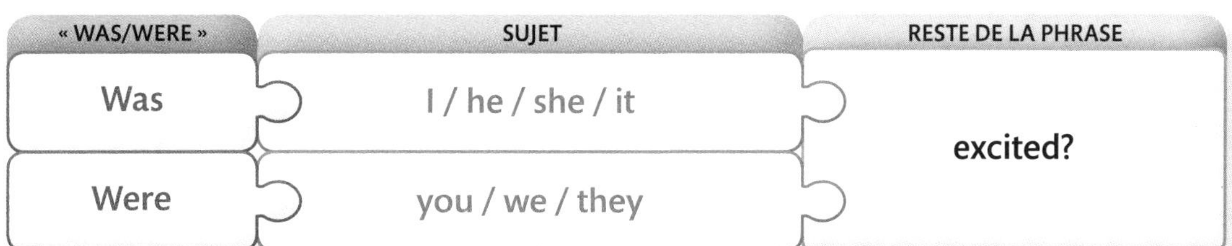

« WAS/WERE »	SUJET	RESTE DE LA PHRASE
Was	I / he / she / it	excited?
Were	you / we / they	

AUTRES EXEMPLES

Was he good at playing tennis?

Was there any cake at the party?

Were they surprised by you?

Were we the last ones to arrive?

Why was she late for the party?

Ajoutez des mots interrogatifs pour poser des questions ouvertes.

What were the lectures about?

What was that song called?

What was the weather like?

10 Le prétérit continu

En anglais, on utilise le prétérit continu pour parler d'actions ou d'événements qui étaient en cours à un moment précis du passé. On le forme avec « was » ou « were » et un participe présent.

Pour en savoir plus :
Le prétérit **7**
Les infinitifs et les participes **51**

10.1 LE PRÉTÉRIT CONTINU

L'anglais utilise le prétérit continu pour parler d'actions en cours à un moment donné dans le passé.

Le prétérit simple indique que l'action s'est déroulée une fois, et est désormais terminée.

I knocked on your door at noon, but you weren't at home. What were you doing?

11 H 30 — 12 H 00 — 12 H 30

Le prétérit continu indique que l'action s'est déroulée pendant un certain temps, mais est désormais terminée.

I was eating lunch with a friend.

Le prétérit continu décrit une action continue.

AUTRES EXEMPLES

This time last week, we were hiking in Peru.

He didn't go out because he was working late.

When I lost my camera, we were swimming in the sea.

The last time I saw him, he was washing his car.

CONSTRUCTION

Pour former le prétérit continu, utilisez « was » ou « were » suivis du participe présent.

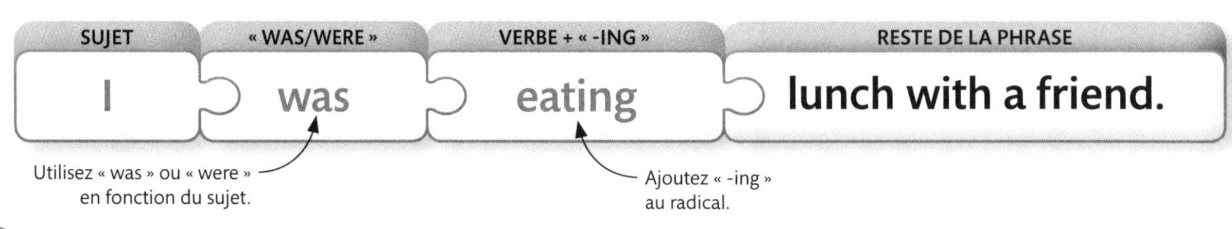

SUJET	« WAS/WERE »	VERBE + « -ING »	RESTE DE LA PHRASE
I	was	eating	lunch with a friend.

Utilisez « was » ou « were » en fonction du sujet.

Ajoutez « -ing » au radical.

10.2 DÉCRIRE UNE SCÈNE AVEC LE PRÉTÉRIT CONTINU

On utilise souvent le prétérit continu dans les récits, pour décrire une scène ou une situation.

It was a beautiful day.

The sun was shining **and the birds** were singing.

Children were laughing **and** playing **in the street.**

10.3 LE PRÉTÉRIT CONTINU ET LE PRÉTÉRIT SIMPLE

Lorsque l'anglais utilise le prétérit continu et le prétérit simple dans la même phrase, le prétérit continu décrit une action longue en arrière-plan, tandis que le prétérit simple décrit une action brève qui interrompt la première action.

ACTION DE FOND CONTINUE — ACTION PRINCIPALE QUI L'INTERROMPT

I was taking **a photo when** a monkey grabbed **my camera.**

AUTRES EXEMPLES

He was sunbathing **when it started to rain.**

She was sleeping **when the phone rang.**

I was mowing **the lawn when** you called.

I was having **a bath when** you knocked.

11 Le present perfect simple

Vous pouvez utiliser la forme verbale du « present perfect » pour parler de quelque chose qui est survenu dans le passé et qui a des conséquences dans le présent. Cette forme verbale se construit avec « to have » et un participe passé.

Pour en savoir plus :
Le prétérit **7** Le present perfect continu **12**
Les infinitifs et les participes **51**

11.1 LE PRESENT PERFECT

Vous pouvez utiliser le present perfect pour parler du passé de différentes façons :

Pour donner des informations ou des nouvelles.

Hi! I have arrived in London! My plane landed five minutes ago.

Pour parler d'une action répétée pendant un certain temps, qui continue de se produire.

I have visited California every summer since I was 18.

Pour parler d'un événement qui a commencé dans le passé et continue de se produire.

Olivia has gone on a trip to Egypt.

AUTRES EXEMPLES

Look! I've cooked dinner for us.

You haven't cleared the table. It's a mess!

John has just washed the dishes.

Have you cleaned up your bedroom?

CONSTRUCTION

SUJET	« TO HAVE/HAS »	PARTICIPE PASSÉ	RESTE DE LA PHRASE
I	have	arrived	in London.

Utilisez « has » pour « he », « she », ou « it ».

11.2 LES PARTICIPES PASSÉS RÉGULIERS

Formez les participes passés réguliers en ajoutant « -ed » au radical.

ask	→	asked
call	→	called
help	→	helped
need	→	needed
play	→	played
talk	→	talked
walk	→	walked
want	→	wanted
watch	→	watched
work	→	worked

11.3 LES PARTICIPES PASSÉS IRRÉGULIERS

L'anglais compte de nombreux participes passés irréguliers, qui sont parfois très différents du radical.

be	→	been
buy	→	bought
come	→	come
do	→	done
have	→	had
give	→	given
go	→	gone
make	→	made
say	→	said
see	→	seen

⚠ ERREURS COURANTES LE PRÉTÉRIT ET LES PARTICIPES PASSÉS

Il est important de ne pas confondre les formes du prétérit et celles du participe passé.

« Seen » est le participe passé de « see ».

I have seen lots of great things here. ✔

I have saw lots of great things here. ✘

« Saw » est le prétérit de « see » : il ne doit pas être utilisé avec le present perfect.

11.4 « GONE/BEEN »

« To be » et « to go » sont tous deux utilisés au present perfect pour parler d'aller quelque part, mais leur sens est différent.

I haven't seen Joan recently. Where is she?

She's gone **to Florida.**

Elle est toujours en Floride.

Hi, Joan. You're looking well.

Yes, I've been **to Florida.**

Elle est allée en Floride, mais elle est revenue.

AUTRES EXEMPLES

Where's Ben?

He's gone **to the mall.**

You look relaxed.

Yes, we've been **in Bermuda. We had a great time.**

Where's Ariana?

She's gone **windsurfing.**

Your hair looks great!

Thanks! I've **just** been **to the hair salon.**

Where are Julie and Jack?

They've gone **to see a play.**

Where have you been?

We've been **to visit Joan in the hospital. She's not very well.**

11.5 LE PRESENT PERFECT SIMPLE ET LE PRÉTÉRIT

Le prétérit sert à parler de quelque chose qui est survenu à un moment précis. Utilisez le present perfect si vous ne connaissez pas le moment précis.

Puisqu'on donne une date précise (2010), le prétérit s'applique.
Have you ever been to France?
Yes, I visited Paris in 2010.
2010
MAINTENANT
Il n'y a pas de date précise : on utilise le present perfect.
Yes, I have visited Paris many times.
2003
2008
2010
2014
MAINTENANT

AUTRES EXEMPLES

PRÉTÉRIT	PRESENT PERFECT
I saw **a great movie last week.** 	I haven't seen **that movie.** 
Jo didn't climb **Mount Fuji last year.** 	Saki has climbed **Mount Fuji twice.** 
Madison ate **too much last night.** 	Jack hasn't eaten **curry before.** 

11.6 LE PRESENT PERFECT EN ANGLAIS AMÉRICAIN

L'anglais américain utilise souvent le prétérit là où l'anglais britannique préfère le present perfect.

No dessert for me! I ate **too much.** (US)

No dessert for me! I've eaten **too much.** (UK)

I can't find my passport. Did **you** see **it?** (US)

I can't find my passport. Have **you** seen **it?** (UK)

12 Le present perfect continu

On utilise le present perfect continu pour parler d'une activité continue qui s'est déroulée dans le passé tout en gardant des conséquences dans le présent. Il s'agit généralement d'une action dans le passé récent.

Pour en savoir plus :
Le prétérit **7** Le present perfect simple **11**
Les infinitifs et les participes **51**

12.1 LE PRESENT PERFECT CONTINU

Le present perfect continu décrit une activité qui s'est déroulée pendant un certain temps dans le passé récent. L'activité vient de cesser ou est encore en cours.

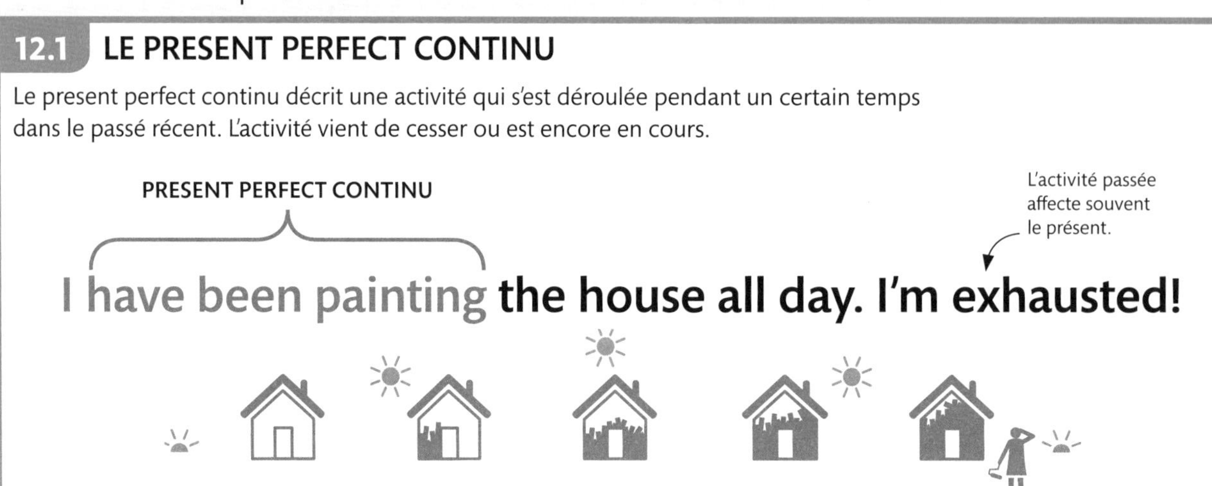

PRESENT PERFECT CONTINU
L'activité passée affecte souvent le présent.
I have been painting the house all day. I'm exhausted!

AUTRES EXEMPLES

Vous pouvez contracter « I have » en « I've ».

I've been cooking this evening. Now I have to do the dishes.

Vous pouvez contracter « he has » en « he's ».

He's been waiting for the bus for an hour. He is going to be late for work.

CONSTRUCTION

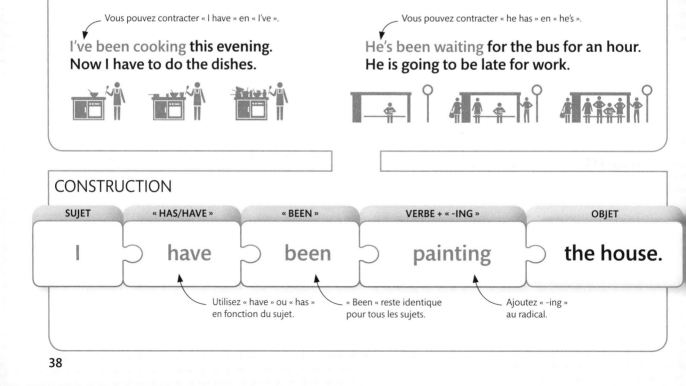

SUJET	« HAS/HAVE »	« BEEN »	VERBE + « -ING »	OBJET
I	have	been	painting	the house.

Utilisez « have » ou « has » en fonction du sujet.

« Been « reste identique pour tous les sujets.

Ajoutez « -ing » au radical.

12.2 LE PRESENT PERFECT CONTINU ET LE PRESENT PERFECT SIMPLE

Le present perfect continu sert à indiquer qu'une activité était en cours dans le passé. Il est d'ailleurs possible qu'elle soit toujours en cours.

PRESENT PERFECT CONTINU

I've been fixing my car. I'm covered in oil.

Utilisez le present perfect simple pour indiquer qu'une activité passée est terminée.

PRESENT PERFECT SIMPLE

I've fixed my car. Now I can drive to work again.

AUTRES EXEMPLES

I've been cooking **dinner. It will be ready soon.**

I've cooked **dinner. It's ready now.**

Vicky has been running **today. Now she's really tired!**

Vicky has **just** run **a race. Now she's receiving a medal.**

I've been eating **too much cake. I must eat less!**

I've eaten **all the cake. The plate is empty.**

We've been looking **at houses. We want to move.**

We've bought **a new house. We're moving in June.**

13 Le past perfect simple

L'anglais utilise le « past perfect » (ou plus-que-parfait) avec le prétérit pour parler de deux événements ou plus survenus à différents moments du passé.

Pour en savoir plus :
Le prétérit **7** Le present perfect simple **11**
Le past perfect continu **14** Les infinitifs et les participes **51**

13.1 LE PAST PERFECT SIMPLE

Pour parler de deux événements qui se sont déroulés à différents moments du passé, le prétérit décrit l'événement le plus proche du moment où l'on parle. Le past perfect décrit un événement plus éloigné dans le passé.

PAST PERFECT
PRÉTÉRIT
The train had left before we arrived at the station.

20 H 10 — 20 H 20 — MAINTENANT

Pablo had gone to work when I knocked on his door.

7 H 00 — 7 H 30 — MAINTENANT

CONSTRUCTION

Utilisez « had » suivi du participe passé pour former le past perfect.

SUJET	« HAD »	PARTICIPE PASSÉ	RESTE DE LA PHRASE
The train	had	left	before we arrived at the station.

« Had » ne change pas en fonction du sujet.

Le participe passé décrit l'action dans le passé.

AUTRES EXEMPLES

He had cooked dinner before Sally got back from work.

Même si l'action au prétérit est placée en premier dans la phrase, elle s'est déroulée plus tard.

The traffic was bad because a car had broken down on the road.

She had already read the play by the time she went to see it.

When we arrived at the stadium, the game had already started.

13.2 LE PRESENT PERFECT ET LE PAST PERFECT

LE PRESENT PERFECT SIMPLE

On utilise le present perfect pour parler d'une action qui s'est déroulée dans un passé récent tout en restant d'actualité au moment présent.

I'm so excited.
I have just passed my driving test.
IL Y A UNE HEURE
MAINTENANT

LE PAST PERFECT SIMPLE

Le past perfect décrit une action qui s'est produite avant un autre moment dans le passé.

I was so excited.
I had just passed my driving test.
IL Y A UNE HEURE
PASSÉ
MAINTENANT

14 Le past perfect continu

L'anglais utilise le past perfect continu avec le prétérit pour parler d'une activité qui était en cours avant une autre action ou un autre événement.

Pour en savoir plus :
Le prétérit **7** Le present perfect continu **12**
Les infinitifs et les participes **51**

14.1 LE PAST PERFECT CONTINU

Le prétérit renvoie à un événement précis terminé dans le passé. Le past perfect continu décrit une action répétée ou en cours qui se déroulait avant cet événement terminé.

PAST PERFECT CONTINU

He had been studying English for two years before he went to London.

PRÉTÉRIT

DEUX ANS AUPARAVANT — PASSÉ — MAINTENANT

By the time Katie arrived home, she had been driving for six hours.

SIX HEURES AUPARAVANT — PASSÉ — MAINTENANT

CONSTRUCTION

Formez le past perfect continu en plaçant « had been » devant un participe présent.

SUJET	« HAD BEEN »	VERBE + « -ING »	RESTE DE LA PHRASE
He	had been	studying	English for two years.

« Had been » ne change pas en fonction du sujet.

AUTRES EXEMPLES

She decided to buy a new car because her old one hadn't been working for weeks.

I went to see the doctor after I'd been feeling unwell for a few days.

The band had been rehearsing every day, so they won the competition.

I had been training to be a dancer until I broke my leg.

14.2 LE PRESENT PERFECT CONTINU ET LE PAST PERFECT CONTINU

LE PRESENT PERFECT CONTINU

Le present perfect continu sert à parler d'une action en cours ou répétée qui vient de s'arrêter.

I'm really thirsty. I have been cycling for two hours.

IL Y A DEUX HEURES → MAINTENANT

LE PAST PERFECT CONTINU

Le past perfect continu sert à parler d'une action continue ou répétée qui se déroulait jusqu'à un moment précis du passé.

I was really thirsty. I had been cycling for two hours.

IL Y A DEUX HEURES → PASSÉ

MAINTENANT

15 « Used to » et « would »

Pour parler d'habitudes ou d'états du passé, vous pouvez utiliser « used to » ou « would ». L'anglais emploie souvent ces formes pour contraster le passé avec le présent.

Pour en savoir plus :
Le présent simple **1** Le prétérit **7** Le prétérit continu **10** Les adverbes de fréquence **102**

15.1 « USED TO »

Vous pouvez utiliser « used to » avec un infinitif pour parler d'habitudes passées.

Fait référence à une habitude passée.

We used to play tennis every day, but now we prefer golf.

Vous pouvez également l'utiliser pour parler d'états fixes à un moment indéfini du passé.

Fait référence à un état passé.

We used to live in London before we moved to Sydney.

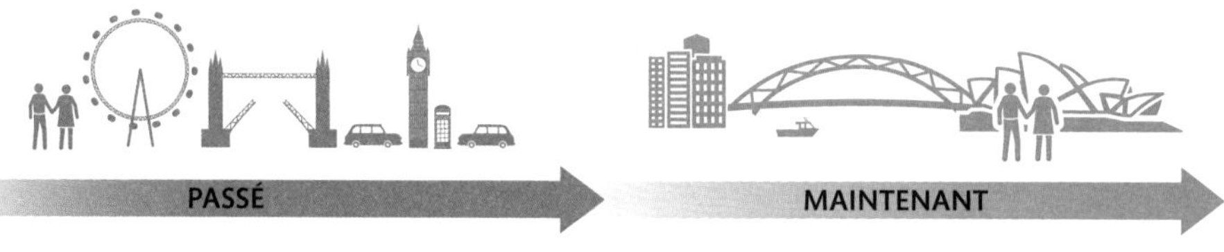

AUTRES EXEMPLES

Did you use to ride a scooter when you were a student?

« Used » devient « use » avec les formes négatives et interrogatives.

I didn't use to believe in ghosts until I visited a haunted house.

I used to eat lunch on my own, but now I sit with friends.

We didn't use to think England was cold until we moved here.

I used to eat meat, but now I'm a vegetarian.

I didn't use to be afraid of spiders until I visited Australia.

⚠ ERREURS COURANTES « USED TO » ET LE PRÉTÉRIT CONTINU

Pour parler d'habitudes passées, vous devez utiliser « used to ». Il est incorrect d'utiliser le prétérit continu dans ce cas.

We used to play lots of board games when we were younger. ✓

We were playing lots of board games when we were younger. ✗

N'utilisez pas le prétérit continu pour parler d'habitudes passées.

15.2 UNE AUTRE FAÇON DE DIRE « USED TO » AVEC DES HABITUDES

Vous pouvez aussi remplacer « used to » par « would » pour parler d'habitudes passées de façon un peu plus formelle ou à l'écrit. Ces énoncés comprennent souvent une référence au temps pour décrire quand ou à quelle fréquence quelque chose s'est déroulé.

Fait référence à une habitude passée.

When I was younger, my family would go skiing once a year.

IL Y A 6 ANS — IL Y A 5 ANS — IL Y A 4 ANS — MAINTENANT

AUTRES EXEMPLES

When I was little, we would go for a picnic every Saturday.

When I was a student in college, I would spend as little as possible.

Whenever there were sports on TV, we just wouldn't do our homework.

Before I moved abroad, I wouldn't try anything new.

⚠ ERREURS COURANTES « WOULD » AVEC DES ÉTATS

Il est incorrect d'utiliser « would » pour parler d'états dans le passé. Vous devez utiliser « used to » dans ce cas.

We used to live in London before we moved to Sydney. ✓

We would live in London before we moved to Sydney. ✗

« Would » ne peut pas être utilisé de cette façon avec les verbes d'état.

16 Vue d'ensemble des temps du passé

16.1 LES TEMPS DU PASSÉ

Le prétérit fait référence à une seule action terminée dans le passé.

Phil washed his car on Tuesday.

Cette action dans le passé est désormais terminée.

Le present perfect simple fait référence à une action non termin ou une série d'actions qui ont commencé dans le passé, ou des actions passées dont les conséquences se poursuivent dans le présent.

Eve has arrived in London.

Eve est toujours à Londres : cette action est encore d'actualité.

Le prétérit continu fait référence à une action continue dans le passé.

The last time I saw Phil, he was washing his car.

À ce moment, il était en train de nettoyer sa voiture.

Le present perfect continu fait référence à une activité continue dans le passé dont les conséquences s'étendent au moment présent.

I have been painting the house all day. I'm exhausted!

C'est une conséquence à l'heure actuelle.

16.2 LE PRÉTÉRIT ET LE PRESENT PERFECT SIMPLE

Le prétérit fait référence à des événements ou actions ponctuelles terminés dans le passé. Leurs conséquences ne s'appliquent pas au moment présent.

La dissertation est terminée : c'est le prétérit qui s'applique.

I wrote my essay about Ancient Greece.

Ce n'est plus pertinent dans le présent, car les clés ont été retrouvées.

I lost my keys, but I found them on my desk.

Le present perfect simple fait référence à des actions ou événements dans le passé qui sont inachevés, ou dont les conséquences s'étendent au moment présent.

La dissertation est inachevée : utilisez le present perfect simple.

I have written half of my essay, but I need to finish it.

Les clés sont toujours perdues en ce moment : on utilise le present perfect simple.

I have lost my keys. I can't find them anywhere!

Il existe huit façons de parler du passé en anglais. Il est particulièrement important de comprendre les différences entre le prétérit et le present perfect simple.

Pour en savoir plus :
Le prétérit **7** Le present perfect simple **11**
Les infinitifs et les participes **51**

Le past perfect simple fait référence à une action ou un événement qui s'est déroulé avant une autre action ou événement dans le passé.

The game had started when I arrived at the stadium.

Le past perfect continu fait référence à une action ou événement continu qui s'est déroulé avant un autre événement ou action dans le passé.

I had been feeling unwell for days, so I went to the doctor.

« **Used to** » et « **would** » sont utilisés pour parler d'actions répétées dans le passé, mais qui sont désormais terminées.

I {used to / would} go to Spain every year.

« **Used to** » peut aussi faire référence à un état fixe à un moment indéfini du passé, qui n'est plus d'actualité.

I used to live in London.

« Live » est un état : on ne peut pas utiliser « would ».

16.3 POINTS CLÉS LES TEMPS NARRATIFS

Les temps narratifs sont des temps utilisés pour raconter une histoire au passé. On utilise le **prétérit continu** pour planter le décor. Le **prétérit** permet de décrire les actions de l'histoire. On utilise le **past perfect** pour parler d'événements qui ont eu lieu avant le début de l'histoire.

A crowd of people were celebrating the New Year when one of the young men kneeled down in front of his girlfriend and asked her to marry him. He had planned everything beforehand.

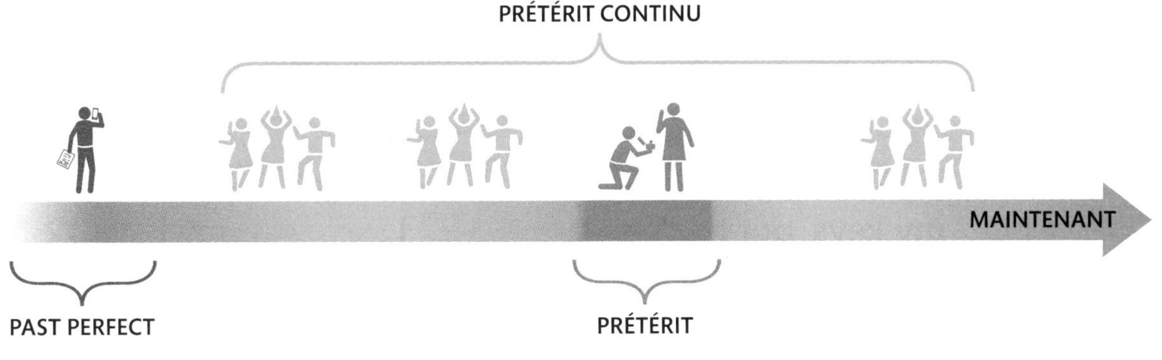

17 Le futur avec « going to »

En anglais, les formes au futur font appel à des auxiliaires. L'une des constructions les plus courantes utilise « going to » avec le radical.

Pour en savoir plus :
Le futur avec « will » **18** Le futur continu **20**
Le futur dans le passé **22**

17.1 CONSTRUCTION DU FUTUR AVEC « GOING TO »

SUJET	« TO BE »	« GOING TO »	RADICAL	RESTE DE LA PHRASE
He	is	going to	buy	a new car.

17.2 PARLER D'INTENTIONS AVEC « GOING TO »

Utilisez « going to » lorsque vous avez déjà décidé de faire quelque chose avant de parler.

Radical du verbe.

I'm going to buy a new car.

We are going to cook dinner tonight.

« To be » correspond au sujet de la phrase.

« Going to » ne change pas en fonction du sujet.

AUTRES EXEMPLES

I'm going to start reading this book soon.

Sam's going to get fit before his next birthday.

Mettez « not » après le verbe « to be » pour la forme négative.

I'm not going to eat any chocolate this month.

We're going to cycle from Boston to Cape Cod next weekend.

17.3 FAIRE DES PRÉDICTIONS AVEC « GOING TO »

Vous pouvez aussi utiliser « going to » lorsque vous faites des prédictions fondées sur un fait dont vous êtes sûr qu'il est vrai au moment où vous parlez.

« Going to » est le marqueur de la prédiction.

Look at those clouds. It's going to rain soon.

Les preuves formelles disponibles au moment présent signifient que vous pouvez faire une prédiction.

AUTRES EXEMPLES

Oh no! She's going to slip and fall over.

That hill is too steep. Jon is going to crash!

They're going to break a window if they're not careful.

Look! The waiter is going to drop those plates.

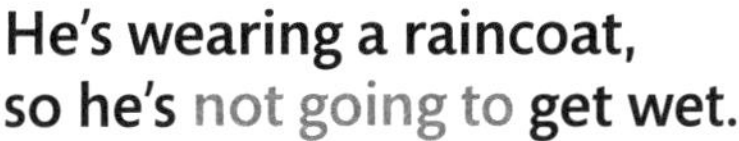

He's wearing a raincoat, so he's not going to get wet.

Oh dear, I think she's going to fall off that ladder!

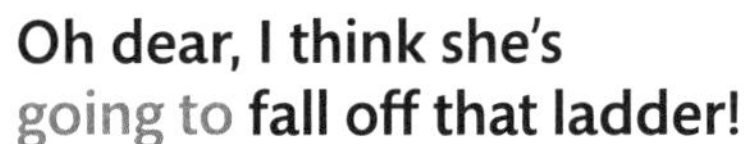

17.4 LES QUESTIONS AVEC « GOING TO »

Pour poser des questions avec « going to », inversez le sujet et « to be ».

Michelle is going to be at the meeting.

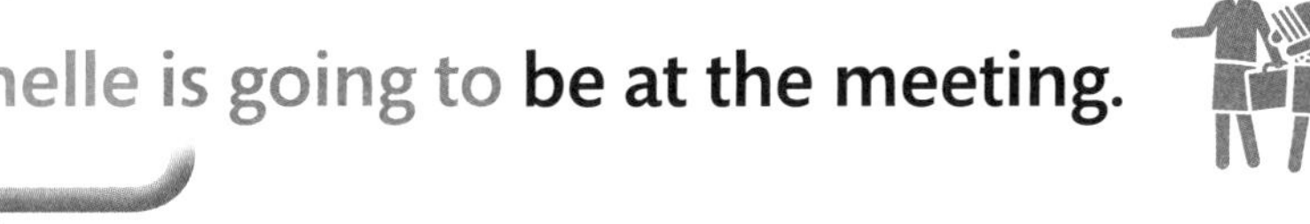

Is Michelle going to be at the meeting?

AUTRES EXEMPLES

Is Rhian going to come to work tomorrow?

Is Tim going to be at the party?

Vous pouvez ajouter des mots interrogatifs au début de la question.

What are you going to wear to the party?

When is he going to get here?

18 Le futur avec « will »

Vous pouvez parler d'événements futurs en utilisant « will ». Cette construction a plusieurs sens, qui sont tous différents du futur avec « going to ».

Pour en savoir plus :
Le futur avec « going to » **17**
Les infinitifs et les participes **51**

18.1 CONSTRUCTION DU FUTUR AVEC « WILL »

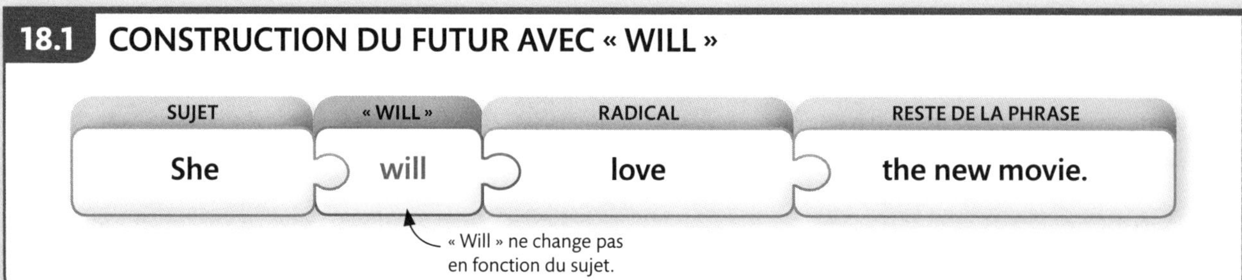

18.2 LE FUTUR AVEC « WILL »

L'anglais utilise « will » pour parler du futur de quatre façons différentes.

CONSEIL
N'oubliez pas d'utiliser le futur avec « going to » pour les prédictions basées sur des preuves actuelles, et pour les décisions prises au moment du discours.

Pour faire une prédiction sur ce que vous pensez qu'il va arriver.

Wait a few minutes. I think it will stop raining soon.

Cette prédiction n'est pas fondée sur des preuves.

Pour offrir de faire quelque chose pour quelqu'un.

You look frozen. I'll make you some hot soup.

Forme contractée de « I will ».

Pour faire une promesse.

We'll be there by eight. Don't worry!

Pour décrire une décision que vous venez juste de prendre.

I know! I'll buy Aaron a surfboard for his birthday.

La décision n'a pas été prise à l'avance.

18.3 FAIRE DES PRÉDICTIONS AVEC « WILL »

Utilisez « will » pour faire des prédictions en l'absence de preuves sûres.

This movie is great. You will love it.

Il n'y a pas de preuves formelles que la personne va aimer le film.

AUTRES EXEMPLES

The mall will be so busy this afternoon.

They'll enjoy their trip to Venice.

« Probably » exprime une possibilité avec un certain degré d'incertitude.

Jane will probably like the new house. It's really nice.

She'll be really angry when she finds out.

18.4 PRENDRE DES DÉCISIONS SPONTANÉES AVEC « WILL »

« Will » sert à décrire des décisions prises spontanément au moment où le locuteur parle. Elles sont souvent une réponse à un problème inattendu.

« Will » indique que vous venez de prendre cette décision.

Oh, it's raining! I'll take my umbrella.

AUTRES EXEMPLES

« Will not », ou « won't », est la forme négative de « will ».

It's midnight. I won't walk home through the park.

This apple is delicious. I'll have another one.

« So » sert souvent à prendre une décision rapide à un problème.

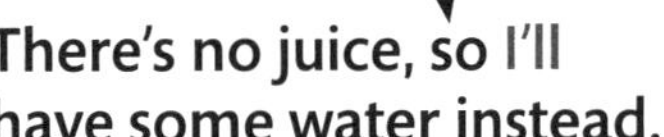

There's no juice, so I'll have some water instead.

The car has broken down, so I'll have to walk to work.

18.5 FAIRE UNE PROPOSITION AVEC « WILL »

« Will » sert aussi à offrir de faire quelque chose pour quelqu'un.

You seem busy. I'll pick the kids up from school today.

AUTRES EXEMPLES

I'll go to the post office for you if you want.

You must be starving! I'll make you a sandwich.

Sit down and relax, I'll make you a cup of tea.

Since you cooked, I'll do the dishes.

18.6 FAIRE DES PROMESSES AVEC « WILL »

Vous pouvez utiliser « will » pour faire une promesse.

Don't worry, I'll be careful.

AUTRES EXEMPLES

We'll let you know as soon as your car's ready.

I'll feed the cat when I get home.

If you bring the food, we'll take care of the drinks.

I'll take care of everything while you're away.

Ben said he'll call us as soon as he gets home.

Don't worry, I'll lock the front door when I leave.

18.7 « THINK » ET « WILL »

Il est possible d'associer « will » à « think » pour indiquer qu'une prédiction n'est qu'un simple avis, ou qu'une décision n'est pas arrêtée.

« That » est utilisé après « think », mais vous pouvez l'omettre.

Il s'agit d'une prédiction incertaine.

I think that we'll have enough food for the party.

I'm tired. I think I'll go to bed.

Cette décision n'est pas arrêtée.

AUTRES EXEMPLES

It's cold outside, but we don't think it'll snow today.

La forme négative porte sur « think » et non sur « will ».

I think I'll cook chicken for dinner this evening.

If we hurry, I think we'll get to the airport on time.

I think I'll take the children ice-skating tomorrow.

18.8 LE FUTUR AVEC « SHALL »

On utilise « shall » à la place de « will » quand on demande une décision, une suggestion ou une proposition. Dans ce cas, on ne l'utilise qu'avec « I » ou « we ». On l'utilise rarement en anglais américain.

Shall I pick you up or shall we meet at the restaurant?

« Shall » sert à faire une proposition.

« Shall » sert à émettre une suggestion.

AUTRES EXEMPLES

Shall I cook chicken or beef tonight?

I'm bored, shall we go out for a walk?

It's so hot in here. Shall I open a window?

Shall we try to finish the gardening today?

19 Parler d'événements futurs avec le présent

Vous pouvez employer le présent simple et le présent continu pour parler d'événements futurs déjà prévus. On les utilise généralement avec des pronoms ou des expressions temporelles qui font référence au futur.

Pour en savoir plus :
Le présent simple **1** Le présent continu **4**
Les prépositions de temps **107**

19.1 LE PRÉSENT SIMPLE POUR PARLER D'ÉVÉNEMENTS FUTURS

Vous pouvez utiliser le présent simple pour parler d'événements qui vont se dérouler dans le futur.

Présent simple.

Fait référence à un moment dans le futur.

The train arrives at 10pm tonight.

MAINTENANT → 22 H 00

CONSTRUCTION

SUJET	PRÉSENT SIMPLE	EXPRESSION TEMPORELLE DANS LE FUTUR
The train	arrives	at 10pm tonight.

AUTRES EXEMPLES

Don't forget we have an early meeting tomorrow morning.

The next flight to New York departs at 6 this evening.

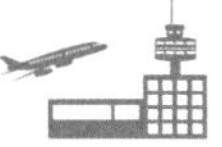

The concert is next Wednesday. I hope we're ready by then!

The bank opens late tomorrow because it's the weekend.

19.2 LE PRÉSENT CONTINU POUR PARLER D'ÉVÉNEMENTS FUTURS

Employez le présent continu pour parler d'événements futurs. Utilisez des expressions temporelles pour indiquer si le verbe au présent continu fait référence au présent ou au futur.

« At the moment » indique que l'action se situe dans le présent.

Le présent continu fait référence à ce que fait Dave en ce moment.

At the moment Dave is working, but tomorrow he is playing golf.

L'adverbe de temps « tomorrow » indique que l'action se situe dans le futur.

Le présent continu fait référence à un événement déjà prévu.

MAINTENANT → DEMAIN

CONSTRUCTION

SUJET	PRÉSENT CONTINU	EXPRESSION TEMPORELLE DANS LE FUTUR
Dave	is playing golf	tomorrow.

AUTRES EXEMPLES

Jack's playing soccer tomorrow.

I'm seeing a movie later.

Sue is studying this evening.

Lisa is playing golf tomorrow.

I'm having dinner with Mike next weekend.

Jay is meeting some friends tomorrow evening.

Tom and Samantha are getting married tomorrow.

I'm running a race for charity this weekend.

20 Le futur continu

Vous pouvez utiliser le futur continu avec « will » ou « going to ». Il décrit un événement ou une action qui sera en cours à un moment donné du futur.

Pour en savoir plus :
Le présent continu **4** Le futur avec « will » **18**
Les infinitifs et les participes **51**

20.1 LE FUTUR CONTINU AVEC « WILL »

Le futur continu décrit un événement qui sera en cours à un moment dans le futur, souvent précisé. L'événement commencera avant le moment en question et pourra continuer après.

PRÉSENT CONTINU

Right now I'm working in a café.
In 10 years' time, I hope I will be running a bistro.

FUTUR CONTINU

MAINTENANT → DANS 10 ANS

CONSTRUCTION

SUJET	« WILL BE »	PARTICIPE PRÉSENT	OBJET
I	will be	running	a bistro.

AUTRES EXEMPLES

This time next week, we will be walking in the Andes.

Emma will be starting school in September.

20.2 LE FUTUR CONTINU AVEC « ANYWAY »

Le futur continu peut aussi être utilisé pour parler d'événements qui vont se produire naturellement ou « anyway ».

Oh no, I've run out of milk.

I can get some for you later.

No, please don't worry!

It's okay, I'll be driving past the store anyway.

AUTRES EXEMPLES

You can send the parcel here.
I'll be waiting in the house anyway.

I can give that to Freda for you.
I'll be seeing her for lunch.

« Anyway » est sous-entendu.

20.3 LES QUESTIONS NEUTRES

Le futur continu est aussi utilisé pour poser des questions neutres. Il s'agit de questions posées pour obtenir une information et non pour faire une demande.

QUESTION NEUTRE

Futur continu.

Will you be coming into work tomorrow?

Yes, I will.

OK, let's talk about the report then.

DEMANDE

Futur simple.

Will you come into work tomorrow please?

Sure, no problem.

AUTRES EXEMPLES

Will you be driving past the post office later?

Will you be attending the meeting this afternoon?

20.4 LE FUTUR CONTINU POUR PARLER DU PRÉSENT

Vous pouvez également utiliser le futur continu pour faire des hypothèses sur quelque chose qui pourrait avoir lieu au moment où l'on parle.

Have you noticed that Andrew isn't at work today?

He'll be working on his presentation at home.

It's more likely that he'll be watching the golf on TV!

AUTRES EXEMPLES

Why isn't Xavier here today?

He'll be finishing off his report for the annual meeting.

Why is Nev late?

He'll be taking his children to school.

Where is Sarah?

She'll be studying in the library probably.

Is Phoebe at home?

No, she's not here. She'll be playing with Ciara at the park, probably.

Have you seen Roberta?

No, but she's going out later, so I think she'll be getting ready.

20.5 LE FUTUR CONTINU AVEC « GOING TO »

Le futur continu peut parfois être exprimé avec « going to » au lieu de « will », mais cette possibilité est moins fréquente. « Going to » peut intervenir dans la plupart des constructions au futur continu, hormis pour faire des hypothèses sur le présent.

I can't come out this evening.
I'm going to be studying **all night.**

CONSTRUCTION

SUJET	« TO BE »	« GOING TO BE »	PARTICIPE PRÉSENT	RESTE DE LA PHRASE
I	am	going to be	studying	all night.

AUTRES EXEMPLES

I want to go away on Saturday, but I'm going to be working all weekend.

I'd love to go out on Thursday, but I'm going to be finishing this essay.

Shall we have lunch next week? I'm going to be visiting your city.

I'm going to be staying with my husband's family for the holidays this year.

Do you want to go to a concert tonight? My wife is going to be performing.

At the lecture this evening, two politicians are going to be talking about crime.

21 Le futur perfect

Vous pouvez utiliser le « futur perfect » pour parler d'événements qui vont chevaucher, ou finir avant, un autre événement du futur. Ce temps s'emploie à la forme simple ou progressive.

Pour en savoir plus :
Les infinitifs et les participes **51**
Les prépositions de temps **107**

21.1 LE FUTUR PERFECT

Vous pouvez utiliser le futur perfect pour dire si une action ou un événement sera terminé avant un certain moment du futur.

« By » a presque le même sens que « before ».

They will have built the skyscraper by January.

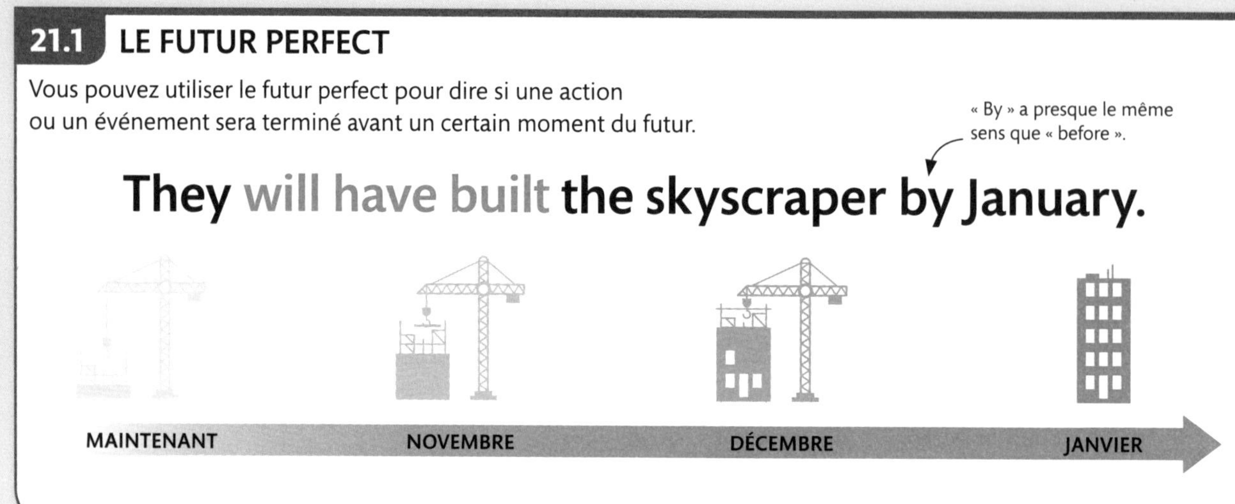

CONSTRUCTION

SUJET	« WILL HAVE »	PARTICIPE PASSÉ	OBJET	EXPRESSION TEMPORELLE
They	will have	built	the skyscraper	by January.

AUTRES EXEMPLES

Cai will have read all his course books by next week.

Sam will have finished the laundry by this afternoon.

The next time you see me, I will have had a haircut.

We're so late! The play will have started by the time we get there!

21.2 LE FUTUR PERFECT CONTINU

Vous pouvez utiliser le futur perfect continu pour prédire la durée d'une activité.
Ce temps permet de regarder en arrière à partir du moment imaginé dans le futur.

By July, I will have been working here for a year.

JUILLET DERNIER — MAINTENANT — JUILLET

CONSTRUCTION

EXPRESSION TEMPORELLE	SUJET	« WILL HAVE BEEN »	PARTICIPE PRÉSENT	RESTE DE LA PHRASE
By July,	I	will have been	working	here for a year.

AUTRES EXEMPLES

By the time this is all ready, Andy will have been cooking all day!

By the time I arrive home, I will have been driving for six hours.

By this time next month, I will have been studying English for a year!

He will have been waiting for two hours by the time she arrives.

This case will have been going on for over a year before it is settled.

22 Le futur dans le passé

En anglais, vous pouvez utiliser plusieurs constructions pour décrire les pensées concernant l'avenir qu'une personne a eues à un certain moment du passé.

Pour en savoir plus :
Le prétérit continu **10**
Les infinitifs et les participes **51**

22.1 LE FUTUR DANS LE PASSÉ AVEC « WAS GOING TO »

On utilise le futur dans le passé pour revenir sur une prédiction. Là où vous utiliseriez « going to » pour parler d'un événement futur à partir du présent, vous utilisez « was/were going to » pour parler de votre point de vue passé sur cet événement.

AVANT → MAINTENANT

This traffic is awful! I think I'm going to be late for work.

I thought I was going to be late, but I'm right on time.

CONSTRUCTION

SUJET	« WAS/WERE »	« GOING TO »	RADICAL	RESTE DE LA PHRASE
I	was	going to	be	late.

AUTRES EXEMPLES

I was going to start a new book today, but I didn't have time.

Delia was going to buy a new dress, but she couldn't find one.

Mike was going to have a party, but nobody could come.

We were going to buy a new dog, but we decided to wait.

They were going to go home, but they went dancing instead.

Sorry, I interrupted. Were you going to say something?

22.2 LE FUTUR DANS LE PASSÉ AVEC « WOULD »

Là où vous utiliseriez « will » pour parler d'un événement futur à partir du présent, vous utilisez « would » pour parler de votre point de vue passé sur cet événement.

AVANT → MAINTENANT

I think I will finish the gardening today. It shouldn't take too long.

I thought I would finish today, but there is still a lot left to do.

AUTRES EXEMPLES

I always knew she would be successful.

I was told that my car would be fixed by now.

Did you ever think you would become a doctor?

I don't know where Hilda is. I thought she'd be here by 8pm.

22.3 LE FUTUR DANS LE PASSÉ AVEC LE PRÉTÉRIT CONTINU

Vous pouvez aussi utiliser le prétérit continu pour parler d'un événement futur organisé à un moment du passé.

LUNDI MATIN → LUNDI APRÈS-MIDI → MAINTENANT

Jenny was extremely nervous on Monday morning. She was taking her driving test that afternoon.

AUTRES EXEMPLES

They were planning to go to the beach tomorrow, but the weather's terrible.

Michelle had been cleaning all day. Her sister was arriving that evening.

Hugo had to go to bed early because he was flying early the following morning.

23 Vue d'ensemble du futur

23.1 LE FUTUR

Le présent simple peut servir à parler d'événements qui devraient ou vont se dérouler dans le futur.

The train arrives at 10pm.

Le futur simple est la forme verbale la plus fréquemment employée pour faire référence à un événement dans le futur.

It { will / is going to } rain tomorrow.

Le présent continu peut servir à parler de projets et d'événements prévus dans le futur.

I'm traveling to Paris by train later this evening.

Le futur continu décrit un événement qui sera en cours à un moment donné du futur. L'événement débutera avant un moment précis et peut se poursuivre après.

It { will / is going to } be raining all weekend.

23.2 « GOING TO » ET « WILL »

L'anglais peut parler du futur avec « going to » et « will ». Si leur sens est souvent quasiment identique, dans certains cas ils prennent une signification bien différente.

« **Will** » sert à faire des prédictions qui ne reposent pas sur des preuves présentes.

Cette prédiction ne repose pas sur une preuve formelle.

I think Number 2 will win.

« **Going to** » intervient en présence d'une preuve formelle confirmant une prédiction.

Look, Number 2 is going to win.

L'anglais utilise huit tournures différentes pour parler du futur. Elles se construisent principalement avec l'auxiliaire « will » ou une forme de « to be », avec « going to ».

Pour en savoir plus :
Le futur avec « going to » **17**
Le futur avec « will » **18**

Le futur perfect sert à prédire quand une action ou un événement sera terminé. Ce temps part d'un point de vue dans le futur.

They will have built the skyscraper by next year.

Le futur perfect continu sert à prédire la durée d'une activité. Ce temps part de la fin de l'activité dans le futur.

By July, they will have been working on it for a year.

Le futur dans le passé décrit des pensées sur le futur que quelqu'un a eues à un moment du passé. On peut construire cette forme verbale de trois façons.

The traffic was terrible, so I knew I was going to be late.

« Am going to » devient « was going to ».

« Will » devient « would ».

I thought I would finish the gardening by the end of the day.

I was nervous on Sunday night. I was starting a new job the next day.

« Am starting » devient « was starting ».

« **Will** » intervient lorsqu'une décision est prise spontanément, au moment où l'on parle.

Cette décision n'a pas été prise à l'avance.

I know! I'll buy Jo a surfboard for her birthday.

« **Going to** » sert lorsqu'on parle d'une décision déjà prise.

Cette décision est déjà prise.

I'm going to buy her a surfboard that I saw last week.

24 La voix passive

Dans la plupart des phrases, le sujet exécute une action et l'objet la reçoit (ou reçoit son résultat). Dans une phrase à la voix passive, c'est le sujet qui reçoit l'action.

Pour en savoir plus :
Le présent simple **1** Le présent continu **4**
Les infinitifs et les participes **51**

24.1 LE PRÉSENT À LA VOIX PASSIVE

Dans une phrase à la voix passive, l'emphase passe de l'agent (personne ou chose effectuant l'action) à l'action en elle-même, ou à la personne ou objet la recevant. Au présent simple à la voix passive, le verbe devient un participe passé.

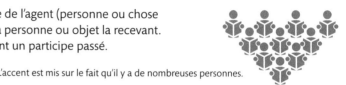

L'accent est mis sur le fait qu'il y a de nombreuses personnes.

Many people study this book.

Le sujet du verbe à la voix active est « many people ».

This book is studied by many people.

Le sujet du verbe à la voix passive est « the book ».

« Study » devient « is studied ».

AUTRES EXEMPLES

On utilise le passif lorsque l'agent est évident, inconnu ou sans importance. Il est également utile pour décrire un processus dont le résultat de l'action est important.

L'agent n'est pas précisé puisque le verbe fait manifestement référence à la police.

Criminals are arrested every day in this town.

L'agent n'est pas précisé puisque le processus est ce qui est important.

Are the posters printed on quality paper?

On inverse « to be » et le sujet pour poser des questions.

CONSTRUCTION

Pour former le passif, utilisez « to be » avec le participe passé. Employez « by » pour introduire l'agent (la chose recevant l'action), même si la phrase aurait un sens en son absence.

SUJET	« AM/IS/ARE »	PARTICIPE PASSÉ	« BY »
This book	is	studied	by many people.

24.2 LE PRÉSENT CONTINU À LA VOIX PASSIVE

Le présent continu à la voix passive sert à décrire des actions en cours.

PRÉSENT CONTINU

Developers are building lots of new houses in the area.

Lots of new houses are being built in the area.

PRÉSENT CONTINU À LA VOIX PASSIVE

AUTRES EXEMPLES

You can't use the pool today because it is being cleaned.

I am being interviewed by a news channel tomorrow.

The robbery is being investigated by the police.

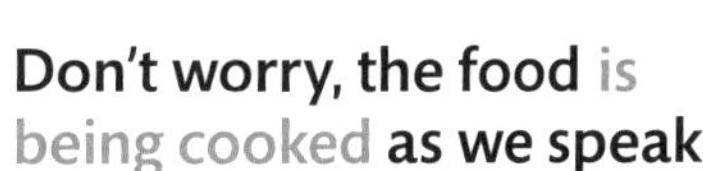

Don't worry, the food is being cooked as we speak.

We're living in a trailer while our house is being rebuilt.

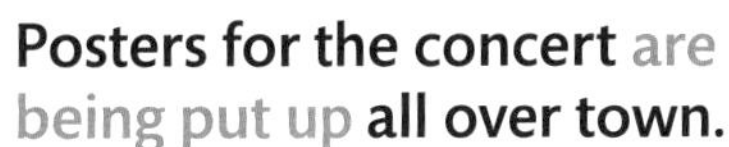

Posters for the concert are being put up all over town.

The course is being taught by a well-known scientist.

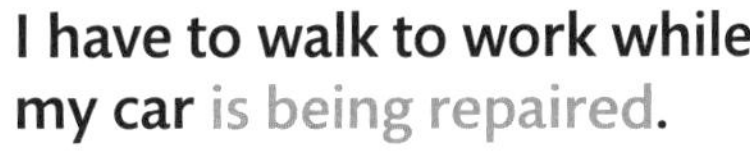

I have to walk to work while my car is being repaired.

CONSTRUCTION

SUJET	« AM/IS/ARE »	« BEING »	PARTICIPE PASSÉ	RESTE DE LA PHRASE
New houses	are	being	built	in the area.

- New houses : L'objet qui reçoit l'action.
- are : Le présent simple de « to be ».
- built : Le participe passé décrit ce qui arrive au sujet.

25 La voix passive au passé

L'anglais utilise la voix passive au passé pour mettre l'accent sur l'effet d'une action qui s'est déroulée dans le passé, et non sur la cause de cette action.

Pour en savoir plus :
Le prétérit **7** Le prétérit continu **10**
Le present perfect simple **11** Le past perfect simple **13**

25.1 LE PRÉTÉRIT À LA VOIX PASSIVE

Le prétérit à la voix passive fait référence à une action ponctuelle terminée dans le passé, en mettant l'accent sur l'effet et non la cause.

PRÉTÉRIT

The fire destroyed the buildings.

PRÉTÉRIT À LA VOIX PASSIVE

The buildings were destroyed by the fire.

AUTRES EXEMPLES

The trees were cut down last year. 

The rail road was damaged during the storm. 

Two people were injured in the accident. 

CONSTRUCTION

SUJET	« WAS/WERE »	PARTICIPE PASSÉ	RESTE DE LA PHRASE
The buildings	**were**	**destroyed**	**in a fire.**

L'objet qui reçoit l'action.

Employez « was » pour les sujets au singulier, et « were » pour ceux au pluriel.

Le verbe est au participe passé.

25.2 LE PRÉTÉRIT CONTINU À LA VOIX PASSIVE

Le prétérit continu peut lui aussi être mis à la voix passive.
Il fait référence à des actions en cours dans le passé.

PRÉTÉRIT CONTINU

Secret agents were watching him.

PRÉTÉRIT CONTINU À LA VOIX ACTIVE

He was being watched by secret agents.

AUTRES EXEMPLES

The students were being taught how to write good essays. 

By the time I got back to my car, it was being taken away. 

I went for lunch while my car was being fixed. 

The new secretary was being shown how to use the computer. 

We bought our house while it was being built. 

CONSTRUCTION

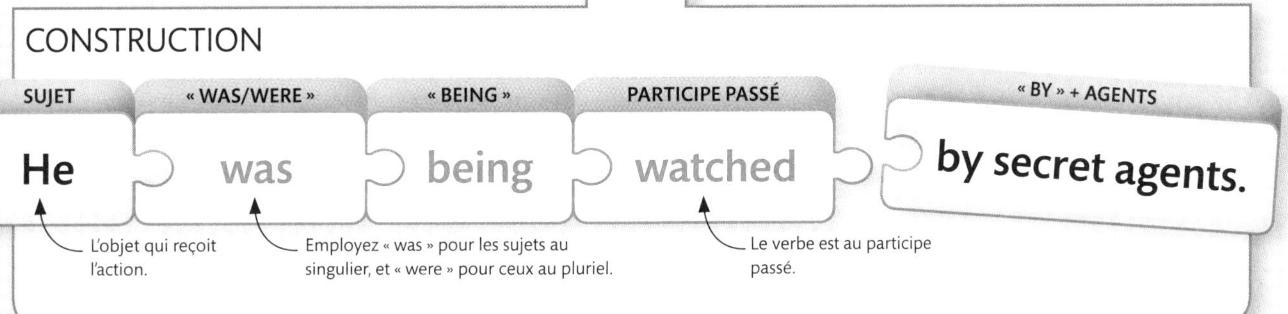

L'objet qui reçoit l'action.

Employez « was » pour les sujets au singulier, et « were » pour ceux au pluriel.

Le verbe est au participe passé.

25.3 LE PRESENT PERFECT À LA VOIX PASSIVE

Le present perfect à la voix passive fait référence à des événements du passé qui ont toujours des conséquences à l'heure actuelle.

PRESENT PERFECT

Don't worry, I have fed the cats.

PRESENT PERFECT À LA VOIX PASSIVE

Don't worry, the cats have been fed.

AUTRES EXEMPLES

This door has been painted beautifully.

Do you know if all the lights have been turned off?

Has your computer been fixed yet? It broke months ago!

Inversez le sujet et le verbe pour former des questions.

The new parts haven't been delivered yet, so you'll have to wait.

All of the smoke detectors have been replaced.

CONSTRUCTION

SUJET	« HAS/HAVE »	« BEEN »	PARTICIPE PASSÉ
The cats	have	been	fed.

L'objet qui reçoit l'action.

« Been » reste identique quel que soit le sujet.

Le verbe est au participe passé.

25.4 LE PAST PERFECT À LA VOIX PASSIVE

Le past perfect à la voix passive fait référence à des événements qui se sont déroulés avant un autre événement dans le passé.

Unfortunately, the organizer had canceled the party.

PAST PERFECT

PAST PERFECT À LA VOIX PASSIVE

Unfortunately, the party had been canceled.

AUTRES EXEMPLES

This part of the Arctic had never been explored before.

The class hadn't been told that the lecture had been canceled.

Sue didn't realize that the floor had just been polished.

We were about to sing *Happy Birthday*, but the cake had been eaten!

Anna was so happy that her cat had been found.

CONSTRUCTION

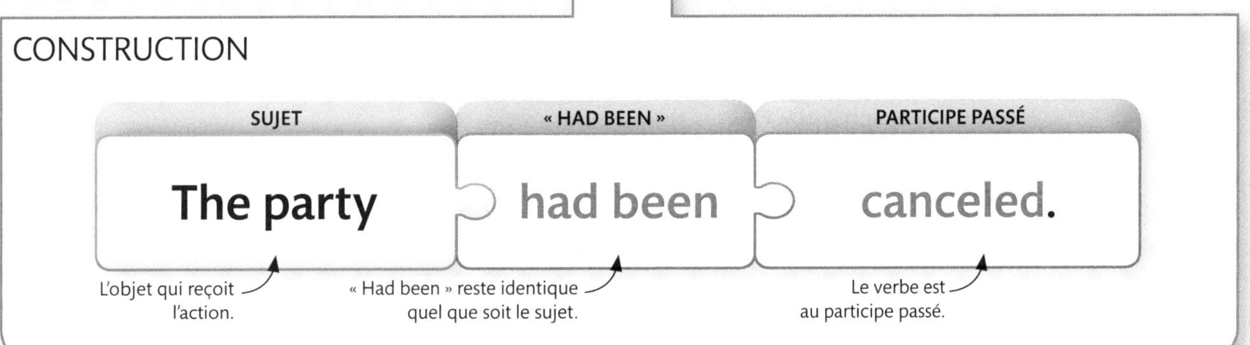
SUJET
« HAD BEEN »
PARTICIPE PASSÉ
The party
had been
canceled.
L'objet qui reçoit l'action.
« Had been » reste identique quel que soit le sujet.
Le verbe est au participe passé.

26 La voix passive au futur

L'anglais utilise la voix passive au futur pour mettre en avant l'effet, et non la cause, d'une action qui se déroulera dans le futur.

Pour en savoir plus :
Le futur avec « will » **18** Le futur perfect **21**
Les infinitifs et les participes **51**

26.1 LE FUTUR SIMPLE À LA VOIX PASSIVE

On forme généralement le futur simple à la voix passive avec « will » et non « going to ».

FUTUR SIMPLE

Hopefully, the police will catch the thief very soon.

FUTUR SIMPLE À LA VOIX PASSIVE

Hopefully, the thief will be caught very soon.

On ne sait pas, ou il n'est pas important de savoir, qui attrapera le voleur.

AUTRES EXEMPLES

Don't worry, the house will be finished very soon.

An email will be sent to you all next week with more details.

Sorry, but the power will be turned off between 2pm and 5pm.

CONSTRUCTION

SUJET	« WILL BE »	PARTICIPE PASSÉ	RESTE DE LA PHRASE
The thief	**will be**	**caught**	**very soon.**

L'objet qui reçoit l'action.

« Will be » reste identique quel que soit le sujet.

Le verbe principal est au participe passé.

26.2 LE FUTUR PERFECT À LA VOIX PASSIVE

Le futur perfect à la voix passive s'utilise pour parler d'événements qui seront terminés à un moment du futur.

FUTUR PERFECT

The mechanic will have fixed the car by 5pm.

FUTUR PERFECT À LA VOIX PASSIVE

The car will have been fixed by 5pm.

AUTRES EXEMPLES

We think every ticket will have been bought before the end of the day.

Hurry up or all the good seats will have been taken already.

You should call early, otherwise all the tables will have been booked.

Come back tomorrow. The park will have been cleaned by then.

Will those letters have been sent out before lunchtime tomorrow?

CONSTRUCTION

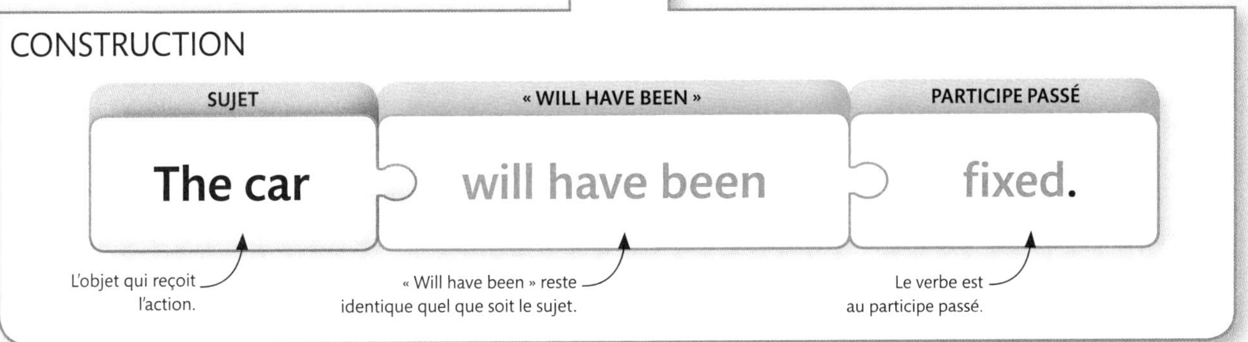
SUJET
« WILL HAVE BEEN »
PARTICIPE PASSÉ
The car
will have been
fixed.
L'objet qui reçoit l'action.
« Will have been » reste identique quel que soit le sujet.
Le verbe est au participe passé.

27 Les verbes modaux à la voix passive

En anglais, les verbes modaux peuvent devenir passifs. Comme avec d'autres constructions à la voix passive, l'emphase passe sur l'objet qui reçoit l'action.

Pour en savoir plus :
Le present perfect simple **11**
La voix passive **24** Les verbes modaux **56**

27.1 LES VERBES MODAUX À LA VOIX PASSIVE AU PRÉSENT

Les verbes modaux à la forme passive ne changent pas. La phrase commence par le modal, suivi du verbe « to be » et du participe passé.

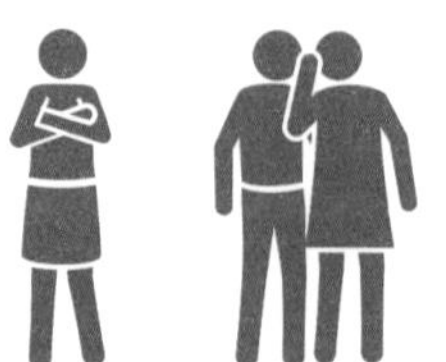

MODAL AU PRÉSENT

You should tell Barbara the exciting news!

MODAL AU PRÉSENT À LA VOIX PASSIVE

Barbara should be told the exciting news!

AUTRES EXEMPLES

Should the package be delivered to your house or your office?

The treasure chest can only be opened with a special key.

All new employees must be shown what to do if there's a fire.

CONSTRUCTION

SUJET	MODAL	« TO BE »	PARTICIPE PASSÉ	RESTE DE LA PHRASE
Barbara	should	be	told	the news.
L'objet qui reçoit l'action.	D'autres verbes modaux peuvent être placés ici.	« To be » reste identique quel que soit le sujet.	Le verbe est une forme au participe passé.	

27.2 LES VERBES MODAUX AU PASSÉ À LA VOIX PASSIVE

Les verbes modaux au passé peuvent devenir passifs en remplaçant « have » par « have been ».

TEMPS PARFAIT ET MODAL

The managers should have given Daniel more time.

PARFAIT À LA VOIX PASSIVE ET MODAL

Daniel should have been given more time.

AUTRES EXEMPLES

We should have been told that the concert was canceled!

The robber would have been arrested if he hadn't been so quick.

The leaking pipe might have been fixed now. Should we ask?

Lots of people think that the fire could have been prevented.

CONSTRUCTION

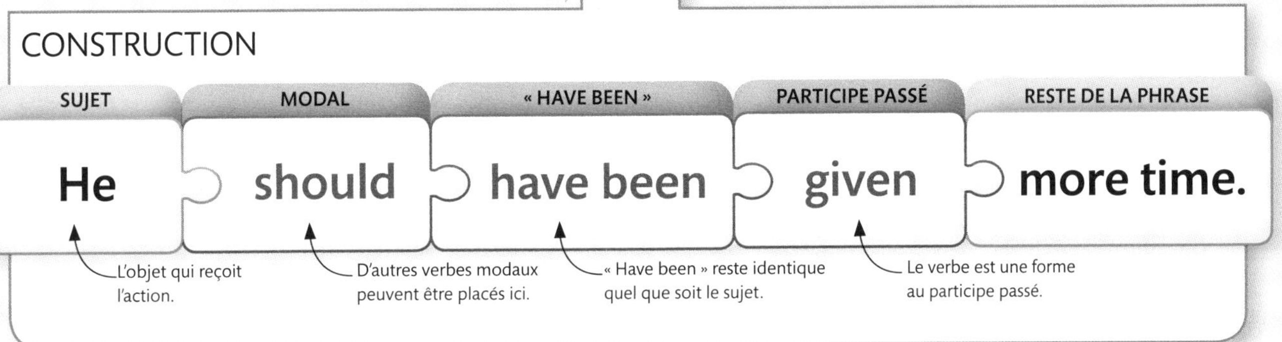
SUJET
He
MODAL
should
« HAVE BEEN »
have been
PARTICIPE PASSÉ
given
RESTE DE LA PHRASE
more time.
L'objet qui reçoit l'action.
D'autres verbes modaux peuvent être placés ici.
« Have been » reste identique quel que soit le sujet.
Le verbe est une forme au participe passé.

28 Les autres constructions passives

En anglais, de nombreuses expressions utilisent la voix passive. Certaines reprennent les règles standards pour la voix passive, tandis que d'autres sont légèrement différentes.

Pour en savoir plus :
La voix passive **24** Les verbes rapporteurs **45**
Les propositions relatives définissantes **81**

28.1 RAPPORTER AVEC LE PASSIF

Un certain nombre de constructions peuvent être utilisées à la voix passive pour distancer l'auteur ou le locuteur des faits énoncés. On les trouve souvent dans les textes académiques ou dans le journalisme.

« IT » + VERBE RAPPORTEUR À LA VOIX PASSIVE — PROPOSITION « THAT »

It has been reported **that three sailors have disappeared.**

SUJET + VERBE RAPPORTEUR À LA VOIX PASSIVE — PROPOSITION INFINITIVE

The race is known **to be extremely dangerous.**

« THERE » + VERBE RAPPORTEUR À LA VOIX PASSIVE — « TO BE/TO HAVE BEEN »

There are said **to be at least 20 boats in the search party.**

AUTRES EXEMPLES

It has been rumored **that wolves live in these woods.**

The worksite is said **to be unsafe for workers.**

There is thought **to be a problem with crime here.**

It has been revealed **that some prisoners have escaped.**

The new school is thought **to have the best teachers in the country.**

There are said **to be pros and cons to moving abroad.**

28.2 « GET » DANS LES CONSTRUCTIONS À LA VOIX PASSIVE

« Get » peut parfois remplacer « to be » à la voix passive.
Cette forme verbale est moins formelle que le passif avec « to be ».

Bikes get stolen in this town every day.

My friend's bike got stolen yesterday.

PRÉTÉRIT SIMPLE
À LA VOIX PASSIVE

AUTRES EXEMPLES

The windows get washed once a month.

This package got delivered today. I wonder what it is.

My laptop gets updated every week by the IT team.

I hope the air conditioning will get fixed soon.

More and more items are getting recycled these days.

Did you know that the company was getting sold?

CONSTRUCTION

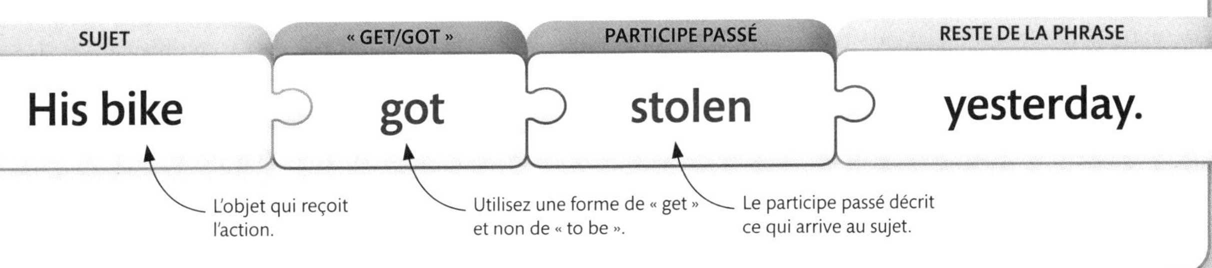

L'objet qui reçoit l'action.

Utilisez une forme de « get » et non de « to be ».

Le participe passé décrit ce qui arrive au sujet.

29 Les phrases au conditionnel

Les phrases au conditionnel servent à décrire des résultats réels ou hypothétiques de situations réelles ou hypothétiques. Elles peuvent faire intervenir de nombreuses formes verbales.

Pour en savoir plus :
Le présent simple **1** L'impératif **6**
Le prétérit **7** Le futur avec « will » **18**

29.1 LE CONDITIONNEL ZÉRO

Le conditionnel zéro renvoie à des faits qui sont toujours vrais. Utilisez-le pour décrire le résultat direct d'une action.

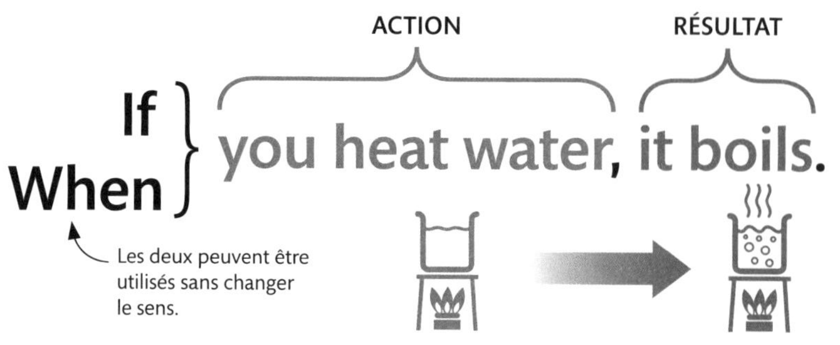
ACTION
RÉSULTAT
If / When you heat water, it boils.

Les deux peuvent être utilisés sans changer le sens.

AUTRES EXEMPLES

If you heat ice, **it melts.**

When you put a rock in water, **it sinks.**

La proposition de résultat peut être placée au début de la phrase. Dans ce cas, on supprime la virgule.

If you drop an apple, **it falls.**

Oil floats when you pour it onto water.

CONSTRUCTION

« IF/WHEN »	ACTION (PRÉSENT SIMPLE)	VIRGULE	RÉSULTAT (PRÉSENT SIMPLE)
If / When	you heat water	,	it boils.

Le présent simple décrit l'action.

La virgule va à la fin de la proposition introduite par « if » ou « when ».

Le résultat est décrit au présent simple.

29.2 LE CONDITIONNEL AVEC L'IMPÉRATIF

Dans certaines phrases au conditionnel, vous pouvez utiliser un impératif. La proposition introduite par « if » décrit une situation hypothétique et la phrase devient alors une consigne ou une suggestion.

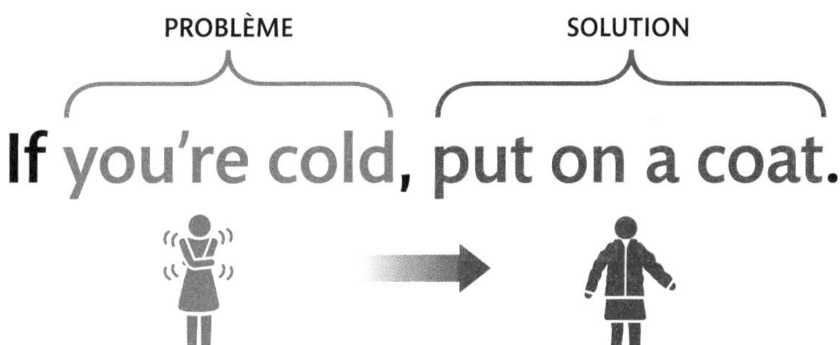

PROBLÈME
SOLUTION
If you're cold, put on a coat.

AUTRES EXEMPLES

If you feel sick, call a doctor.

If the dog's hungry, feed him.

If the traffic is bad, cycle to work.

If the children behave badly, call me.

Forme négative.

Don't stay up late if you're tired.

Ne mettez pas de virgule dans les phrases qui commencent par un impératif.

Let me know if you need help.

CONSTRUCTION

« IF »	PRÉSENT SIMPLE	VIRGULE	IMPÉRATIF
If	you're cold	,	put on a coat.

« If » indique que la phrase est au conditionnel.

Le présent simple décrit le problème.

La virgule sépare le problème de la solution.

L'impératif offre la solution au problème.

29.3 LE PREMIER CONDITIONNEL

Le premier conditionnel se sert de « if » pour exprimer une action envisagée qui peut entraîner un résultat dans l'avenir.

ACTION ENVISAGÉE — RÉSULTAT FUTUR

If I save enough money, I'll go on a cruise.

CONSTRUCTION

Le premier conditionnel est généralement introduit par « if » suivi du présent simple. Le futur avec « will » exprime le résultat.

« IF »	PRÉSENT SIMPLE	VIRGULE	FUTUR AVEC « WILL »
If	I save enough money	,	I'll go on a cruise.

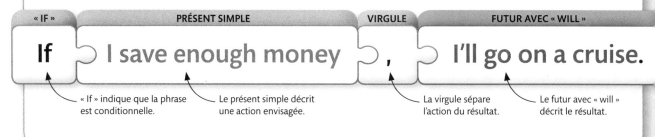

« If » indique que la phrase est conditionnelle.

Le présent simple décrit une action envisagée.

La virgule sépare l'action du résultat.

Le futur avec « will » décrit le résultat.

AUTRES EXEMPLES

If I go jogging, I'll lose weight.

If it snows, I'll go skiing.

If we go to Africa, we'll go on safari.

If I get the job, I'll buy a new suit.

 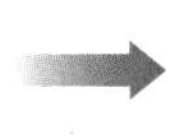 

If I cook, will you do the dishes?

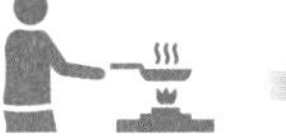  

I won't go outside if it rains.

29.4 LE DEUXIÈME CONDITIONNEL

L'anglais utilise le deuxième conditionnel pour décrire le résultat d'un événement improbable ou impossible. Comme l'événement est improbable, le résultat l'est également.

ACTION IMPROBABLE — RÉSULTAT IMPROBABLE

If I won the lottery, I would leave my job.

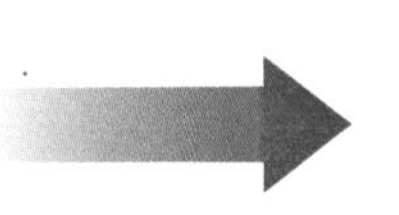

CONSTRUCTION

Le deuxième conditionnel utilise « if » avec un verbe au prétérit. Le résultat est décrit avec « would » ou « could » suivi du radical.

« IF »	PRÉTÉRIT	VIRGULE	« WOULD/COULD » + RADICAL
If	I won the lottery	,	I would leave my job.

« If » indique que la phrase est conditionnelle.

Le prétérit décrit l'action.

La virgule sépare l'action du résultat.

Le résultat est décrit avec « would » + verbe.

AUTRES EXEMPLES

If he wasn't so busy, he'd take a break.

I'd call her if I knew her number.

If I moved to Scotland, I'd live in a cottage.

If I saw a ghost, I would be terrified.

If I had more time, I could take up karate.

If I learned English, I could visit London.

29.5 LE TROISIÈME CONDITIONNEL

On utilise le troisième conditionnel pour décrire une situation irréelle dans le passé. On l'utilise souvent pour exprimer des regrets car la situation hypothétique décrite est désormais impossible suite à une autre action passée.

SITUATION PASSÉE HYPOTHÉTIQUE — RÉSULTAT PASSÉ HYPOTHÉTIQUE

If we had left earlier, we would have caught the train.

Ceci n'est pas arrivé. — Donc ceci n'est pas arrivé non plus.

AUTRES EXEMPLES

If I had woken up on time, I would have done my hair.

If you had been wearing a coat, you might have stayed warm.

« Might » signifie que cette possibilité aurait pu arriver.

If I had studied harder, I could have been a doctor.

« Could » signifie que cette possibilité aurait pu arriver.

If I had known it was your birthday, I would have bought you a present.

CONSTRUCTION

« IF »	« HAD » + PARTICIPE PASSÉ		« WOULD/COULD/MIGHT »	« HAVE » + PARTICIPE PASSÉ
If	we had left earlier	,	we would	have caught the train.

La proposition avec « if » est la condition passée irréelle.

Vous pouvez modifier le degré de certitude du résultat imaginé en utilisant différents verbes modaux.

La proposition au conditionnel est le résultat irréel.

29.6 LES CONDITIONNELS MIXTES

DEUXIÈME CONDITIONNEL

Utilisez le deuxième conditionnel pour parler de situations hypothétiques dans le présent.

PRÉTÉRIT

If I didn't believe in astrology,
I wouldn't read my horoscope.

« WOULD » + INFINITIF

TROISIÈME CONDITIONNEL

Utilisez le troisième conditionnel pour parler de situations hypothétiques dans le passé.

PAST PERFECT

If I had known he was an Aquarius,
I would not have gone out with him.

« WOULD » + « HAVE » + PARTICIPE PASSÉ

CONDITIONNEL MIXTE

Le conditionnel mixte sert à parler de résultats hypothétiques présents découlant de situations hypothétiques passées.

Passé irréel.

If you had been born a month earlier,
you would be a Virgo like me.

Présent irréel.

AUTRES EXEMPLES

If you hadn't forgotten to bring the keys,
we wouldn't be locked out of the house.

Les conditionnels mixtes servent souvent à exprimer le regret.

If I had finished my assignment sooner,
I could be out with my friends today.

Vous pouvez utiliser des conditionnels mixtes pour parler de situations futures avec des marqueurs de temps.

You would be starting at a new school tomorrow if you hadn't failed your exams.

We would be on a beach in Greece by now if we hadn't missed our flight.

30 Les autres phrases au conditionne

L'anglais permet une certaine latitude de mouvement dans les structures au conditionnel. Elles donnent plus d'informations sur le contexte du conditionnel.

Pour en savoir plus :
Le futur avec « will » **18**
Les verbes modaux **56**

30.1 LES PHRASES CONDITIONNELLES AVEC LES VERBES MODAUX

Les phrases au premier, deuxième et troisième degrés du conditionnel peuvent utiliser différents verbes modaux dans leur proposition de résultat. Ceux-ci peuvent notamment servir à exprimer l'incertitude, la possibilité ou l'obligation.

PREMIER CONDITIONNEL

Avec le premier conditionnel, « will » peut être remplacé par plusieurs verbes modaux pour parler de différentes idées.

If I save enough money, I will buy a new car.

If I save enough money, I can buy a new car.

Différents verbes modaux peuvent remplacer « can ».

DEUXIÈME CONDITIONNEL

Dans le deuxième conditionnel, « would » peut être remplacé par « could » ou « might » pour exprimer la capacité, la possibilité ou l'incertitude.

If I saved enough money, I would buy a new car.

If I saved enough money, I {could / might} buy a new car.

TROISIÈME CONDITIONNEL

Avec le troisième conditionnel, « would » peut être remplacé par « could » ou « might » pour exprimer la capacité, la possibilité ou l'incertitude.

If I had saved enough money, I would have bought a new car.

If I had saved enough money, I {could / might} have bought a new car.

30.2 LE PREMIER CONDITIONNEL AVEC « UNLESS »

Vous pouvez utiliser « unless » au lieu de « if » dans les phrases au conditionnel. « Unless » signifie « if... not » : le résultat futur se produit si l'action envisagée ne se produit pas.

If you don't / Unless you } **study hard,** you will fail your exams.

AUTRES EXEMPLES

If you don't / Unless you } **get up now,** you'll be late for work.

I'll be angry { if he doesn't **turn** / unless he **turns** } **that music down.**

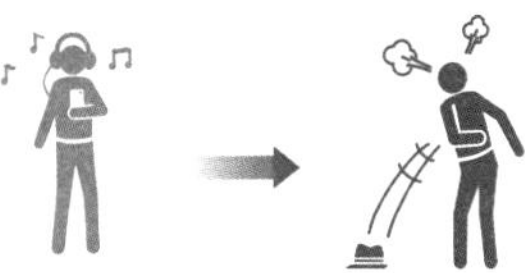

30.3 LE TROISIÈME CONDITIONNEL FORMEL

Vous pouvez rendre le troisième conditionnel plus formel en inversant le sujet et « had » et en ôtant « if ».

If you **had** attended **the meeting, you would have met the manager.**

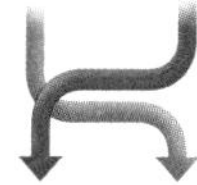

Had you attended **the meeting, you would have met the manager.**

AUTRES EXEMPLES

Had I worked **harder at school,**
I could have studied medicine.

Had you listened **to the directions,**
we would have arrived on time.

Had she woken up **earlier,**
she wouldn't have been late.

Had we bought **that house,**
we couldn't have afforded this trip.

31 Vue d'ensemble du conditionnel

31.1 LES TYPES DE CONDITIONNELS

Le conditionnel zéro sert à parler de situations qui se produisent invariablement. Il sert à énoncer des vérités générales.

PRÉSENT SIMPLE

If you play the violin out of tune, it sounds terrible.

PRÉSENT SIMPLE

Le deuxième conditionnel sert à parler de situations hypothétiques qui ont peu de chances de se produire, tout en restant possibles en théorie.

PRÉTÉRIT

If I practiced more, that song would sound better.

« WOULD » + RADICAL

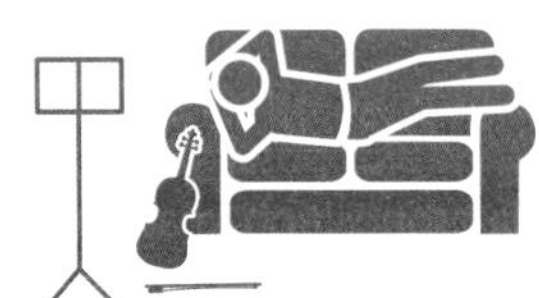

31.2 LES VIRGULES DANS LE CONDITIONNEL

Lorsque l'action vient avant le résultat, une virgule sépare les deux propositions de la phrase au conditionnel. Mais lorsque le résultat est placé en premier, on supprime la virgule.

On utilise la virgule si l'action est placée en premier.

When you freeze water, ice forms.

Ice forms when you freeze water.

Le résultat peut être placé au début de la phrase.

« If » ou « when » peuvent être placés entre l'action et le résultat, sans virgule.

Il existe quatre types de conditionnels. Le conditionnel zéro fait référence à des situations réelles, tandis que le premier, deuxième et troisième conditionnels font tous référence à des situations hypothétiques.

Pour en savoir plus :
Le présent simple **1** Le prétérit **7**
Le past perfect simple **13** Les verbes modaux **56**

Le premier conditionnel sert à parler de situations hypothétiques susceptibles de se produire.

PRÉSENT SIMPLE

If I practice really hard, this song will sound great.

« WILL » + RADICAL

Le troisième conditionnel sert à parler de situations hypothétiques qui ne vont pas se produire. Le résultat n'est plus possible car la proposition imaginaire se situe dans **le passé.**

PAST PERFECT

If I had practiced more, I would have sounded better.

« WOULD » + « HAVE » + PARTICIPE PASSÉ

ERREURS COURANTES UTILISER D'AUTRES TEMPS POUR LE CONDITIONNEL

N'utilisez pas « will », « would » et « would have » dans la proposition avec « if » pour former des phrases conditionnelles.

If I will work really hard, this piece will sound great. ✗

« Will » ne va pas dans la proposition avec « if ».

If I would practice more, that piece would sound better. ✗

« Would » ne va pas dans la proposition avec « if ».

If I would have practiced more, I would have sounded better. ✗

« Would have » ne va pas dans la proposition avec « if ».

32 Les possibilités futures

Il y a plusieurs façons de parler de situations futures hypothétiques. Vous pouvez utiliser différentes constructions pour indiquer si vous pensez qu'une hypothèse est probable ou improbable.

Pour en savoir plus :
Le présent simple **1** Le prétérit **7**
Le past perfect simple **13**

32.1 LES ÉVÉNEMENTS SUSCEPTIBLES DE SE PRODUIRE

Si un résultat est susceptible de se produire dans le futur, vous pouvez utiliser « what if » ou « suppose » avec le présent pour l'exprimer.

« What if » signifie « que se passerait-il si une situation hypothétique avait lieu ? »

What if / Suppose } I fail my exams? I won't be able to go to college.

L'utilisation du présent indique que le locuteur pense que ceci est susceptible de se produire.

« Suppose » fait référence aux conséquences d'une situation hypothétique.

AUTRES EXEMPLES

What if the computer crashes? I will lose all my work.

Suppose they assess our coursework. We will have to keep a portfolio.

32.2 LES ÉVÉNEMENTS SUSCEPTIBLES DE SE PRODUIRE

Lorsqu'un résultat est possible, mais peu susceptible de se réaliser dans le futur, vous pouvez utiliser « what if » et « suppose » avec le passé pour l'exprimer.

L'emploi du passé indique que le locuteur pense qu'il est peu probable que cet événement se réalise.

Just imagine! { What if / Suppose } we all got 100% on our exams?

AUTRES EXEMPLES

Suppose I got caught cheating. My parents would be furious.

What if our flight was canceled? We'd be stuck here!

32.3 LES ÉVÉNEMENTS QUI AURAIENT PU SE PRODUIRE

Vous pouvez aussi employer « what if » et « suppose » avec le past perfect pour décrire des situations qui étaient susceptibles de se produire dans le passé, mais qui ne sont (peut-être) pas survenues.

That was so dangerous! {What if / Suppose} you had broken your leg?

Le past perfect indique que cela n'est pas arrivé, mais que c'était possible.

AUTRES EXEMPLES

We were lucky to catch that plane! What if it hadn't been delayed?

Suppose you had taken the job. We would have had to move.

32.4 « IN CASE »

« In case » ou « just in case » suivi du présent signifie que l'on se pare à une éventualité.

Make sure the windows are shut in case the cat tries to escape.

Présent.

AUTRES EXEMPLES

You should take an umbrella with you in case it rains later.

We should start organizing our project work, just in case they want to see it.

You should write these instructions down in case you forget what to do.

You should leave for the airport early, just in case the traffic is bad.

« Just » est ajouté à « in case » pour parer à l'éventualité d'une situation qui pourrait se produire.

33 Les souhaits et les regrets

L'anglais utilise le verbe « to wish » pour parler de regrets actuels et passés. Le temps grammatical du verbe qui suit « to wish » affecte le sens de la phrase.

Pour en savoir plus :
Le prétérit **7** Le past perfect simple **13**
Les verbes modaux **56**

33.1 « TO WISH » ET LE PRÉTÉRIT

Utilisez « to wish » avec le prétérit pour exprimer des regrets et des désirs au sujet du présent, qui pourraient toujours survenir ou se réaliser.

I wish I earned more money.

Utilisez le prétérit pour parler du présent.

AUTRES EXEMPLES

Mike's apartment is too small. He wishes he lived in a bigger house.

They wish the weather was better so they could go to the beach.

You're always busy, I wish you didn't have to work so hard.

Sandra hates her job. She wishes she worked on a farm.

CONSTRUCTION

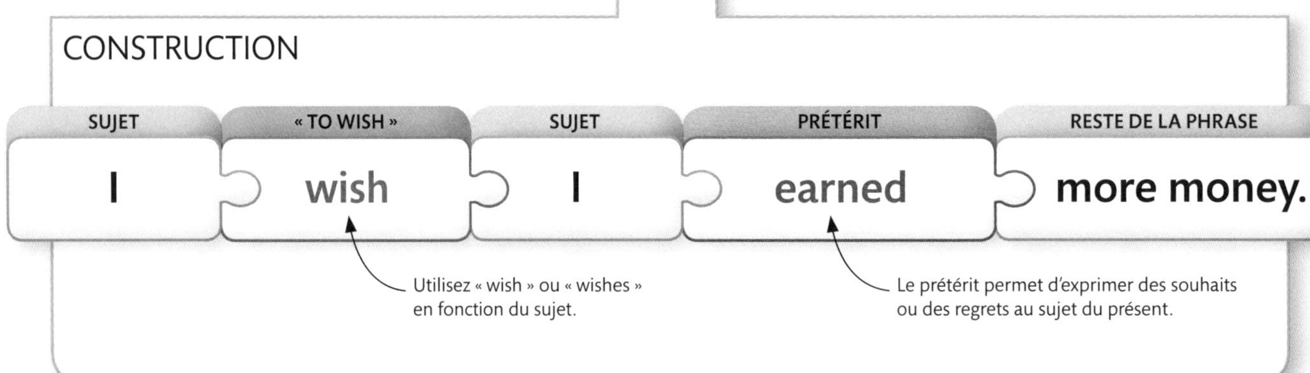

Utilisez « wish » ou « wishes » en fonction du sujet.

Le prétérit permet d'exprimer des souhaits ou des regrets au sujet du présent.

33.2 « TO WISH » ET LE PAST PERFECT

Utilisez « to wish » avec le past perfect pour exprimer des regrets au sujet du passé. On utilise cette construction lorsqu'il est trop tard pour que le souhait se réalise.

I've failed my exams. I wish I had studied harder.

Le past perfect sert à exprimer un regret au sujet du passé.

AUTRES EXEMPLES

He's very tired. He wishes he had gone to bed early last night.

My car's useless! I wish I hadn't bought such an old one.

Jo is really bored. She wishes she had gone out with her friends.

We're totally lost! I wish we had brought a map.

I wish I had known how big this dress was before I bought it.

There was a meteor shower last night. I wish I had seen it.

CONSTRUCTION

SUJET	« TO WISH »	SUJET	PRÉTÉRIT	RESTE DE LA PHRASE
I	wish	I	had studied	harder.

Utilisez « wish » ou « wishes » en fonction du sujet.

Le past perfect permet d'exprimer des regrets concernant le passé.

33.3 « TO WISH » POUR LES ESPOIRS

« To wish » peut aussi servir à exprimer des espoirs. Utilisez « to wish » avec « could » pour parler d'espoirs personnels.

I wish I could move somewhere warm.

[J'aimerais pouvoir déménager dans un endroit plus chaud.]

Utilisez « to wish » avec « would » lorsque quelqu'un souhaite que quelqu'un d'autre change son comportement.

She wishes her teacher would give her less work.

[Elle aimerait que son professeur donne moins de devoirs à l'avenir.]

AUTRES EXEMPLES

I wish I could get a new job in a different department.

I wish I could go to the concert with my friends this evening.

Irene wishes she could find her diamond necklace.

Matteo wishes he could play the violin.

He wishes he could understand his homework.

Colin is always talking about cars. I wish he would stop.

I wish they wouldn't make it so hard to buy tickets online.

Jenny's mother wishes she would clean her room.

Noel wishes Adrienne would stop singing.

Madge wishes Greg wouldn't drive so fast.

33.4 UNE AUTRE FAÇON DE DIRE « I WISH »

LES REGRETS SUR LE PRÉSENT

Vous pouvez exprimer des regrets forts sur le présent avec « if only » et le prétérit.

These mountains are incredible! If only I knew how to ski.

LES REGRETS SUR LE PASSÉ

Vous pouvez exprimer des regrets forts sur le passé avec « if only » et le past perfect.

I really wanted to take pictures. If only I'd charged the battery.

AUTRES EXEMPLES

I love the sound of the guitar. If only I played it better.

I'm sure the teacher explained this. If only I remembered it!

The show is completely sold out! If only I'd arrived sooner.

I couldn't finish the marathon. If only I had trained harder.

33.5 LES REGRETS

On utilise « should have » et « ought to have » pour exprimer des regrets au sujet de quelque chose qui a eu lieu ou non dans le passé.

This bill is so big. I { should have / ought to have } used less electricity.

Participé passé.

AUTRES EXEMPLES

Maybe I should have used energy-saving light bulbs.

La forme négative « ought not to have » a beau être grammaticalement correcte, elle est rare en anglais britannique, et inexistante en anglais américain.

I shouldn't have fallen asleep with the TV on.

34 Poser des questions

Si un énoncé utilise « to be » ou un auxiliaire, inversez le sujet et le verbe pour construire sa forme interrogative. Pour les autres questions, ajoutez « do » ou « does » au verbe principal.

Pour en savoir plus :
Le présent simple **1** Les types de verbes **49**
Les verbes modaux **56**

34.1 « TO BE » À LA FORME INTERROGATIVE

Pour poser une question avec « to be », placez le verbe avant le sujet.

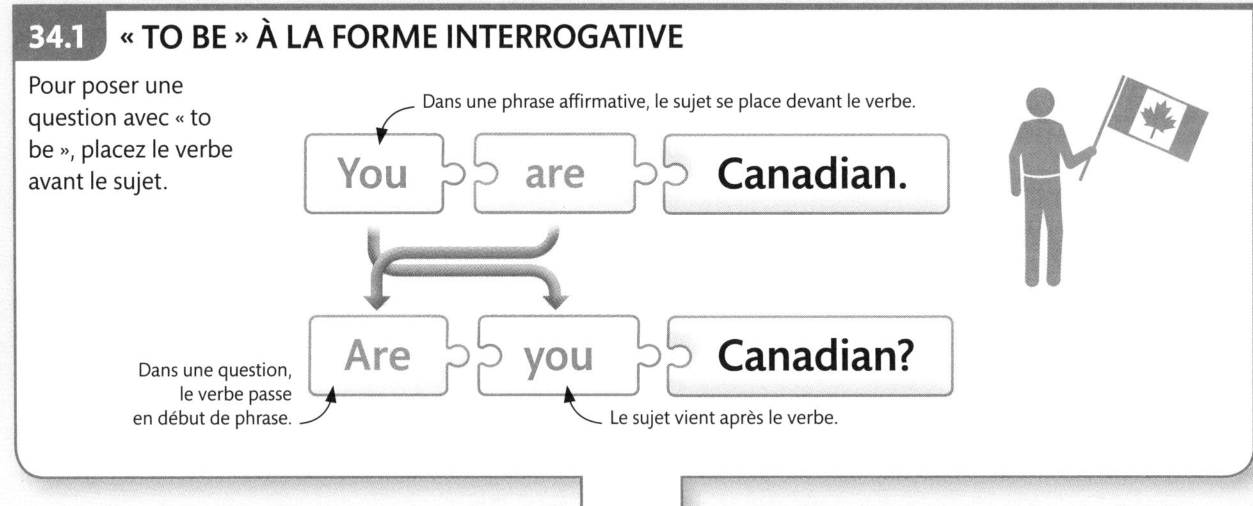
Dans une phrase affirmative, le sujet se place devant le verbe.
You
are
Canadian.
Are
you
Canadian?
Dans une question, le verbe passe en début de phrase.
Le sujet vient après le verbe.

AUTRES EXEMPLES

Sorry, am I **early?** 

Are you **tired?** 

Are they **engineers?** 

Is Frieda **here yet?** 

Is she **still a student?** 

Aren't you **bored?** 

CONSTRUCTION

« TO BE »	SUJET	RESTE DE LA PHRASE
Am	I	
Are	you / we / they	Canadian?
Is	he / she / it	

34.2 « WAS » ET « WERE » À LA FORME INTERROGATIVE

Pour poser des questions au passé avec le verbe « to be », intervertissez le sujet et le verbe.

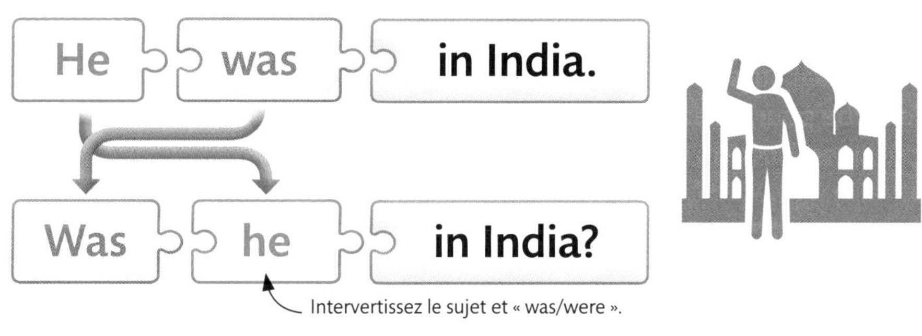

He
was
in India.
Was
he
in India?
Intervertissez le sujet et « was/were ».

AUTRES EXEMPLES

Was it **nice and sunny yesterday?**

Were there **any snacks at the party?**

Was he **good at playing tennis?**

Were you **at the party last night?**

34.3 LES AUXILIAIRES À LA FORME INTERROGATIVE

Pour les questions avec un auxiliaire, comme « have », « will » et « could », inversez le sujet et l'auxiliaire. Le verbe ne change pas de place.

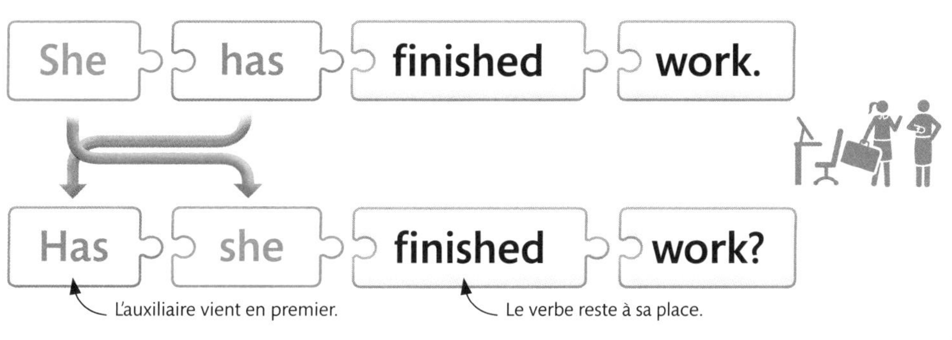

She
has
finished
work.
Has
she
finished
work?
L'auxiliaire vient en premier.
Le verbe reste à sa place.

AUTRES EXEMPLES

Could you **tell me where the stadium is, please?**

Si une question a plus d'un auxiliaire, seul le premier change de place.

Should we **have called ahead before coming?**

Have they **decided when they're going to get married yet?**

Will you **have finished that report by tomorrow?**

34.4 « DO » ET « DOES » À LA FORME INTERROGATIVE

Avec la plupart des verbes autres que « to be » ou un auxiliaire, ajoutez « do » ou « does » au radical pour passer à la forme interrogative au présent. N'inversez pas le sujet et le verbe.

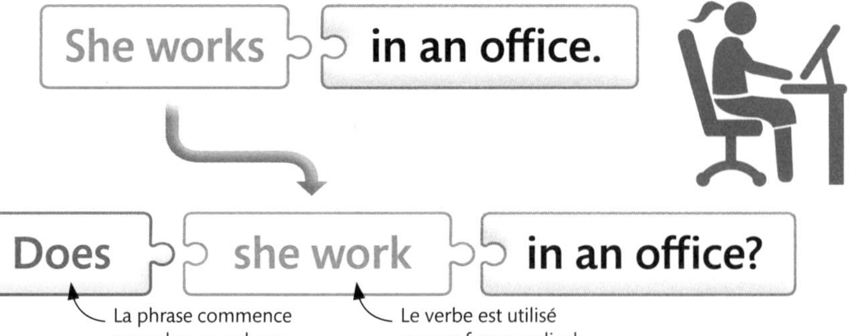

She works
in an office.
Does
she work
in an office?
La phrase commence par « do » ou « does ».
Le verbe est utilisé sous sa forme radicale.

AUTRES EXEMPLES

Do they live **in Paris?**

Does he get up **very early every morning?**

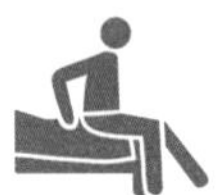

Do you speak **English?**

Does your father work **on a farm?**

Do I know **you?**

Does she **still** play **the piano?**

Don't you have **any vegetarian food on the menu?**

Doesn't this office have **air conditioning?**

CONSTRUCTION

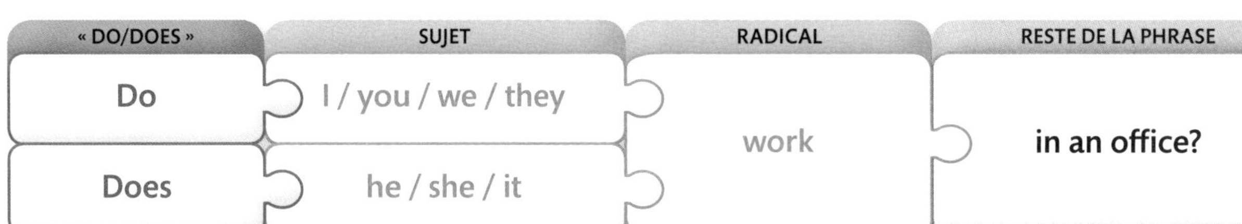

« DO/DOES »	SUJET	RADICAL	RESTE DE LA PHRASE
Do	I / you / we / they	work	in an office?
Does	he / she / it		

34.5 « DID » À LA FORME INTERROGATIVE

Avec la plupart des verbes autres que « to be » ou un auxiliaire, ajoutez « did » au radical pour passer à la forme interrogative au prétérit. N'inversez pas le sujet et le verbe.

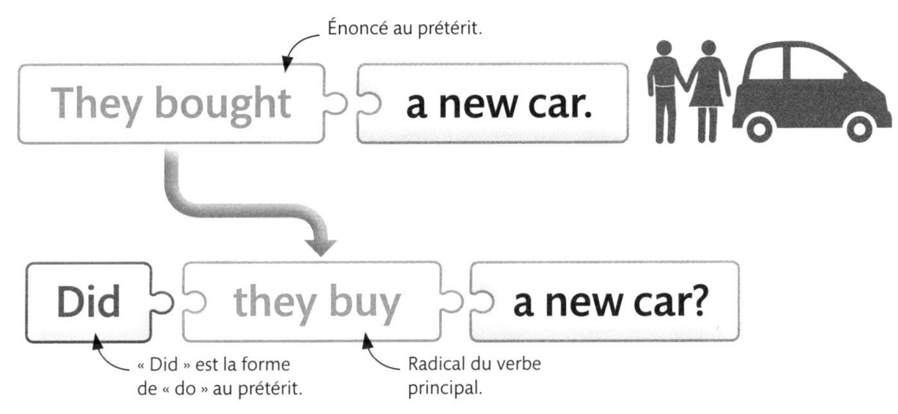

Énoncé au prétérit.
They bought
a new car.
Did
they buy
a new car?
« Did » est la forme de « do » au prétérit.
Radical du verbe principal.

AUTRES EXEMPLES

Did they have a good time?

Did you read a book on the beach?

Did I tell you the good news?

Did you swim in the sea?

Did she meet her friends in town?

Did he go to the gym?

Did Jack just get fired?

Didn't we meet at the conference last year in Paris?

⚠ ERREURS COURANTES LE RADICAL DANS LES QUESTIONS AVEC « DO »

Lorsque vous formez des questions avec l'auxiliaire « do », utilisez le radical du verbe principal.

Does she work in a school? 

Does she works in a school? 

Did they buy a new car? 

Did they bought a new car? ⊗

35 Les mots interrogatifs

Les questions ouvertes sont des questions auxquelles on ne peut répondre par « yes » ou « no ». En anglais, on les forme avec des mots interrogatifs.

Pour en savoir plus :
Poser des questions **34**
Les prépositions de temps **107**

35.1 LES MOTS INTERROGATIFS

Il existe neuf mots interrogatifs courants en anglais.

On utilise « **what** » pour poser des questions sur des choses.

What **is the time?**

On utilise « **when** » pour poser des questions sur le temps.

When **is dinner?**

On utilise « **why** » pour demander des explications.

Why **are you mad?**

On utilise « **where** » pour poser des questions sur des lieux ou des directions.

Where **is the café?**

On utilise « **who** » pour poser des questions sur des personnes.

Who **is Jo's teacher?**

« **Whom** » est une version formelle de « who », qui ne peut que servir d'objet à une question.

Whom **did you give the package to?**

On utilise « **how** » pour poser des questions sur des conditions ou des façons de faire.

How **are you?**

On peut aussi utiliser « **how** » avec un adjectif ou un adverbe pour poser des questions sur le degré d'intensité lié à un adjectif.

How **busy is she?**

On utilise « **which** » pour demander à quelqu'un de préciser entre plusieurs choses données.

Which **car is yours?**

On utilise « **whose** » pour demander à qui appartient quelque chose.

Whose **cat is this?**

35.2 « WHICH » ET « WHAT »

On utilise « which » lorsqu'il y a deux possibilités ou plus dans la question. On utilise « what » lorsque la question est plus générale.

Il n'y a pas de choix dans la question.

What is the tallest building in the world?

La question inclut plusieurs réponses possibles.

Which building is taller, Big Ben or the Eiffel Tower?

AUTRES EXEMPLES

What is the highest mountain in the Alps?

Which mountain is higher, the Matterhorn or Mont Blanc?

What sort of food do you like?

Which do you prefer, the red skirt or the blue skirt?

35.3 « HOW OFTEN » ET « WHEN »

Utilisez « how often » pour demander à quelle fréquence a lieu une activité.
Utilisez « when » pour demander quel jour ou à quelle heure.

« How often » fait référence à la fréquence.

How often do you go on vacation?

I usually go on vacation once a year.

« When » cherche à savoir le moment précis d'une action.

When do you go running?

I go on Thursday nights.

AUTRES EXEMPLES

How often do you go to the beach?

Not very often.

When do you go to the gym?

On Tuesdays and Fridays.

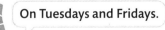

36 Les questions ouvertes

On ne peut pas répondre aux questions ouvertes par « yes » ou « no ». On les forme différemment en fonction du verbe présent dans la question.

Pour en savoir plus :
Le présent simple **1** Les mots interrogatifs **35**
Les types de verbes **49**

36.1 LES QUESTIONS OUVERTES AVEC « TO BE »

Si le verbe principal est « to be », le mot interrogatif se place au début de la phrase, immédiatement suivi de la forme de « to be ».

My name is Sarah.
What is your name?

« To be » suit le mot interrogatif.

La question est ouverte car on ne peut y répondre par « yes » ou par « no ».

AUTRES EXEMPLES

What is Ruby's job?

How was the concert?

Where were you last night?

Why are we all here?

What is this thing?

Why aren't you at school?

CONSTRUCTION

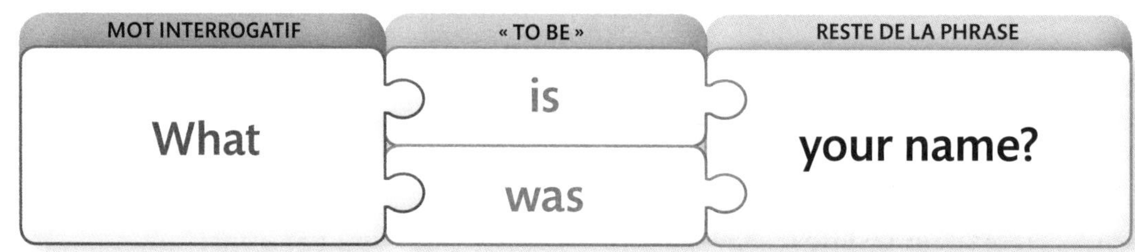

36.2 LES QUESTIONS OUVERTES AVEC D'AUTRES VERBES

Pour tous les autres verbes, le mot interrogatif est suivi d'un auxiliaire. Si la phrase comporte déjà un auxiliaire, on l'utilise pour formuler la question. En l'absence d'auxiliaire, on ajoute une forme de « do ».

Ce verbe auxiliaire est déjà dans la phrase : il reste dans la question.

Who should I call?

L'auxiliaire « do » suit le mot interrogatif.

When do you eat lunch?

Le mot interrogatif se place en début de phrase.

On utilise le radical du verbe principal.

CONSTRUCTION

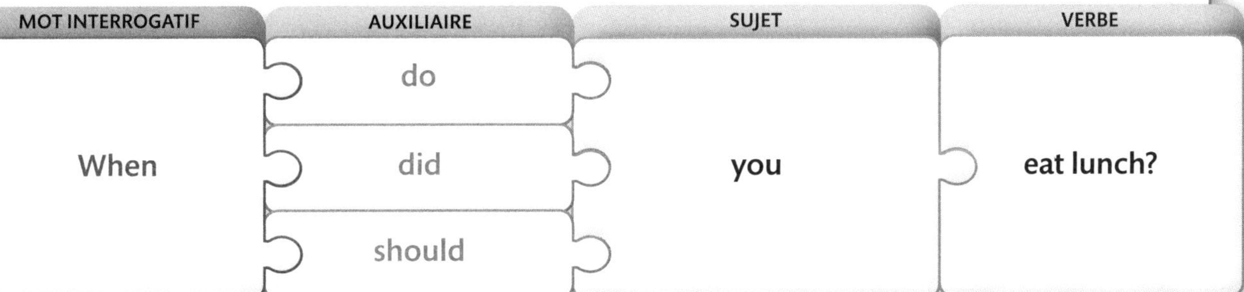

MOT INTERROGATIF	AUXILIAIRE	SUJET	VERBE
When	do / did / should	you	eat lunch?

AUTRES EXEMPLES

Where do you go swimming? 

What does she do on the weekend? 

Which car do you drive to work? 

When does he finish work?  

Why did you stay up so late?

Where could he have gone? 

How did this happen? 

Who can speak English here? 

What should I do now? 

When did you get a cat? 

37 Les types de questions

Il existe deux types de questions : les questions-sujets et les questions-objets. Ces questions se construisent de différentes façons en fonction de ce que l'on veut demander.

Pour en savoir plus :
Le présent simple **1** Les types de verbes **49**
Les verbes avec objet **53**

37.1 LES QUESTIONS-OBJETS

Utilisez les questions-objets pour demander pour qui est l'action, et non qui a fait l'action. Ces questions sont appelées « questions-objets » parce que le mot interrogatif est l'objet du verbe principal.

Objet
Sujet
Who did you have lunch with?
Auxiliaire
I had lunch with my boss.
La réponse est l'objet de la question.

AUTRES EXEMPLES

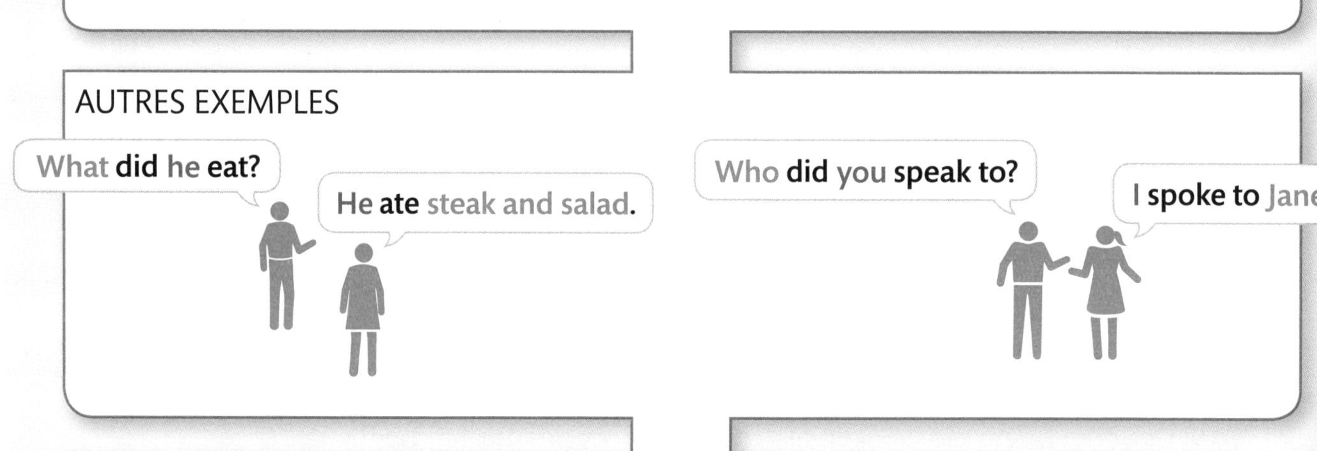
What did he eat?
He ate steak and salad.
Who did you speak to?
I spoke to Jan

CONSTRUCTION

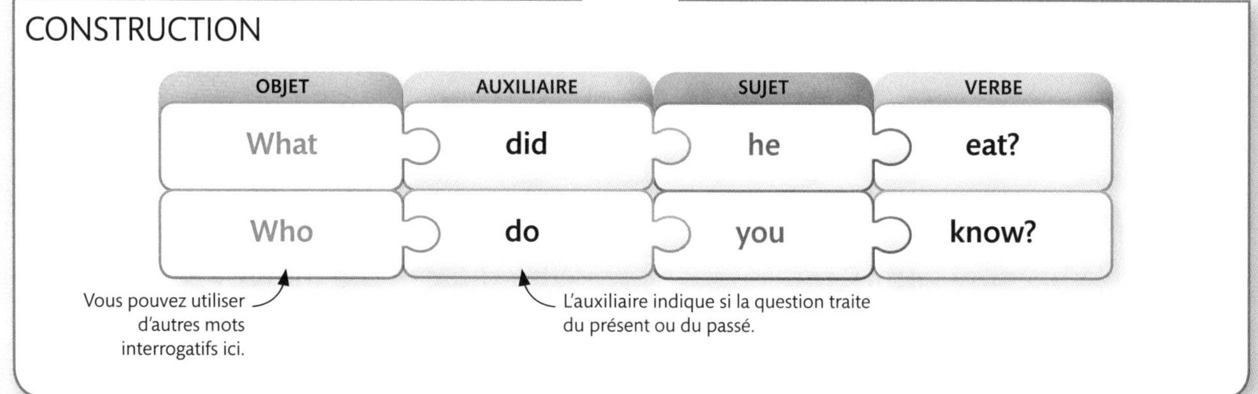
OBJET
AUXILIAIRE
SUJET
VERBE
What
did
he
eat?
Who
do
you
know?
Vous pouvez utiliser d'autres mots interrogatifs ici.
L'auxiliaire indique si la question traite du présent ou du passé.

37.2 LES QUESTIONS-SUJETS

Utilisez les questions-sujets pour demander qui a fait l'action. Ces questions sont appelées « questions-sujets » parce que le mot interrogatif est le sujet du verbe principal. Elles n'utilisent pas l'auxiliaire « do ».

Il n'y a pas de « did » dans la question.

Who called the bank**?**

Ben called the bank**.**

La réponse est le sujet de la question.

AUTRES EXEMPLES

Who **paid** the staff**?**

The boss **paid** the staff.

What **broke** the window**?**

The ball **broke** the window.

CONSTRUCTION

« Who » et « what » sont les pronoms les plus fréquents dans les questions-sujets.

SUJET	VERBE	OBJET
Who	called	the bank?

⚠ ERREURS COURANTES LES QUESTIONS-OBJETS ET LES QUESTIONS-SUJETS

Les questions-objets doivent utiliser une forme de l'auxiliaire « do ».

« Did » est l'auxiliaire dans cette question-objet.

What did you see? 

What saw you? 

N'utilisez pas d'inversion pour poser des questions-objets.

Les questions-sujets n'utilisent pas d'auxiliaire et l'ordre des mots reste le même que dans une phrase affirmative.

L'ordre des mots reste le même que dans une phrase affirmative.

Who called the bank? 

Who did call the bank? 

N'utilisez « do » comme auxiliaire qu'en présence de questions-objets.

38 Les questions indirectes

En anglais, poser des questions directement peut être perçu comme impoli. Les anglophones posent donc couramment des questions de façon plus indirecte, surtout pour demander des informations.

Pour en savoir plus :
Le présent simple **1** Poser des questions **34**
Les types de verbes **49**

38.1 LES QUESTIONS INDIRECTES OUVERTES

Les questions indirectes commencent souvent par une locution introductive de politesse. Après le mot interrogatif, l'ordre des mots est le même que dans les phrases affirmatives.

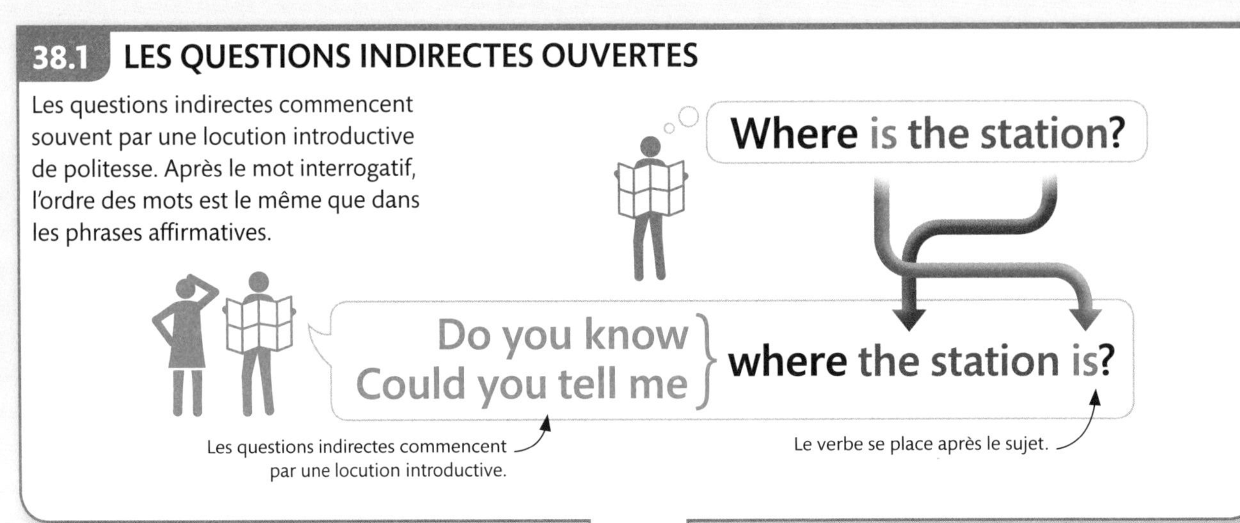
Where is the station?
Do you know
Could you tell me
where the station is?

Les questions indirectes commencent par une locution introductive.

Le verbe se place après le sujet.

AUTRES EXEMPLES

Do you know **how much the tickets will cost?**

Could you tell me **why you were late?**

Could you tell me **what time the stores close?**

Les questions indirectes omettent l'auxiliaire « do ».

CONSTRUCTION

LOCUTION INTRODUCTIVE	MOT INTERROGATIF	SUJET	VERBE
Do you know / Could you tell me	where	the station	is?

Les questions indirectes commencent par une locution introductive.

38.2 LES QUESTIONS INDIRECTES FERMÉES

Les questions indirectes fermées se forment à l'aide de « if » ou « whether ». Dans ce contexte, « if » et « whether » signifient la même chose.

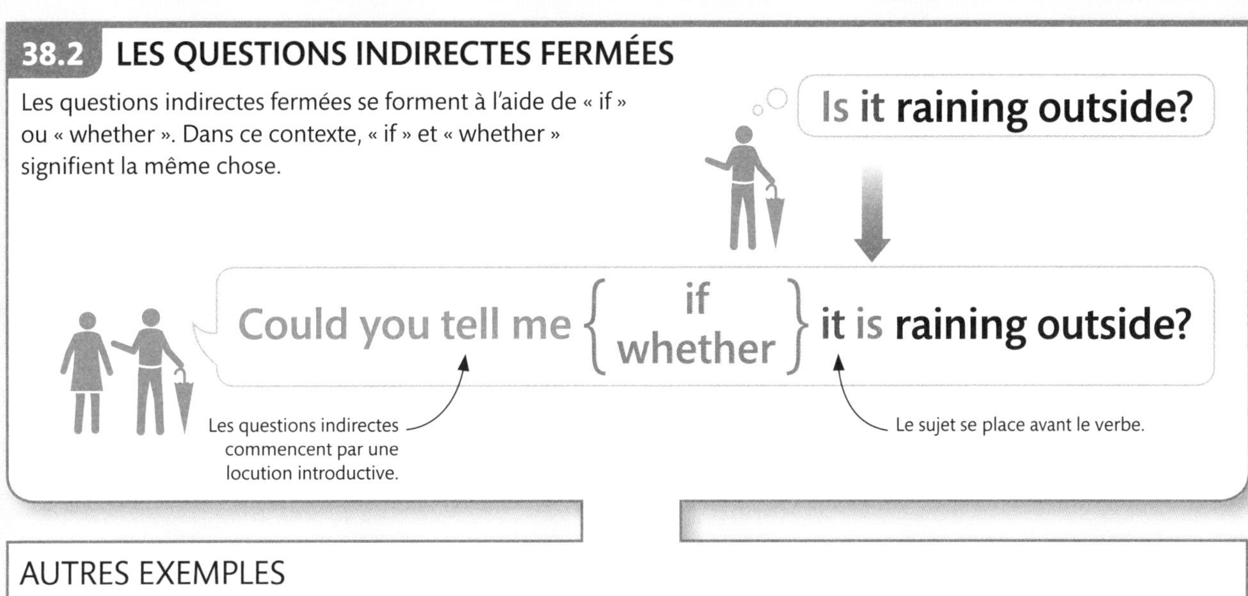

Is it raining outside?
Could you tell me { if / whether } it is raining outside?
Les questions indirectes commencent par une locution introductive.
Le sujet se place avant le verbe.

AUTRES EXEMPLES

Do you know **if that restaurant is expensive?**

Could you tell me **whether the train is on time?**

CONSTRUCTION

La phrase commence par une locution introductive polie.

⚠ ERREURS COURANTES L'ORDRE DES MOTS DANS LES QUESTIONS INDIRECTES

Lorsqu'une question indirecte possède une locution introductive, l'ordre des mots est le même que dans une phrase affirmative. Inutile de les inverser ou d'ajouter « do ».

Could you tell me **where the station is?** ✓

Could you tell me where is the station? ✗

Could you tell me **when you close?** ✓

Could you tell me when do you close? ✗

39 Les question tags

En anglais, on ajoute parfois des questions courtes en fin de phrase. On les appelle des « question tags » ou « locutions adverbiales interrogatives de fin de phrase ». On les utilise pour inviter quelqu'un à marquer son accord.

Pour en savoir plus :
Le présent simple **1** Le prétérit **7**
Les types de verbes **49** Les verbes modaux **56**

39.1 LES QUESTION TAGS AVEC « TO BE »

Les question tags les plus simples se composent du verbe « to be » et du pronom qui correspond au sujet de la phrase.

PHRASE AFFIRMATIVE — QUESTION TAG

The music is very loud, isn't it?

AUTRES EXEMPLES

You're cold, aren't you?

He was tall, wasn't he?

I'm late, aren't I?

À la fin des phrases affirmatives avec « I », utilisez « aren't I ? », et non « amn't I ? » dans le question tag à la forme négative.

I'm not talking too much, am I?

CONSEIL
On utilise essentiellement les question tags dans des contextes informels.

CONSTRUCTION

Une phrase à la forme affirmative est suivie d'un question tag à la forme négative, et une phrase à la forme négative est suivie d'un question tag à la forme affirmative.

PHRASE AFFIRMATIVE	QUESTION TAG NÉGATIF
The music is very loud,	**isn't it?**

Le verbe est à la forme affirmative.

On utilise la forme négative du verbe dans le question tag.

PHRASE NÉGATIVE	QUESTION TAG POSITIF
The music isn't very loud,	**is it?**

Le verbe est à la forme négative.

On utilise la forme affirmative du verbe dans le question tag.

39.2 LES QUESTION TAGS AVEC LES AUXILIAIRES

Pour les verbes autres que « to be », un énoncé au présent simple est suivi d'un question tag avec « do » ou « does ».

PRÉSENT SIMPLE — QUESTION TAG

Mel plays the violin, doesn't she?

Un énoncé au prétérit est suivi d'un question tag avec « did ».

PRÉTÉRIT — QUESTION TAG

John studied art, didn't he?

Un énoncé avec auxiliaire est suivi d'un question tag avec le même auxiliaire.

AUXILIAIRE — VERBE — QUESTION TAG

You haven't seen my keys, have you?

Auxiliaire

Le verbe principal décrit l'action.

Le question tag utilise le même auxiliaire.

Les énoncés avec verbes modaux comme « could », « would » et « should » sont suivis de question tags avec les mêmes verbes modaux.

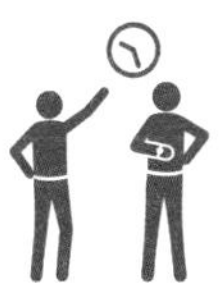

VERBE MODAL — QUESTION TAG

Tim should be here by now, shouldn't he?

39.3 L'INTONATION AVEC LES QUESTION TAGS

Si l'intonation monte à la fin du question tag, c'est une question qui nécessite une réponse.

You'd like to move offices, wouldn't you?

[Je demande si vous souhaiteriez changer de bureaux.]

Si l'intonation descend à la fin du question tag, le locuteur invite simplement son interlocuteur à marquer son accord.

You've already met Evelyn, haven't you?

[Je sais que vous avez déjà rencontré Evelyn.]

40 Les questions courtes

Les questions courtes permettent de manifester son intérêt lors d'une conversation. Utilisez-les pour maintenir le dialogue et non pour demander de nouvelles informations.

Pour en savoir plus :
Le présent simple **1** Poser des questions **34**
Les types de verbes **49**

40.1 LES QUESTIONS COURTES

Les questions courtes doivent faire écho au temps de l'énoncé.
Avec une affirmation, la question courte doit être positive, et vice versa.
Le sujet de l'énoncé est remplacé par le pronom correspondant.

It's **Tom's birthday today.**

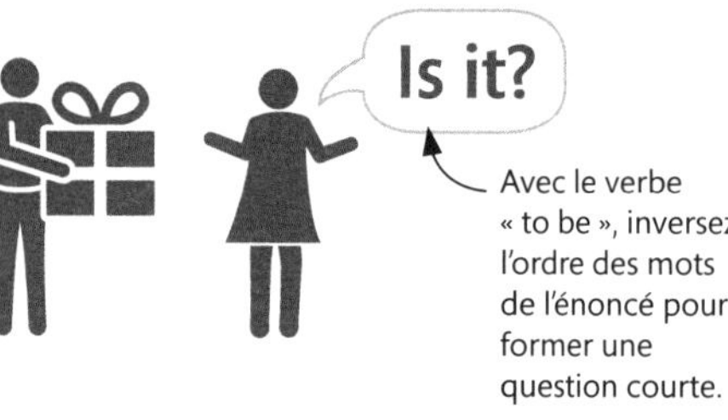

Is it?

Avec le verbe « to be », inversez l'ordre des mots de l'énoncé pour former une question courte.

I play **golf every weekend.**

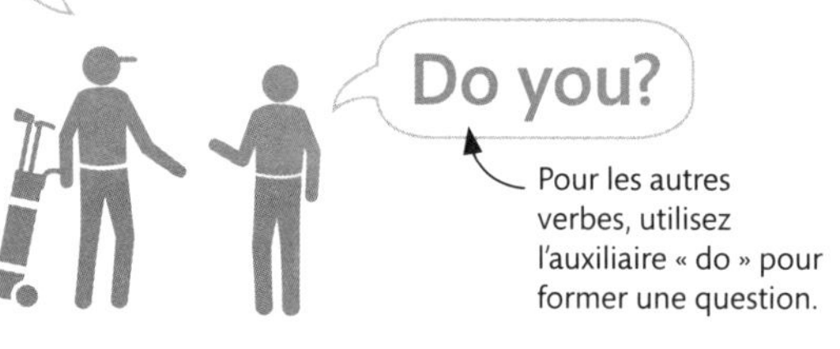

Do you?

Pour les autres verbes, utilisez l'auxiliaire « do » pour former une question.

AUTRES EXEMPLES

I am **going to visit my parents next week.**

Are you?

« I am » devient « are you » car la phrase s'adresse au locuteur.

I went **to a party last night.**

Did you?

On utilise le prétérit de « do » pour correspondre à « went », qui est le prétérit de « go ».

Rob wasn't **in the office this morning.**

Wasn't he?

Utilisez la forme négative pour faire écho à l'énoncé.

My son studies **every night.**

Does he?

La troisième personne de « does » renvoie à celle de « studies ».

40.2 LES QUESTIONS COURTES AVEC LES AUXILIAIRES

Si une phrase contient un auxiliaire, y compris les verbes modaux, on répète cet auxiliaire dans la question courte.

I have **just come back from Hawaii.**

Have you?

Ici, « have » est un verbe auxiliaire qui forme le present perfect.

AUTRES EXEMPLES

I couldn't **wait to come to work today.**

Couldn't you?

I've **been working since 7am.**

Have you?

The train should **be here by now.**

Should it?

I can't **find my car keys.**

Can't you?

40.3 LES QUESTIONS COURTES EN ANGLAIS AMÉRICAIN

En anglais américain, les questions courtes ne sont parfois pas inversées.

Roger is **starting a new job tomorrow.**

He is?

Le sujet et le verbe ne sont pas inversés, mais l'intonation est montante.

My team didn't win **the game last night.**

They didn't?

41 Les réponses courtes

En anglais, quand on répond à des questions fermées, on peut souvent omettre certains mots pour raccourcir les réponses. Ces réponses courtes sont fréquentes à l'oral.

Pour en savoir plus :
Le présent simple **1** Les types de verbes **49**
Les verbes modaux **56** « There » **85**

41.1 LES RÉPONSES COURTES

Quand la question utilise le verbe « to be » ou l'auxiliaire « do », on reprend leur temps dans la réponse courte.

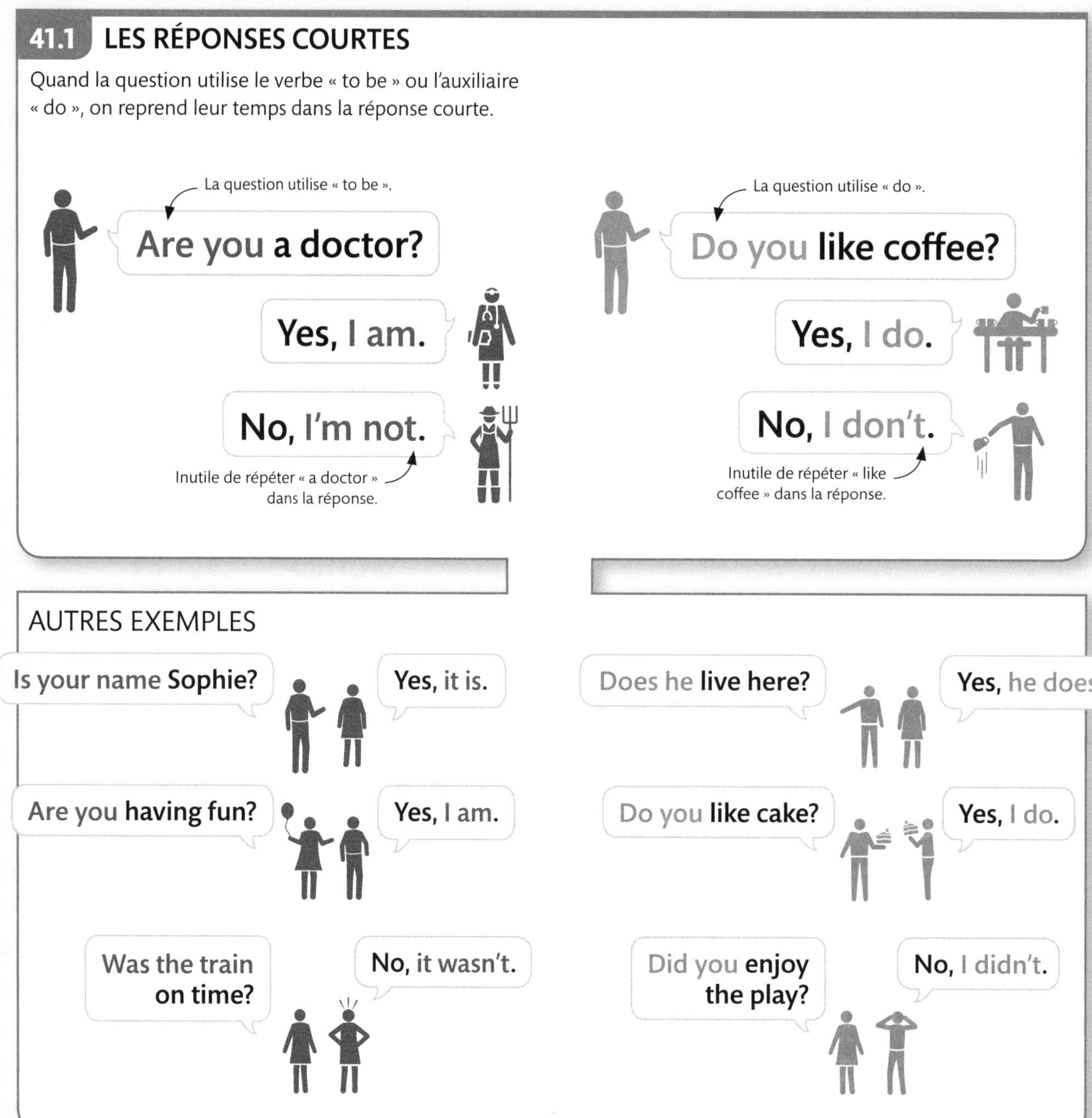

La question utilise « to be ».
Are you a doctor?
Yes, I am.
No, I'm not.
Inutile de répéter « a doctor » dans la réponse.
La question utilise « do ».
Do you like coffee?
Yes, I do.
No, I don't.
Inutile de répéter « like coffee » dans la réponse.
AUTRES EXEMPLES
Is your name Sophie?
Yes, it is.
Are you having fun?
Yes, I am.
Was the train on time?
No, it wasn't.
Does he live here?
Yes, he does.
Do you like cake?
Yes, I do.
Did you enjoy the play?
No, I didn't.

41.2 LES RÉPONSES COURTES AVEC LES AUXILIAIRES

Quand la question contient un auxiliaire, comme un verbe modal, on peut le répéter dans la réponse courte.

Can you **ride a bicycle?**

Yes, I can.

No, I can't.

AUTRES EXEMPLES

Would you **like to play chess?**

Yes, I would.

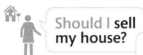

Should I **sell my house?**

Yes, you should.

Have they **bought a new car?**

No, they haven't.

Will he **be at the party later?**

No, he won't.

ERREURS COURANTES LES RÉPONSES COURTES AVEC UN AUXILIAIRE

Si une question utilise un auxiliaire, comme un verbe modal, il doit être utilisé dans la réponse courte. Inutile de reprendre le verbe principal.

Can you **ride a bicycle?**

Yes, I can.

Yes, I ride.

41.3 LES RÉPONSES COURTES AVEC « THERE »

Quand la question contient « there », on le répète dans la réponse.

Is there **a hotel in the town?**

Yes, there is.

No, there isn't.

Version courte de : « No, there isn't a hotel in the town. »

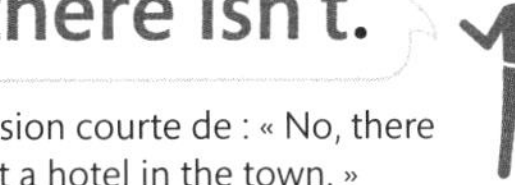

Are there **hotels in the town?**

Yes, there are.

No, there aren't.

42 Vue d'ensemble des questions

42.1 POSER DES QUESTIONS

En anglais, on forme des questions en inversant la place du sujet et du verbe, ou en utilisant l'auxiliaire « do ».

Tania is a pharmacist.

Is Tania a pharmacist?

Le sujet et « to be » sont inversés.

42.2 LES QUESTIONS-OBJETS ET LES QUESTIONS-SUJETS

En anglais, on construit les questions différemment selon que l'on demande qui ou ce qui a fait une action, ou l'a reçue.

ÉNONCÉ

Sujet — Objet

Ben called the bank.

Les questions-sujets demandent qui a fait une action. Le mot interrogatif est le sujet du verbe principal. Elles n'utilisent pas l'auxiliaire « do ».

QUESTION-SUJET

La question n'utilise pas « did ».

Who called the bank?

Ben.

Les questions-objets demandent qui a reçu une action. Le pronom interrogatif est l'objet de la question. Elles utilisent généralement l'auxiliaire « do ».

QUESTION-OBJET

La question utilise « did ».

Who did Ben call?

The bank.

En anglais, on forme les questions de différentes façons en fonction du verbe principal. Les questions ouvertes et fermées ont une construction différente, et sont prononcées avec différentes intonations.

Pour en savoir plus :
Poser des questions **34** Les mots interrogatifs **35**
Les question tags **39** Les questions courtes **40**

Joe has been to Paris.

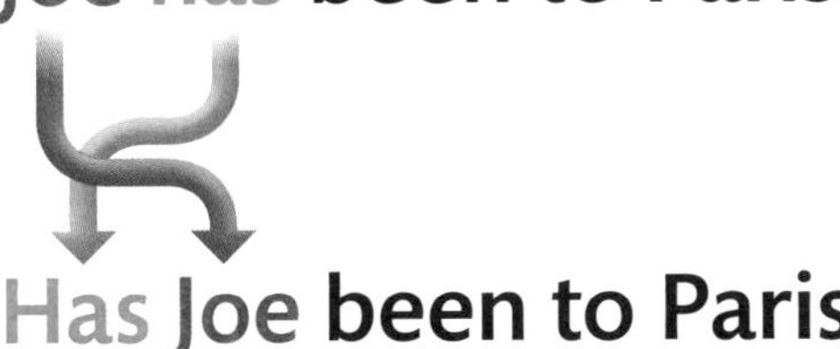

Has Joe been to Paris?

Inversez le sujet et l'auxiliaire.

Tom likes pizza.

Does Tom like pizza?

Une forme de « do » se place avant le sujet. Le verbe est à sa forme radicale.

42.3 LES QUESTION TAGS ET LES QUESTIONS COURTES

On ajoute **les question tags** à la fin d'une question, généralement pour demander à quelqu'un de montrer son accord. Une affirmation est suivie d'un question tag négatif et vice versa.

You like skiing, don't you?

Les questions courtes servent à indiquer que l'on écoute la personne qui parle. Elles sont positives pour les phrases affirmatives, et négatives pour les phrases à la forme négative.

Yes, I go skiing twice a year.

Do you?

42.4 LES QUESTIONS FERMÉES ET OUVERTES

Les questions fermées se contentent de « yes » ou « no » pour réponse. À l'oral, la voix monte souvent à la fin de la question.

Does Stevie work in an office?

On forme **les questions ouvertes** en ajoutant des mots interrogatifs au début de la question. On peut y répondre de nombreuses façons. La voix du locuteur descend souvent à la fin des questions ouvertes.

Where does Stevie work?

43 Le discours indirect

On appelle « discours direct » ce que les gens disent. Si l'on rapporte à quelqu'un ce qu'une autre personne a dit, c'est alors du discours indirect.

Pour en savoir plus :
Le présent simple **1** Le prétérit **7**
Les types de verbes **49**

43.1 LE DISCOURS INDIRECT

Le verbe principal est habituellement « said », au discours indirect. Le temps du discours indirect est généralement un temps plus éloigné que le temps du discours direct.

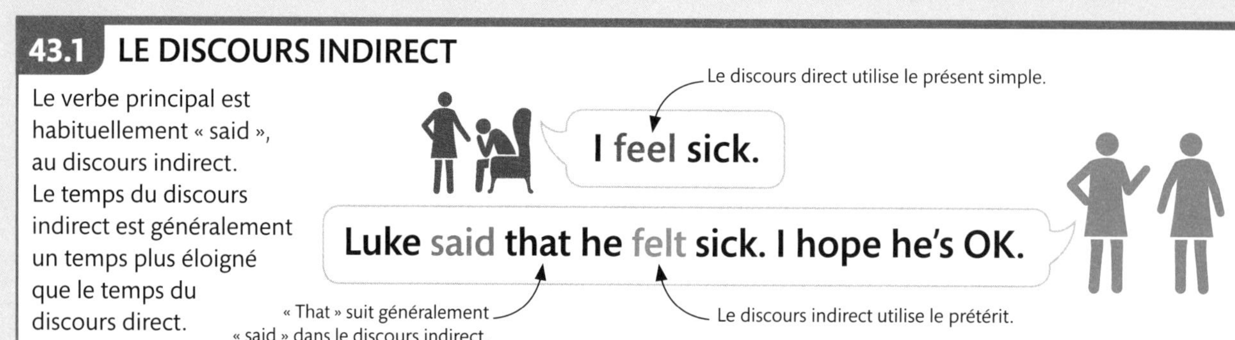

Le discours direct utilise le présent simple.
I feel sick.
Luke said that he felt sick. I hope he's OK.
« That » suit généralement « said » dans le discours indirect.
Le discours indirect utilise le prétérit.

AUTRES EXEMPLES

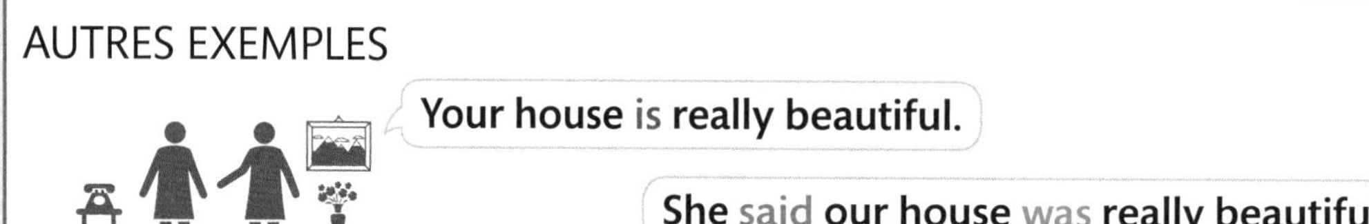

Your house is really beautiful.

She said our house was really beautiful.

Your suit looks great.

He said that my suit looked great.

CONSTRUCTION

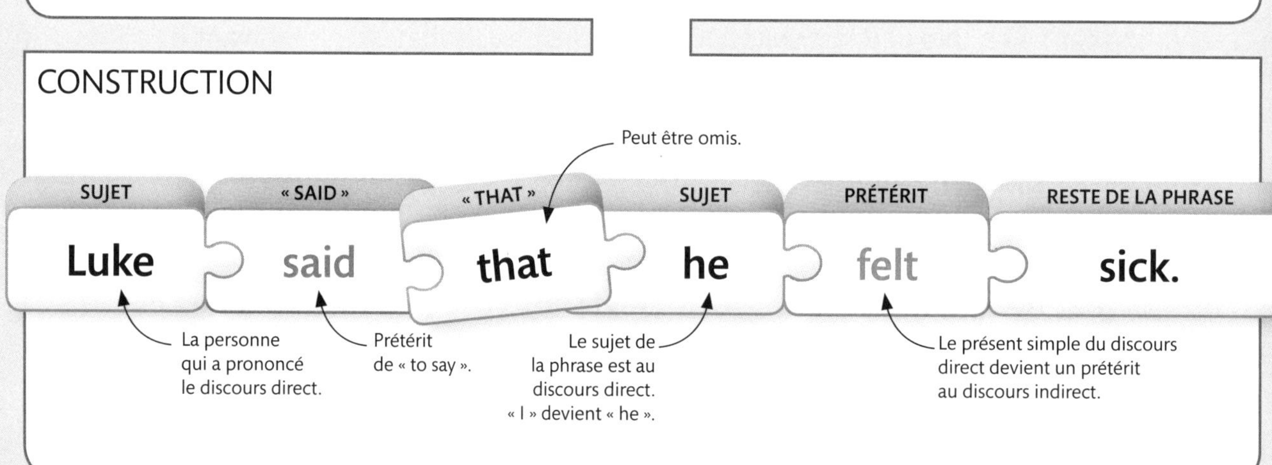

43.2 « TELL » AU DISCOURS INDIRECT

Au discours indirect, vous pouvez dire à qui quelqu'un parle en utilisant « tell » comme verbe principal. « Tell » doit être suivi d'un complément d'objet.

I want to learn to drive.

Avec « say », vous n'avez pas besoin d'un complément d'objet.

He { said / told me } that he wanted to learn to drive.

Au discours indirect, vous devez mettre un complément d'objet après « tell ».

AUTRES EXEMPLES

She told me that she was at the party.

She told me that she had a very stressful job.

He told us he arrived late to the meeting.

They told us they bought a new house.

Vous pouvez ôter « that » après « said » au discours indirect.

I told her that I went abroad last year.

We told them that we didn't want it.

⚠ ERREURS COURANTES « SAY » ET « TELL » AU DISCOURS INDIRECT

He said that he had a fast car. ✓

He said me that he had a fast car. ✗

« Said » ne peut pas avoir d'objet.

« Told » doit avoir un d'objet.

He told me that he had a fast car. ✓

He told that he had a fast car. ✗

44 Les temps au discours indirect

Au discours indirect, le verbe principal passe souvent au passé. Les références de temps et de lieu de la phrase doivent parfois aussi changer.

Pour en savoir plus :
Le présent continu **4** Le prétérit continu **10**
Le past perfect simple **13** Les verbes modaux **56**

44.1 LES TEMPS DU DISCOURS INDIRECT

Le temps du discours indirect est généralement un temps plus éloigné que le temps du discours direct.

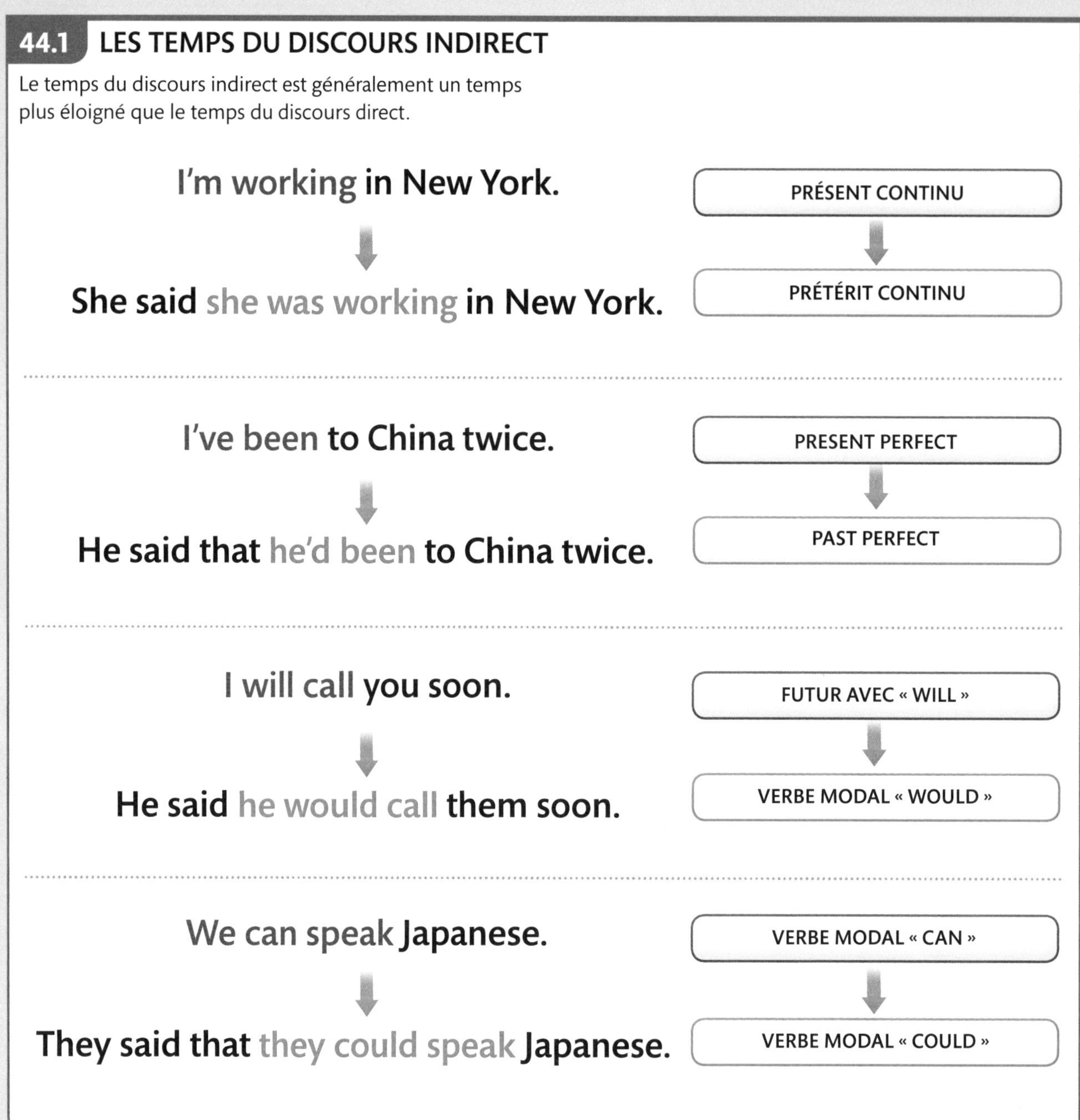

I'm working in New York.
She said she was working in New York.
PRÉSENT CONTINU
PRÉTÉRIT CONTINU
I've been to China twice.
He said that he'd been to China twice.
PRESENT PERFECT
PAST PERFECT
I will call you soon.
He said he would call them soon.
FUTUR AVEC « WILL »
VERBE MODAL « WOULD »
We can speak Japanese.
They said that they could speak Japanese.
VERBE MODAL « CAN »
VERBE MODAL « COULD »

44.2 LE DISCOURS INDIRECT ET LE PRÉTÉRIT

Au discours indirect, le prétérit du discours direct peut rester tel quel ou passer au past perfect, sans changer de sens.

I arrived in Delhi on Saturday.

DISCOURS DIRECT AU PRÉTÉRIT

He said { he arrived / he'd arrived } in Delhi on Saturday.

DISCOURS INDIRECT AU PRÉTÉRIT OU AU PAST PERFECT

44.3 LE DISCOURS INDIRECT SANS CHANGEMENT DE TEMPS

Si la phrase décrit une action qui se passe au moment où l'on parle, il est inutile de changer le temps du verbe dans le discours indirect.

I like eating cake.

Amelia said that she likes eating cake.

Amelia aime toujours manger du gâteau.

AUTRES EXEMPLES

Your hat looks great.

He said that my hat looks great.

I love your tie.

He said that he loves my tie.

44.4 LES RÉFÉRENCES TEMPORELLES ET GÉOGRAPHIQUES

Si vous rapportez un discours après que celui-ci a eu lieu, vous devrez peut-être changer les mots faisant référence à l'heure et aux lieux.

La référence temporelle est « yesterday » au discours direct.

I went to work yesterday.

She said she'd been to work the day before.

La référence temporelle est « the day before » au discours indirect.

APRIL 25 — APRIL 26 — APRIL 27

AUTRES EXEMPLES

I'll call you tomorrow. →

He said he'd call me the following day.

The weather is nice here. →

She told me the weather was nice there.

We'll have a party this weekend. →

They said they'd have a party that weekend.

I saw you last week. →

She said she'd seen me the week before.

I'm starting a new job today. →

You told her you were starting a new job that day.

44.5 AUTRES CHANGEMENTS AU DISCOURS INDIRECT

Au discours indirect, les pronoms doivent également parfois changer pour renvoyer à la personne ou à la chose concernée.

I don't believe these ghost stories.

He said that he didn't believe those ghost stories.

« These » est remplacé par « those », plus éloigné.

This house gives me the creeps.

He said that that house gave him the creeps.

« This » est remplacé par « that », plus éloigné.

AUTRES EXEMPLES

I don't like my new haircut.

He said that he didn't like his new haircut.

I can't wait to move into our new house.

He said that he couldn't wait to move into their new house.

Are you going to come with us?

He asked if I was going to go with them.

These are the best pastries I've ever tasted.

She said they were the best pastries she'd ever tasted.

45 Les verbes rapporteurs

Au discours indirect, vous pouvez remplacer « said » par un large éventail de verbes, qui offrent davantage d'informations sur la manière dont quelqu'un a dit quelque chose.

Pour en savoir plus :
Le présent simple **1** Le prétérit **7**
Les types de verbes **49**

45.1 LES VERBES RAPPORTEURS AVEC « THAT »

« Say » et « tell » ne fournissent pas de renseignements sur le comportement du locuteur. Vous pouvez remplacer ces verbes par d'autres verbes qui donnent des indications sur l'état d'esprit du locuteur ou sur la raison pour laquelle il a pris la parole.

I'm not very good at golf.

Neil admitted that he wasn't very good at golf.

Signale que le locuteur est réticent.

AUTRES EXEMPLES

Don't be afraid of the dog. He's just excited to see you.

They explained that the dog was barking because he was excited to see me.

Your house is beautiful. It has a nice lawn, too.

Rohit admired our house, and added that it had a nice lawn.

CONSTRUCTION

SUJET	VERBE RAPPORTEUR (PRÉTÉRIT)	« THAT »	PRÉTÉRIT
Neil	admitted	that	he wasn't very good at golf.

Le verbe introduit le discours indirect et apporte un supplément d'information.

Le verbe est suivi de « that ».

Le discours indirect change toujours le temps.

45.2 LES VERBES RAPPORTEURS AVEC OBJET ET INFINITIF

Certains verbes rapporteurs sont suivis d'un objet et d'un infinitif. L'anglais utilise souvent ces verbes pour rapporter des ordres, des conseils et des consignes.

Remember to buy some milk tonight.

Ellie reminded me to buy some milk tonight.

Verbe rapporteur (reminded) · Objet (me) · Infinitif (to buy)

AUTRES EXEMPLES

You've been very naughty! Go to your room.

I just ordered Aaron to go to his room.

Could you please give me a ride to the station?

Sorry I'm late. Lucia asked me to give her a ride to the station.

Come to the party! You'll have a great time!

We encouraged Gareth to come to the party. I hope he turns up.

CONSTRUCTION

SUJET	VERBE RAPPORTEUR (PRÉTÉRIT)	OBJET	INFINITIF	RESTE DE LA PHRASE
Ellie	reminded	me	to buy	some milk.

L'objet montre à qui l'on parle.

L'infinitif exprime habituellement un ordre, une consigne ou un conseil.

46 Les verbes rapporteurs à la forme négative

Avec les verbes rapporteurs, la forme négative se construit de la même façon qu'au discours direct. Il suffit d'appliquer « not » à l'auxiliaire, ou au verbe principal en l'absence d'auxiliaire.

Pour en savoir plus :
Le présent simple à la forme négative **2**
Le prétérit à la forme négative **8**
Les types de verbes **49**

46.1 RAPPORTER DES AUXILIAIRES À LA FORME NÉGATIVE

Quand le discours direct est à la forme négative à l'aide de « do not », « is not » et « has not », ce sont « do », « is » ou « has » qui changent de temps, et non le verbe principal.

I don't work on weekends.

Présent simple à la forme négative.

He said he didn't work on weekends.

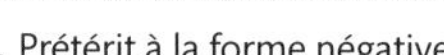

Prétérit à la forme négative.

AUTRES EXEMPLES

I don't want to drive. I'd rather walk.

Sue said she didn't want to drive. She'd rather walk.

The car isn't starting.

They told me the car wasn't starting.

They haven't arrived on time because of the car.

Fay said they hadn't arrived on time because of the car.

46.2 RAPPORTER D'AUTRES VERBES À LA FORME NÉGATIVE

Pour construire une phrase à la forme négative avec un verbe rapporteur, un objet et un infinitif, placez « not » entre l'objet et l'infinitif.

You shouldn't sign the contract.

Our lawyer advised me not to sign the contract.

Cette phrase indirecte passe à la forme négative grâce à « not ».

AUTRES EXEMPLES

Don't eat any more cake. It's bad for you.

I think I persuaded Evan not to eat any more cake.

Don't go in the water. It's dangerous.

The lifeguard warned me not to go in the water.

I don't think you should stand so near the edge.

My friend warned me not to stand near the edge.

You must not lose your passport while you're away.

My dad reminded me not to lose my passport.

Don't draw on the walls!

My dad told me not to draw on the walls.

47 Les questions rapportées

Vous pouvez utiliser des questions rapportées pour dire à quelqu'un ce que quelqu'un d'autre a demandé. L'ordre des mots des questions directes et des questions rapportées est différent.

Pour en savoir plus :
Poser des questions **34** Les questions ouvertes **36** Les types de verbes **49**

47.1 LES QUESTIONS RAPPORTÉES OUVERTES

Pour rapporter des questions ouvertes, inversez le sujet et le verbe.

Where are my keys?

Adam asked me where his keys were. Have you seen them?

Le sujet vient avant le verbe dans les questions rapportées.

Le temps des questions rapportées est antérieur au temps des questions directes.

AUTRES EXEMPLES

Why can't you come to the party?

He asked me why I couldn't come to the party.

Vous pouvez inclure un complément d'objet pour indiquer à qui la question initiale a été posée.

When will they arrive?

She asked when they would arrive.

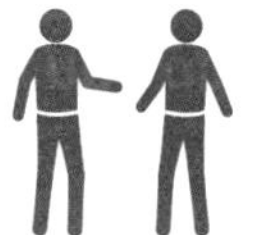

L'objet du verbe rapporteur peut souvent être omis.

CONSTRUCTION

SUJET	VERBE RAPPORTEUR	OBJET	MOT INTERROGATIF	SUJET	VERBE
Adam	asked	me	where	his keys	were.

- Le verbe principal des questions rapportées est généralement « ask ».
- Vous pouvez omettre l'objet.
- Le sujet vient avant le verbe dans les questions rapportées.
- Le temps recule d'un temps par rapport au style direct.

47.2 RAPPORTER DES QUESTIONS AVEC « DO »

Les questions indirectes omettent l'auxiliaire « do ».

Let's bake a cake. What do we need?

He asked me what we needed.

Les questions indirectes omettent l'auxiliaire « do ».

Utilisez la forme passée du verbe.

AUTRES EXEMPLES

Why do you want to work for us?

They asked me why I wanted to work for them.

What do you think?

He asked me what I thought.

What does a florist do?

James asked me what a florist does.

Le temps ne change pas forcément.

Where do Jay and Seb live?

Paul asked me where Jay and Seb live.

Who do you know at work?

She asked who I knew at work.

What do you usually knit?

He asked me what I usually knit.

ERREURS COURANTES L'ORDRE DES MOTS DANS LES QUESTIONS RAPPORTÉES

Il est faux d'inverser le verbe et le sujet dans les questions rapportées.

He asked me where the station is. 

He asked me where is the station. 

47.3 RAPPORTER DES QUESTIONS FERMÉES

Si la réponse à une question directe est « yes » ou « no », utilisez « if » ou « whether » pour rapporter la question. « Whether » est plus formel que « if ».

Question directe

Are you meeting your sales targets?

My boss asked me if I was meeting my sales targets.

La question rapportée utilise « if » ou « whether ».

AUTRES EXEMPLES

Will you be at the meeting on Monday?

Kara asked whether I would be at the meeting on Monday.

Vous pouvez omettre l'objet après « asked » dans les questions rapportées avec « if » et « whether ».

Do you want to stay for dinner?

Ian asked me if we wanted to stay for dinner.

Il faut supprimer l'auxiliaire « do » dans les questions rapportées avec « if » et « whether ».

CONSTRUCTION

SUJET	« ASKED »	OBJET	« IF/WHETHER »	SUJET	VERBE	RESTE DE LA PHRASE
My boss	asked	me	if / whether	I	was	meeting my sales targets

Vous pouvez omettre l'objet.

« If » et « whether » veulent dire la même chose, mais « whether » est plus formel.

47.4 RAPPORTER DES QUESTIONS AVEC « OR »

Vous pouvez aussi utiliser « if » ou « whether » pour rapporter des questions avec « or » au discours direct.

Does Jo want **tea** or **coffee?**

Jo, Tom asked me if you wanted **tea** or **coffee.**

Le verbe passe au prétérit.

AUTRES EXEMPLES

Do you want **to go by car** or **by train?**

He asked whether we wanted **to go by car** or **by train.**

Do you prefer **wine** or **champagne?**

Jo asked me if **I** preferred **wine** or **champagne.**

Did you choose **to ski** or **snowboard?**

He asked whether I chose **to ski** or **snowboard.**

Did you decide **to walk** or **run?**

Harry asked if I decided **to walk** or **run.**

48 Vue d'ensemble du discours indirect

48.1 CHANGER LES RÉFÉRENCES AU DISCOURS INDIRECT

Certains mots sont à référence variable : on entend par là que leur sens dépend du contexte. Pour garder le sens du discours direct, le discours indirect a tendance à modifier les temps, les pronoms et les références temporelles.

TEMPS

I **want** to become a police officer.

Le temps a tendance à reculer.

She said she **wanted** to become a police officer.

48.2 RAPPORTER LES VERBES AU PRÉSENT

Le verbe rapporteur peut être au présent.
Dans ce cas, le temps de la phrase ne change pas.

I don't like ice cream.

She **says** she doesn't like ice cream.

Le verbe rapporteur est au présent.

Le temps du verbe principal ne change pas.

I've never tried ice cream.

She **tells** me she's never tried ice cream.

Utiliser « tell » au présent donne plus d'emphase que « say ».

Pour construire un discours indirect à partir d'un discours direct, certains mots doivent être modifiés afin de garder le même sens. Cependant, tous les mots n'ont pas besoin de changer.

Pour en savoir plus :
Le présent simple **1** Le prétérit **7** Les temps au discours indirect **44** Les verbes modaux **56** Les pronoms personnels **77**

PRONOMS

I did well in my exams.

She said she did well in her exams.

« My » se transforme en « her » pour faire référence au premier locuteur.

RÉFÉRENCES DE TEMPS

I'll apply for the job tomorrow.

She said she'd apply for the job the next day.

« Tomorrow » devient « the next day » pour garder le sens intact.

48.3 LES VERBES RAPPORTEURS MODAUX

À l'exception de « will » et « can », la plupart des verbes modaux se comportent différemment des autres verbes. Quel que soit le temps du discours direct, ils ne changent pas au discours indirect.

I might buy some ice cream.

She said she might buy some ice cream.

Le verbe modal est le même qu'au discours direct.

I could have bought one.

She said she could have bought one.

Le verbe rapporté ne change pas non plus.

49 Les types de verbes

On peut classer les verbes en deux catégories : les verbes principaux et les auxiliaires. Les verbes principaux décrivent des actions, des occurrences ou des états. Les auxiliaires modifient le sens des verbes principaux.

Pour en savoir plus :
Le present perfect simple **11**
Les verbes modaux **56**

49.1 LES VERBES PRINCIPAUX

Les verbes principaux sont les plus importants de la phrase. Ils peuvent exprimer une action ou un état, ou servir à décrire un sujet.

« Play » est le verbe principal : celui qui décrit l'action.

I play tennis every Wednesday evening.

49.2 LES VERBES AUXILIAIRES

On accole des verbes auxiliaires aux verbes principaux pour en changer le sens. Les verbes auxiliaires servent aussi très souvent à construire des temps différents.

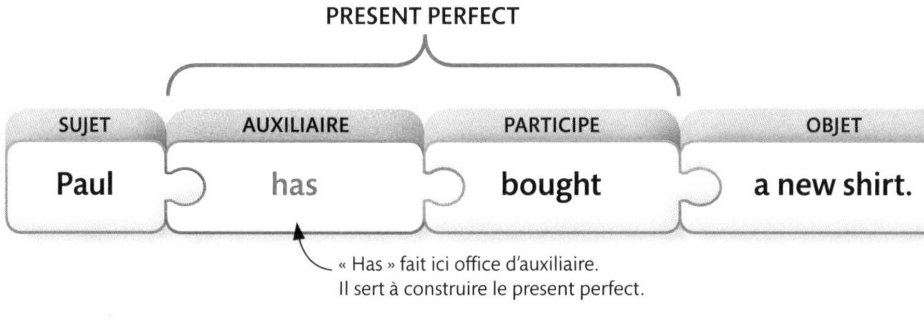

« Has » fait ici office d'auxiliaire. Il sert à construire le present perfect.

L'auxiliaire « do » permet de mettre à la forme interrogative ou négative des énoncés qui ne possèdent pas d'auxiliaire.

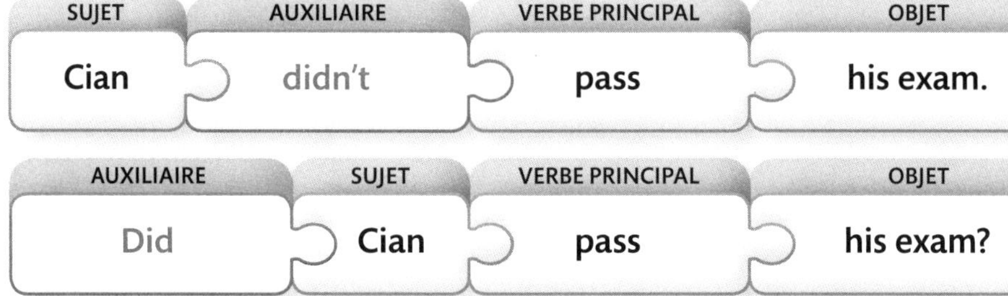

Les verbes modaux sont aussi des auxiliaires. Ils modifient le sens du verbe principal en introduisant des nuances comme la possibilité ou l'obligation.

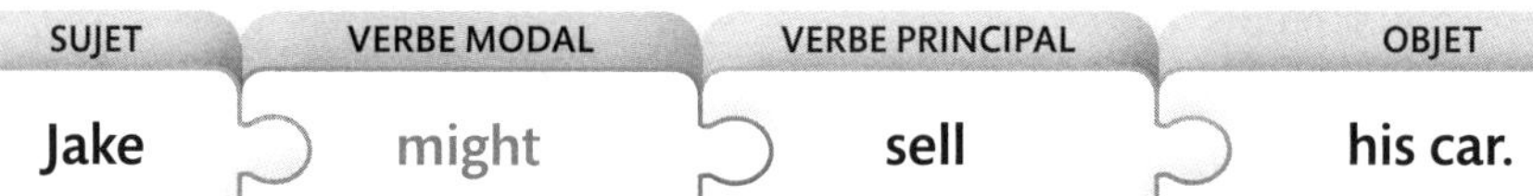

49.3 LES VERBES DE LIAISON

Les verbes de liaison expriment un état ou un état en devenir. Ils relient un sujet à un complément, qui renomme ou décrit le sujet.

The children are happy.

Sujet — Complément

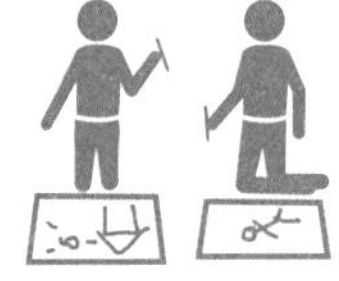

AUTRES EXEMPLES

Harry looks just like his father.

This seems like a lovely place to live.

Whatever you're cooking smells delicious!

After leaving school, she became a teacher.

49.4 LES VERBES TRANSITIFS ET INTRANSITIFS

Certains verbes sont obligatoirement suivis d'un complément d'objet : un nom ou une proposition qui reçoit l'action du verbe. On les appelle des « **verbes transitifs** ».

Certains verbes ne doivent jamais être suivis d'un objet. On les appelle des « **verbes intransitifs** ».

D'autres verbes peuvent être **à la fois transitifs et intransitifs**.

« Read » peut s'utiliser avec ou sans complément d'objet.

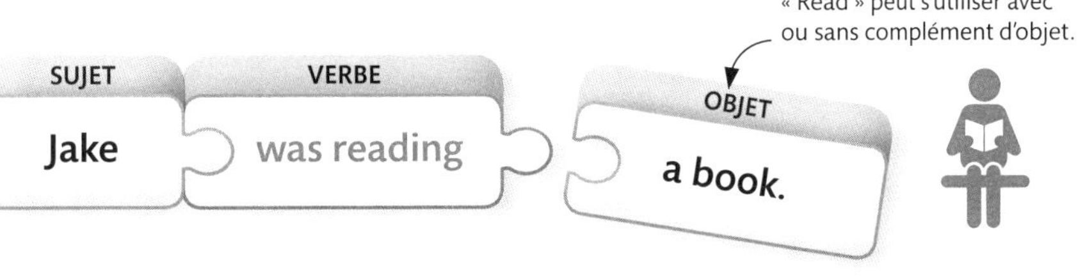

Certains verbes admettent **deux compléments** d'objet : l'un direct et l'autre indirect.

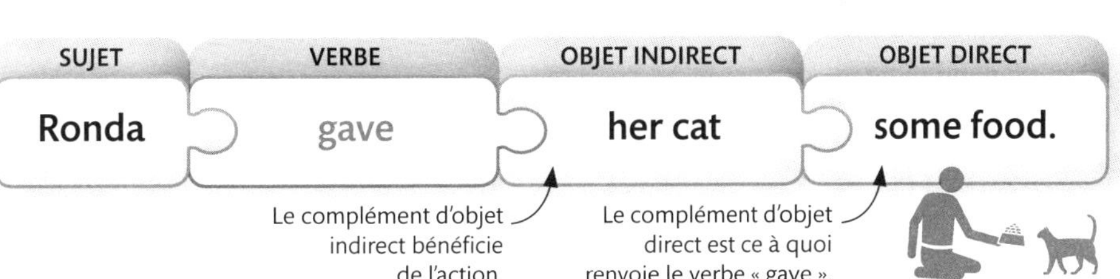

50 Les verbes d'action et les verbes d'état

On appelle « verbes d'action » ou « verbes dynamiques » les verbes qui décrivent des actions ou des événements ; on appelle « verbes d'état » ou « verbes statifs » ceux qui décrivent des états.

Pour en savoir plus :
Le présent simple **1** Le présent continu **4**
Le prétérit **7** Le prétérit continu **10**

50.1 LES VERBES D'ACTION ET LES VERBES D'ÉTAT

Les verbes d'action permettent habituellement de décrire ce que des personnes ou des choses font.
Les verbes d'état permettent habituellement de décrire des choses ou de décrire ce qu'une personne ressent.

VERBE D'ACTION

Les verbes d'action peuvent être conjugués à la forme simple et à la forme continue.

VERBE D'ÉTAT

I love **books.**

Les verbes d'état ne se conjuguent généralement pas à la forme continue.

AUTRES EXEMPLES

Dominic is eating **ice cream.**

Gayle is lying **on the couch.**

I don't eat **meat. I'm a vegetarian.**

I want **to go away somewhere.**

She has **two cats and a dog.**

We've known **each other for years.**

⚠ ERREURS COURANTES LES VERBES D'ÉTAT À LA FORME CONTINUE

On ne peut pas conjuguer les verbes d'état à la forme continue.

Les verbes d'état ne se conjuguent habituellement qu'à la forme simple.

I want a new laptop. 

I am wanting a new laptop. 

On ne peut habituellement pas conjuguer les verbes d'état à la forme continue.

50.2 UTILISER LES VERBES D'ÉTAT AVEC LES FORMES CONTINUES

Certains verbes peuvent être à la fois d'action et d'état. Lorsque ces verbes décrivent une action, ils peuvent être utilisés à la forme continue.

ACTION

I am thinking about taking up fencing.

[En ce moment, j'envisage de commencer l'escrime.]

The chef was tasting his soup.

[Le chef vérifie le goût de la soupe.]

I'm seeing some friends for lunch tomorrow.

[Je rejoins des amis demain.]

ÉTAT

I think fencing is a great sport.

[À mon avis, l'escrime est un excellent sport.]

This soup tasted disgusting!

[La soupe a mauvais goût.]

I saw some birds at the park yesterday.

[Il y avait des oiseaux au parc.]

D'autres verbes d'état peuvent être utilisés à la forme continue. Ils conservent leur sens statif, mais accentuent un changement, une évolution ou le caractère temporaire d'une situation.

FORME CONTINUE

Are you feeling better today? You seemed sick yesterday.

We're sounding much better than usual!

My leg is really hurting this morning.

FORME SIMPLE

How do you feel about modern art?

I wish they'd stop. They sound terrible!

My leg hurts. Maybe I should go to the doctor.

51 Les infinitifs et les participes

Les infinitifs et les participes sont des formes verbales qu'on voit rarement seules. Toutes deux sont toutefois importantes pour construire d'autres formes.

Pour en savoir plus :
Le présent continu **4**
Le present perfect simple **11**

51.1 LES INFINITIFS

L'infinitif est le verbe réduit à sa plus simple expression. En anglais, les verbes ont deux formes d'infinitif.

On forme parfois l'infinitif avec « to » suivi du verbe. Dans ce cas, il s'agit d'un infinitif complet ou avec « to ».

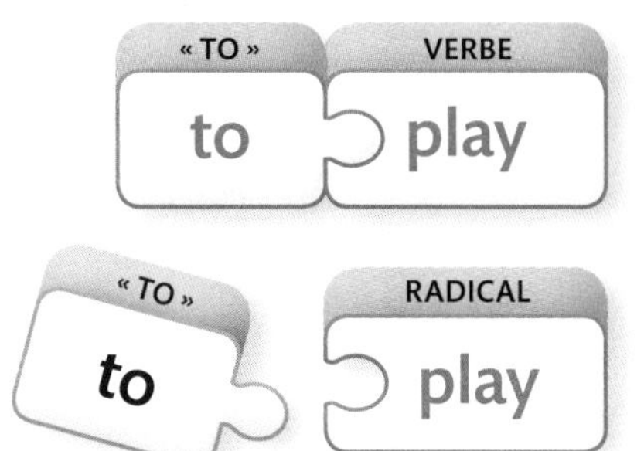

Quand l'infinitif est formé sans « to », on l'appelle « forme radicale », ou « verbe nu ».

51.2 LES PARTICIPES PRÉSENTS ET LES GÉRONDIFS

Le participe présent et le gérondif se forment généralement en ajoutant « -ing » à la fin du verbe. Ils ont beau s'écrire à l'identique, ils ont une fonction grammaticale différente.

Les participes présents suivent le plus souvent des auxiliaires pour former des temps continus.

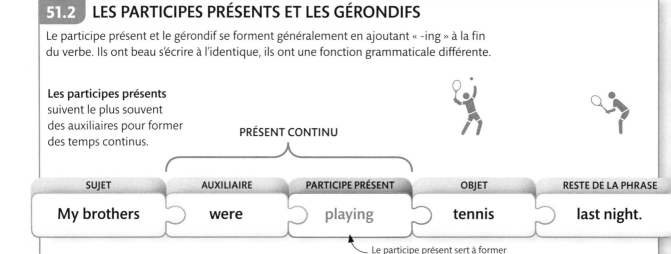

PRÉSENT CONTINU

SUJET	AUXILIAIRE	PARTICIPE PRÉSENT	OBJET	RESTE DE LA PHRASE
My brothers	were	playing	tennis	last night.

Le participe présent sert à former le prétérit continu.

Les gérondifs sont des verbes qui ont une fonction de nom. On les appelle parfois « noms verbaux ».

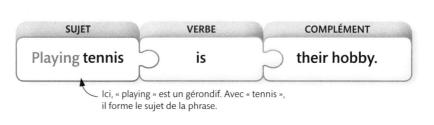

SUJET	VERBE	COMPLÉMENT
Playing tennis	is	their hobby.

Ici, « playing » est un gérondif. Avec « tennis », il forme le sujet de la phrase.

51.3 LES RÈGLES D'ORTHOGRAPHE DU PARTICIPE PRÉSENT ET DU GÉRONDIF

Le participe présent et le gérondif sont formés en ajoutant « -ing » à la fin du verbe. Certains radicaux sont toutefois formés différemment.

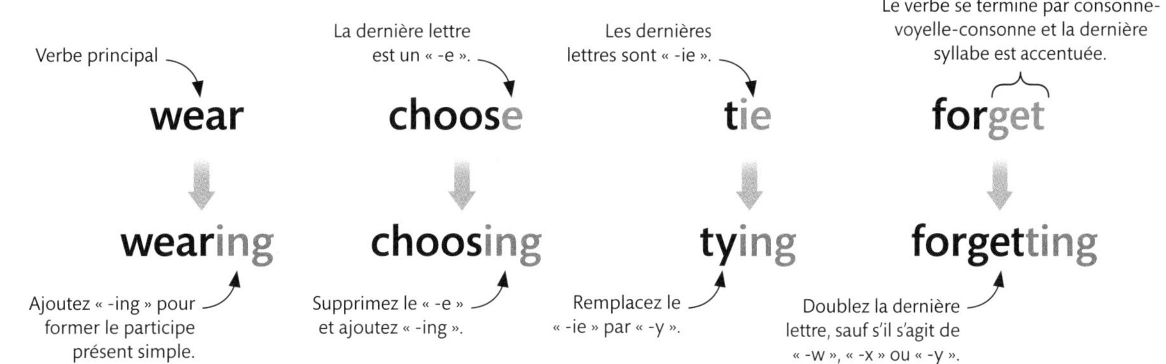
Verbe principal
wear
wearing
Ajoutez « -ing » pour former le participe présent simple.
La dernière lettre est un « -e ».
choose
choosing
Supprimez le « -e » et ajoutez « -ing ».
Les dernières lettres sont « -ie ».
tie
tying
Remplacez le « -ie » par « -y ».
Le verbe se termine par consonne-voyelle-consonne et la dernière syllabe est accentuée.
forget
forgetting
Doublez la dernière lettre, sauf s'il s'agit de « -w », « -x » ou « -y ».

AUTRES EXEMPLES

Ne doublez pas la dernière lettre car « -per » n'est pas accentué.

 **They're whispering to each other.**

Ne doublez pas la dernière lettre s'il s'agit d'un « -y ».

 **I'm enjoying my vacation.**

Doublez la dernière lettre car le verbe se termine par consonne-voyelle-consonne.

 **She's swimming in the ocean.**

Supprimez le « -e ».

 **He's making a cake.**

 **Connor went walking in the hills.**

 **Paul was told off for lying.**

 **Sarah loves riding her horse.**

 **The audience started clapping.**

 **Stop wasting so much paper!**

 **She started looking for a new job.**

 **The children were sitting on the floor.**

 **I'm choosing the new intern.**

51.4 LES PARTICIPES PASSÉS

Utilisez les participes passés avec les auxiliaires pour former des temps du perfect simple, comme le present perfect simple.

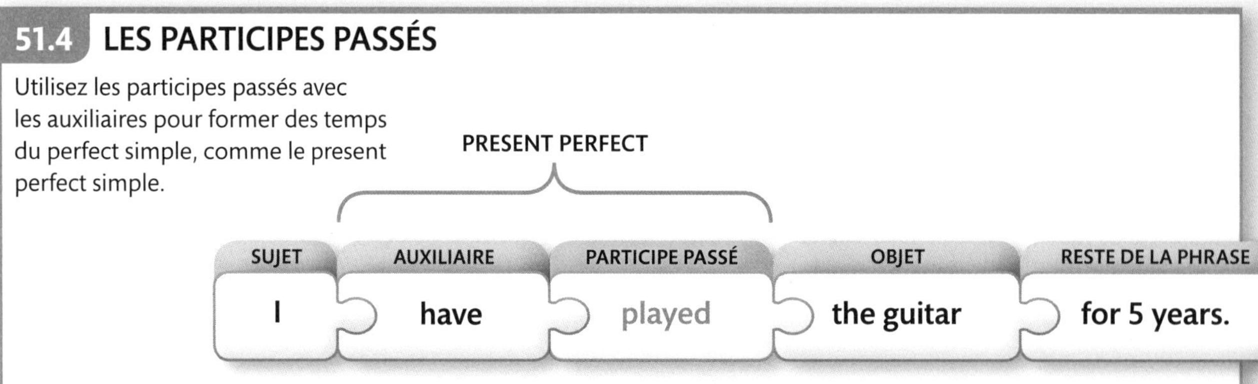
PRESENT PERFECT
SUJET
AUXILIAIRE
PARTICIPE PASSÉ
OBJET
RESTE DE LA PHRASE
I
have
played
the guitar
for 5 years.

51.5 LES RÈGLES D'ORTHOGRAPHE POUR LE PARTICIPE PASSÉ

Formez les participes passés réguliers en ajoutant « -ed » au radical du verbe.
Certains radicaux changent légèrement avant d'ajouter « -ed ».

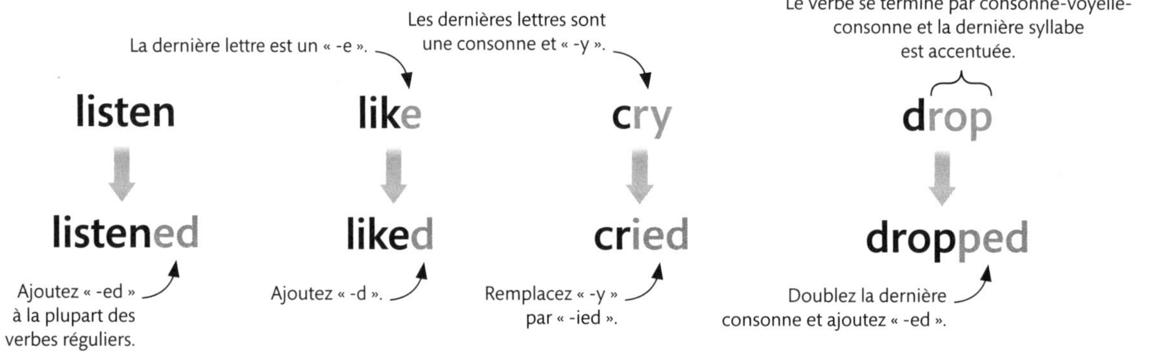
La dernière lettre est un « -e ».
Les dernières lettres sont une consonne et « -y ».
Le verbe se termine par consonne-voyelle-consonne et la dernière syllabe est accentuée.
listen
like
cry
drop
listened
liked
cried
dropped
Ajoutez « -ed » à la plupart des verbes réguliers.
Ajoutez « -d ».
Remplacez « -y » par « -ied ».
Doublez la dernière consonne et ajoutez « -ed ».

AUTRES EXEMPLES

I should have covered my work. Susanna has copied all my answers.

You haven't passed the exam this time, but at least you have improved.

I had planned to take the kids to the beach, but the weather's terrible.

By this time next week, I will have finished all of my assignments.

My boss has asked me to come in early again tomorrow. I'm so tired!

51.6 LES PARTICIPES PASSÉS IRRÉGULIERS

En anglais, de nombreux verbes ont une forme irrégulière au participe passé. Cette forme est souvent très différente du radical.

I buy new clothes every month.

I have just bought a new coat.

PARTICIPE PASSÉ

AUTRES EXEMPLES

RADICAL	PARTICIPE PASSÉ	EXEMPLES
be	**been**	**You're late. Where have you been?**
become	**become**	**This has become a real problem.**
begin	**begun**	**The class has already begun, so be quiet.**
choose	**chosen**	**Which subjects have you chosen to study?**
do	**done**	**My son has done a lot for the local community.**
feel	**felt**	**I haven't felt very well for over a week now.**
know	**known**	**Sonia would have known how to solve this problem.**
find	**found**	**The police have found the suspect.**
forget	**forgotten**	**My husband has forgotten our anniversary again.**
go	**gone**	**Helen has gone to Peru. She'll be back next week.**
have	**had**	**You look so different! Have you had a haircut?**
make	**made**	**I have made a cake for your birthday.**
say	**said**	**Jerry has said he'll be making a presentation.**
see	**seen**	**After this evening, I'll have seen this show six times.**
sing	**sung**	**This will be the first time she's sung in public.**
tell	**told**	**Has anyone told you the news? Kate's pregnant!**
understand	**understood**	**Has everyone understood the instructions?**
write	**written**	**I sent the email as soon as I had written it.**

52 Les constructions verbales

En anglais, certains verbes n'acceptent que le gérondif ou un infinitif. D'autres verbes acceptent les deux. Ces verbes servent souvent à décrire des souhaits, des projets ou des sentiments.

Pour en savoir plus :
Les types de verbes **49**
Les infinitifs et les participes **51**

52.1 LES VERBES AVEC L'INFINITIF

L'anglais utilise l'infinitif avec « to » après certains verbes qui décrivent les projets ou souhaits d'une personne pour une activité.

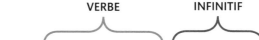

VERBE — INFINITIF

They arranged to play tennis.

Le verbe principal décrit le projet ou le souhait de faire une activité.

L'infinitif avec « to » décrit l'activité.

AUTRES EXEMPLES

L'infinitif ne change pas, quel que soit le temps du verbe principal.

I'm waiting to play badminton, but my friend is running late.

We wanted to play baseball yesterday, but it was raining.

My car broke down, but my friend offered to drive me home.

Ron decided to learn how to play the trombone.

D'AUTRES VERBES SUIVIS PAR L'INFINITIF

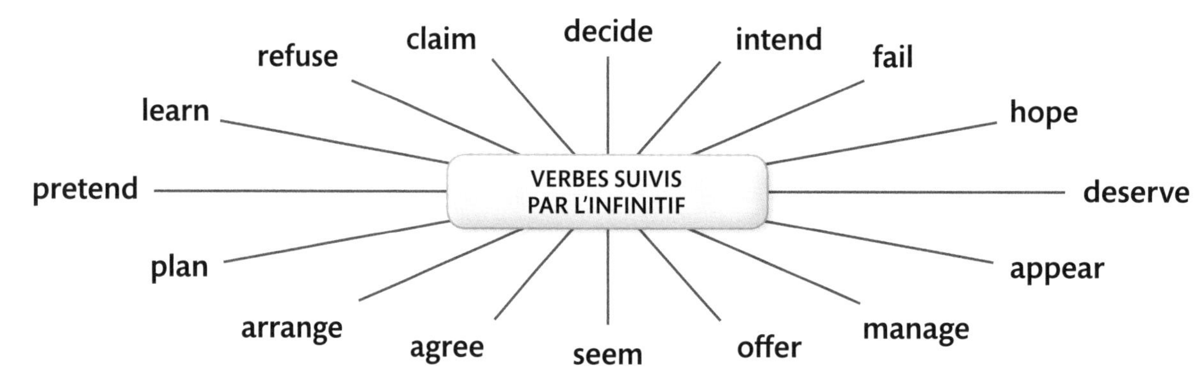

52.2 LES VERBES AVEC LE GÉRONDIF

L'anglais utilise le gérondif après certains verbes qui expriment la façon dont une personne perçoit une activité.

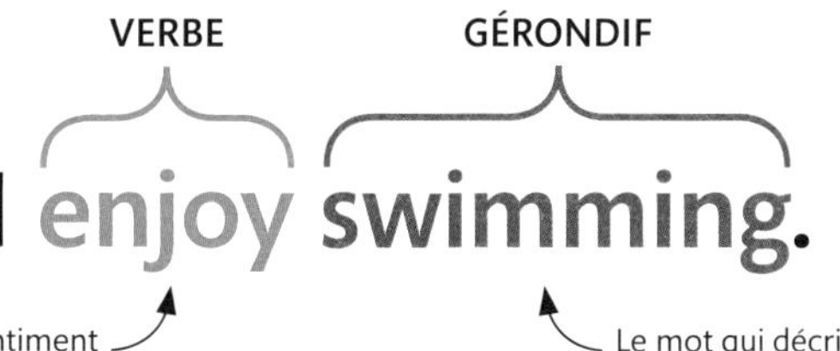

VERBE
GÉRONDIF
I enjoy swimming.
Le verbe exprime un sentiment envers une activité.
Le mot qui décrit l'activité est au gérondif.

AUTRES EXEMPLES

He doesn't feel like playing tennis tonight.

We really dislike jogging. We're so out of shape!

Do you miss skiing now that summer is here?

I really enjoy running marathons.

Would you consider applying for a promotion?

He doesn't mind staying late at work when he has to.

D'AUTRES VERBES SUIVIS PAR LE GÉRONDIF

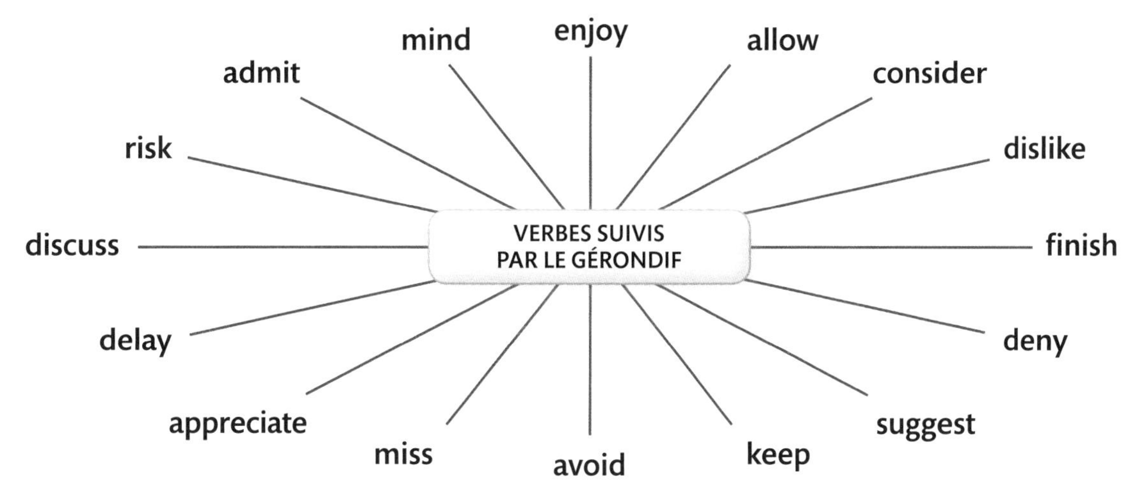

52.3 LES VERBES SUIVIS DE « TO » OU « -ING » (SANS CHANGEMENT DE SENS)

Certains verbes peuvent être suivis d'un gérondif (une forme en « -ing ») ou d'un infinitif avec « to », avec peu ou pas de changement de sens. Vous pouvez souvent utiliser l'une ou l'autre de ces formes.

I like {to work / working} in an open-plan office with a team.

AUTRES EXEMPLES

Emails are really awkward. I prefer {to meet / meeting} in person.

After a short stop, they continued {to drive / driving} toward the campsite.

Once she had found a seat, she began {to write / writing} her essay.

Why isn't the bus here yet? I really can't stand {to be / being} late.

D'AUTRES VERBES SUIVIS DE « TO » OU « -ING » (SANS CHANGEMENT DE SENS)

VERBES SUIVIS DE « TO » OU « -ING » (AUCUN CHANGEMENT DE SENS)

- start
- love
- can't bear
- can't stand
- intend
- continue
- hate
- begin
- like
- neglect
- propose
- prefer

52.4 LES VERBES SUIVIS DE « TO » OU « -ING » (AVEC CHANGEMENT DE SENS)

Certains verbes changent de sens en fonction de la forme du verbe qui les suit. En général, l'infinitif est utilisé pour décrire l'action du verbe principal. Le gérondif est souvent employé pour une action qui a lieu en parallèle de celle du verbe principal.

He stopped to talk to her in the office before lunch.

[Il traversait le bureau, et il s'est arrêté de marcher pour lui parler.]

She stopped talking to him and rushed to a meeting.

[Elle lui parlat, et elle s'est arrêtée de parler pour faire autre chose.]

AUTRES EXEMPLES

VERBE + INFINITIF	VERBE + GÉRONDIF
She forgot to send the email, so her team never received the update. [Elle n'a pas envoyé le courriel.]	**She forgot sending the email, so she sent it a second time.** [Elle a oublié qu'elle avait déjà envoyé le courriel.]
He went on to write the report once the meeting had finished. [Il a fini une réunion, puis a rédigé le rapport.]	**He went on writing the report all evening. It took hours.** [Il écrivait le rapport, et il a continué.]
I regret to tell you the unhappy news. Your flight has been delayed. [J'ai une mauvaise nouvelle à vous annoncer, et j'en suis désolé.]	**I regret telling you the unhappy news. I can see it has upset you.** [J'aurait préféré ne pas t'annoncer la mauvaise nouvelle, car elle t'a rendu triste.]
Did you remember to meet David? Your meeting was scheduled for today. [Tu devais aller voir David. As-tu pensé à le faire ?]	**Did you remember meeting David? I'd forgotten that we had already met him.** [Tu as déjà rencontré David. Tu t'en souviens ?]

53 Les verbes avec objet

Certains verbes, qu'on appelle « verbes transitifs », sont suivis de compléments d'objet. Lorsque ces verbes sont suivis d'un infinitif ou d'un gérondif, le complément d'objet doit être placé entre le verbe et l'infinitif ou le gérondif.

Pour en savoir plus :
Les types de verbes **49**
Les infinitifs et les participes **51**

53.1 LES VERBES AVEC UN COMPLÉMENT D'OBJET ET UN INFINITIF

Certains verbes suivis d'un infinitif doivent avoir un objet devant l'infinitif.

VERBE + OBJET + INFINITIF

My computer allows me to work on two screens at once.

CONSTRUCTION

SUJET	VERBE	OBJET	INFINITIF	RESTE DE LA PHRASE
My computer	allows	me	to work	on two screens

AUTRES EXEMPLES

Emma's brother wants her to turn down the television.

Giorgio bought a new suit to wear to his brother's wedding.

The building manager will tell you to leave the building if there's a fire.

Helena's mother is always reminding her to do the dishes.

Jonathan's teacher expects him to do better next time.

I've asked my boyfriend to buy some bread and milk on his way home.

ERREURS COURANTES LES CONSTRUCTIONS VERBALES AVEC « TO WANT »

Lorsque le verbe « to want » est suivi d'un objet et d'un infinitif, on ne peut pas utiliser « that » pour les introduire.

« Want » doit être suivi d'un objet et d'un infinitif.

I want him to come to the exhibit with me. ✓

I want that he comes to the exhibit with me. ✗

« Want » ne peut pas être suivi de « that ».

53.2 VERBE + OBJET + GÉRONDIF

Certains verbes suivis d'un gérondif doivent aussi comporter un objet avant ce gérondif.

VERBE + OBJET + GÉRONDIF

Hayley heard the boss interviewing the new secretary.

CONSTRUCTION

SUJET	VERBE	OBJET	GÉRONDIF	RESTE DE LA PHRASE
Hayley	heard	the boss	interviewing	the new secretary.

AUTRES EXEMPLES

I remember Arnold leaving the house at around 10 o'clock.

Jeremy spends every winter snowboarding in the Alps.

I really don't like anyone talking to me while I'm trying to study.

My sister loves science. I can see her becoming a doctor one day.

53.3 LES VERBES À DOUBLE OBJET

Le complément d'objet direct est la personne ou la chose à qui l'action arrive. Le complément d'objet indirect bénéficie de cette même action. Si le focus est sur le complément d'objet indirect, celui-ci se place alors après le complément d'objet direct avec « to » ou « for ».

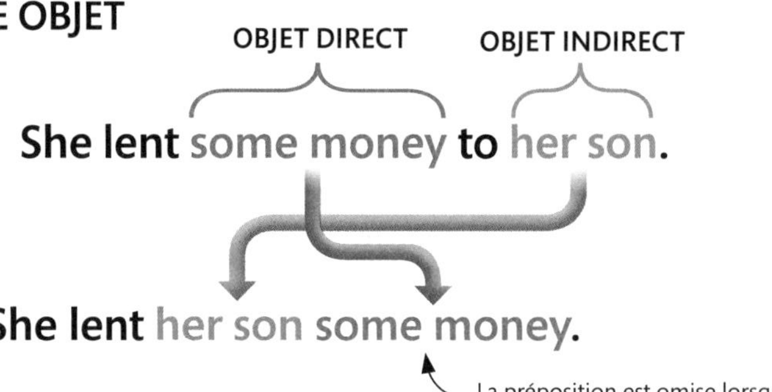
OBJET DIRECT
OBJET INDIRECT
She lent some money to her son.
She lent her son some money.
La préposition est omise lorsque l'ordre des compléments est inversé.

AUTRES EXEMPLES

Carolina sold her house **to** her younger brother. / her younger brother **her house**.

Federico bought a car **for** his parents. / his parents a car.

53.4 LES VERBES À DOUBLE OBJET AVEC DES PRONOMS

Si le complément d'objet direct est un pronom, il doit se placer devant le complément d'objet indirect.

She lent it **to** her son. 

She lent her son it. 

Si le complément d'objet indirect est un pronom, il peut se placer avant ou après le complément d'objet direct.

She lent some money **to** him. ✓

She lent him some money. ✓

AUTRES EXEMPLES

Carolina sold it **to** her younger brother. / it **to** him. / him **her house**.

Federico bought it **for** his parents. / it **for** them. / them a car.

54 Les verbes avec préposition

Certaines constructions verbales comprennent des prépositions. Celles-ci ne peuvent être suivies par des infinitifs : ces constructions n'utilisent que des gérondifs.

Pour en savoir plus :
Les infinitifs et les participes **51** Les constructions verbales **52** Les prépositions **105**

54.1 LES VERBES AVEC UNE PRÉPOSITION ET UN GÉRONDIF

Si une préposition est suivie d'un verbe, celui-ci doit être au gérondif (la forme en « -ing »).

Jasmine decided against taking the job.

Gérondif

AUTRES EXEMPLES

Zac and Penny are thinking about taking a trip around the world.

My grandmother is always worrying about forgetting her house keys.

54.2 LES VERBES AVEC OBJET, PRÉPOSITION ET GÉRONDIF

Si un verbe a un complément d'objet, ce complément doit venir entre le verbe et la préposition.

He congratulated her on winning the competition.

AUTRES EXEMPLES

Hilda stopped her dog from running away.

I asked my mother about buying a new computer, but she said no.

55 Les verbes à particule

En anglais, certains verbes comportent deux mots ou plus, dont le sens change une fois accolés. On les appelle « verbes à particule ».

Pour en savoir plus : Les verbes avec objet **53** Les prépositions **105** Les verbes à particule **55** Les verbes à particule séparable **R20** Les verbes à particule inséparable **R20**

55.1 LES VERBES À PARTICULE

Les verbes à particule se composent d'un verbe suivi d'une particule (préposition ou adverbe). La particule change souvent le sens courant du verbe.

CONSTRUCTION

La particule se place toujours après le verbe. Elle ne change jamais, même si le verbe change en fonction du sujet.

La forme du verbe avec « he » prend un « -s ».

He gets up. ✓

He get ups. ✗

Ceci est faux : la particule ne change jamais.

He up gets. ✗

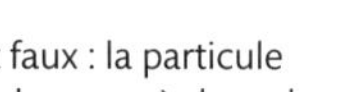

Ceci est faux : la particule doit se placer après le verbe.

AUTRES EXEMPLES

You work out at the gym.

La forme négative se construit de façon classique.

He doesn't go out when he's tired.

My cat sometimes runs away.

She chills out in the evening.

They don't eat out very often.

We can check into the hotel now.

Do you always turn up late?

La forme interrogative se construit de façon classique.

Do they meet up most weekends?

55.2 LES VERBES À PARTICULE AVEC DIFFÉRENTS TEMPS GRAMMATICAUX

Lorsque les verbes à particule sont conjugués à un temps différent, le verbe change, mais pas la particule.

La particule ne change jamais.

PRÉSENT SIMPLE	I work out every week.
PRÉTÉRIT	I worked out yesterday.
PRÉSENT CONTINU	I am working out right now.
FUTUR AVEC « WILL »	I will work out tomorrow.

AUTRES EXEMPLES

I cleaned up the kitchen last night.

Their car is always breaking down.

I think we're lost! We should have looked up the route.

She doesn't dress up very often.

You should go over your answers again.

I am counting on Rajiv to give the presentation next week.

I can't believe she turned down the job.

I met up with my friends last weekend.

I'm still getting over the flu.

When will they grow up?

55.3 LES VERBES À PARTICULE SÉPARABLE

Si un verbe à particule comporte un complément d'objet direct, l'objet peut se placer entre le verbe et sa particule. Les verbes à particule qui acceptent cette construction sont des « verbes à particule séparable ».

L'objet peut se placer après la particule.

He is picking up litter.

He is picking litter up.

L'objet peut aussi se placer entre le verbe et la particule.

He is picking it up.

AUTRES EXEMPLES

I turned on the light.

I turned the light on.

Can you pick up that box?

Can you pick that box up?

You should throw away those old shoes.

You should throw those old shoes away.

I was annoyed because he woke up the baby.

I was annoyed because he woke her up.

I always fill up the water jug when it's empty.

I always fill it up when it's empty.

⚠ ERREURS COURANTES LES VERBES À PARTICULE SÉPARABLE

Si l'objet direct d'une phrase avec un verbe à particule séparable est un pronom, le pronom doit se placer entre le verbe et la particule.

Pronom

He picked it up. ✔

Le pronom ne peut pas se placer à la fin de la phrase.

He picked up it. 

55.4 LES VERBES À PARTICULE INSÉPARABLE

Certains verbes ne peuvent pas être séparés de leur particule. Le complément d'objet doit toujours être placé après la particule ; ne le placez jamais entre la particule et le verbe. Cette règle s'applique que l'objet soit un nom ou un pronom.

Le verbe et la particule doivent rester accolés.

We had to run to get on the train. ✓

We had to run to get the train on. ✗

Cette phrase est fausse. L'objet ne peut pas se placer entre le verbe et la particule.

AUTRES EXEMPLES

I need to go over my notes.

I ran into her at the supermarket.

Susan really takes after her father, they're very similar.

Drop by the house any time you like.

I've come across a new recipe.

He sleeps in most Saturdays.

I'm taking care of my sister's children tonight.

They will have to do without a trip this summer.

It's great to hear from you!

Get on this bus for the beach.

Caterpillars turn into butterflies.

Get off that bicycle if you don't have a helmet.

He has fallen behind the rest of the class this year.

I am looking into visiting somewhere warm.

55.5 LES VERBES À PARTICULE À TROIS MOTS

Les verbes à particule à trois mots comportent un verbe, une particule et une préposition. La particule et la préposition changent souvent le sens courant du verbe.

VERBE + PARTICULE + PRÉPOSITION

He looks up to his brother.

Le verbe change avec le sujet.

La particule et la préposition ne changent jamais de forme.

INTONATION

À l'oral, dans un verbe à particule à trois mots, on accentue le mot du milieu.

look <u>up</u> to get <u>along</u> with look <u>forward</u> to

AUTRES EXEMPLES

We have run <u>out</u> of coffee, so I'll get some more.

You're walking too fast, I can't keep <u>up</u> with you.

I must have dropped my keys when I was getting <u>out</u> of the car.

CONSEIL
La plupart des verbes à particule à trois mots sont inséparables.

55.6 « GET BACK FROM »

« Get back from » peut être séparable ou non selon le contexte.

Lorsque « get back from » signifie « revenir de quelque part », il est toujours **inséparable**.

I got <u>back</u> from Italy yesterday.

Lorsque « get back from » signifie « reprendre quelque chose », il est **séparable**. Le complément d'objet doit alors se placer entre « get » et « back ».

I need to get the lawn mower <u>back</u> from Tina.

55.7 LES NOMS FORMÉS À PARTIR DE VERBES À PARTICULE

Certains noms sont formés à partir de verbes à particule, souvent en joignant le verbe et la particule. À l'oral, l'accentuation est généralement placée sur le verbe.

Verbe → Particule

The teacher asked me to hand out the exam papers.

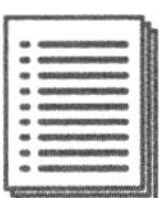

The teacher gave us a handout for the lesson.

L'accent est placé sur la première syllabe.

Le nom est parfois formé en plaçant la particule devant le verbe. Dans ce cas, à l'oral, l'accentuation se place généralement sur la particule.

Oh no! It was sunny and now it's pouring down.

We have a rainy season with daily downpours.

L'accent est placé sur la première syllabe.

AUTRES EXEMPLES

The company is trying to cut back on staff expenses.

Not another cutback! The company must be in serious trouble.

It's a shame that he wants to drop out of school.

We've had a surprisingly high percentage of dropouts in the class.

We want to get away and go somewhere sunny this winter.

A trip to Australia sounds like a fabulous getaway.

56 Les verbes modaux

Les verbes modaux, très fréquents en anglais, permettent de parler de nombreuses nuances comme la possibilité, l'obligation et la déduction.

Pour en savoir plus :
Le présent simple à la forme négative **2**
Poser des questions **34** Les types de verbes **49**

56.1 L'UTILISATION DES VERBES MODAUX

L'anglais compte de nombreux verbes modaux. Chacun peut être utilisé dans de nombreux contextes différents.

CAPACITÉ

I can speak three languages.
I can't read Latin because it's too difficult.
I couldn't study it when I was at school.

PERMISSION

You can have more cake if you want.
You may take as much as you like.
Could I have another slice of cake?

DEMANDE

Can / Could you give me a ride home later?
Would you email James for me, please?
Will you lock up the office tonight?

OFFRE

Can I help you with those?
May I take one of those for you?
Shall I carry some of your bags?

SUGGESTION ET CONSEIL

You should / ought to go to the doctor.
You could try the new medicine.

OBLIGATION

You must arrive on time for work.
You must not be late for work.

DÉDUCTION LOGIQUE

It can't be Jane because she's on vacation.
It could / might / may be Dave. I don't know.
It must be Tom, since nobody else ever calls.

56.2 LA CONSTRUCTION DES VERBES MODAUX

Les verbes modaux ont des points communs : ils ne changent pas de forme en fonction du sujet ; ils sont toujours suivis d'un infinitif ; et leurs formes interrogatives et négatives sont construites sans « to ».

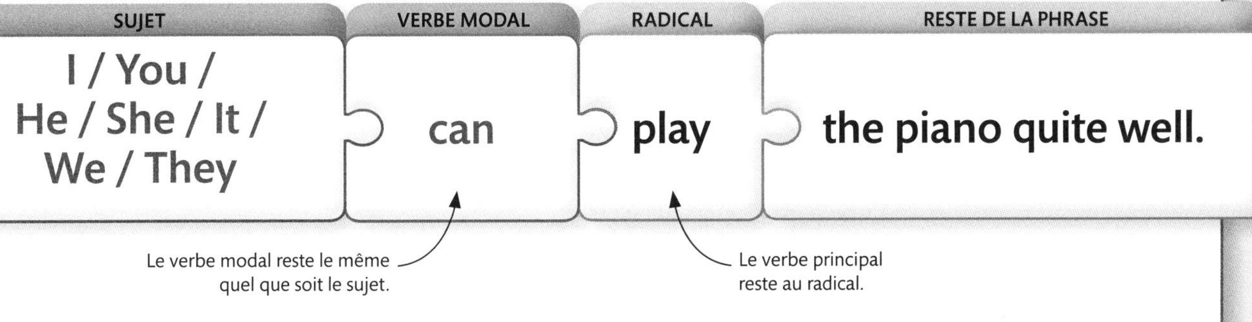

Le verbe modal reste le même quel que soit le sujet.

Le verbe principal reste au radical.

Pour passer à la forme négative, ajoutez « not » entre le verbe modal et le verbe principal.

You should run a marathon.

You should not run a marathon.

Pour poser des questions, inversez le sujet et le verbe modal.

They should visit the castle.

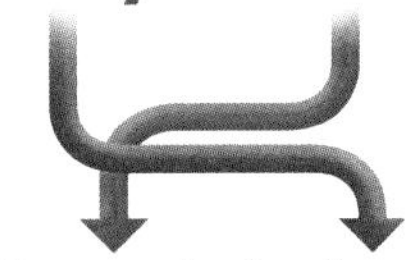

Should they visit the castle?

« Ought to » et « have to » sont des exceptions car ils se servent de « to » avant le radical. « Ought to » est une façon formelle de dire « should », et « have to » équivaut à « must ». Tous deux fonctionnent à la façon de verbes classiques.

You {ought to / have to} learn how to drive.

57 La capacité

« Can » est un verbe modal qui permet de parler de ce qu'on est capable de faire. On l'utilise sous des formes différentes pour décrire des capacités passées et présentes.

Pour en savoir plus :
Le présent simple **1**
Le futur avec « will » **18**

57.1 « CAN/CANNOT/CAN'T »

« Can » se place entre le sujet et le verbe. Après « can », on ne met que le radical du verbe (l'infinitif sans « to »).

I can **ride a bicycle.**

« Can » est toujours conjugué de la même manière. Il ne change pas en fonction du sujet.

He can **play the guitar.**

Radical du verbe.

La forme négative de « can » est « cannot » ou « can't ».

I {cannot / can't} **sing jazz songs.**

Forme contractée courante de « cannot ».

CONSEIL
La forme négative longue « cannot » s'éc[rit] toujours en un mo[t] et non deux.

AUTRES EXEMPLES

Janet can **play tennis.**

Bob can **swim well.**

He cannot **climb the tree.**

They can't **lift the box.**

CONSTRUCTION

SUJET	« CAN/CANNOT/CAN'T »	RADICAL	OBJET
I / You / He / She It / We / They	can cannot can't	ride	a bicycle.

57.2 « COULD » POUR PARLER DE COMPÉTENCES PASSÉES

Utilisez « could » pour parler de quelque chose que vous pouviez faire par le passé. Vous pouvez employer « when » suivi d'un marqueur de temps pour préciser quand vous pouviez le faire.

Le marqueur de temps peut être un âge, un jour ou une année.

I can't climb trees now, but I could when I was younger.

Décrit une capacité présente. (I can't)

Décrit une capacité passée. (I could)

AUTRES EXEMPLES

When I was a student, I could study all night before an exam.

When Milo was eight, he could play the violin.

I couldn't go to China last year because it was too expensive.

Forme négative.

Last year she couldn't run very far, but yesterday she ran a marathon.

57.3 « CAN » AU FUTUR

On ne peut grammaticalement pas parler du futur en utilisant « can ». On utilise « will be able to » à la place.

At the moment, I can play the trombone quite well.

If I work harder, I will be able to play at concerts.

« Will can » est incorrect.

La forme négative est construite avec « not able to » ou « unable to ».

Unfortunately, I can't read music very well.

If I don't learn, { I won't be able / will be unable } to join the orchestra.

Vous pouvez également utiliser « will be unable to », mais cette tournure est moins courante.

58 La permission, les demandes et les offres

Utilisez « can », « could » et « may » pour demander la permission de faire quelque chose, ou pour demander à quelqu'un de faire quelque chose pour vous. Certaines tournures permettent aussi d'offrir son aide.

Pour en savoir plus :
Les types de verbes **49**
Les verbes modaux **56**

58.1 DEMANDER LA PERMISSION ET DEMANDER DE FAIRE QUELQUE CHOSE

« **Can** » est le verbe modal le plus courant pour demander une permission ou demander de faire quelque chose.

Can I have some popcorn?

Yes, you can.

On utilise également « can » dans les réponses informelles.

« **Could** » remplace « can » dans les situations plus formelles, comme dans un contexte professionnel ou lorsqu'on s'adresse à des inconnus.

Excuse me, could I sit here, please?

Incluez « please » dans vos demandes polies.

I'm sorry, but that seat is taken.

Faites des réponses négatives plus polies en ajoutant « I'm sorry » ou « I'm afraid ».

« **May** » peut aussi être utilisé dans des situations formelles.

May I make an appointment?

Of course.

AUTRES EXEMPLES

Can I borrow your pen?

Can I have this in a smaller size?

Excuse me, could you open the door for me?

May I reserve a table for 7pm?

58.2 OFFRIR DE FAIRE QUELQUE CHOSE

« Can » et « may » peuvent aussi servir à proposer de rendre service à quelqu'un.

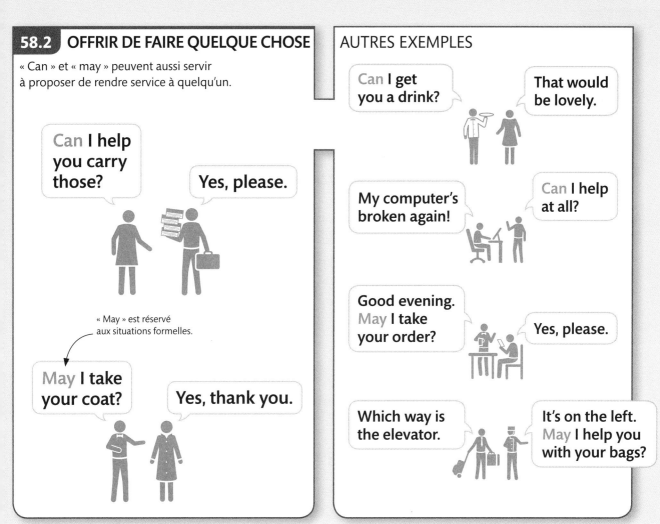

Can I help you carry those?

Yes, please.

« May » est réservé aux situations formelles.

May I take your coat?

Yes, thank you.

AUTRES EXEMPLES

Can I get you a drink?

That would be lovely.

My computer's broken again!

Can I help at all?

Good evening. May I take your order?

Yes, please.

Which way is the elevator.

It's on the left. May I help you with your bags?

58.3 « SHALL » POUR LES OFFRES ET LES SUGGESTIONS

Utilisez « shall » pour savoir si quelqu'un pense qu'une suggestion donnée est une bonne idée. Ce verbe modal n'est pas courant en anglais américain.

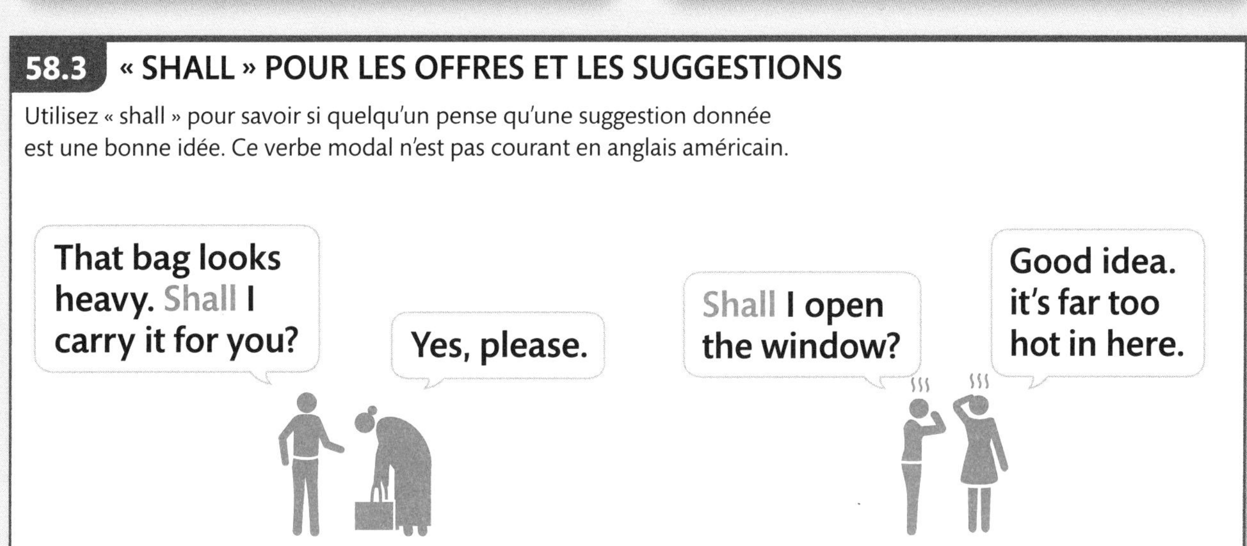

That bag looks heavy. Shall I carry it for you?
Yes, please.
Shall I open the window?
Good idea. it's far too hot in here.

59 Les suggestions et les conseils

Le verbe modal « could » peut servir à offrir des suggestions. « Could » est moins fort que « should ». Il indique un conseil bienveillant.

Pour en savoir plus :
Les phrases au conditionnel **29** Les types de verbes **49** Les verbes modaux **56**

59.1 « SHOULD » POUR DONNER DES CONSEILS

« Should » indique que vous pensez que ce qui suit est la meilleure solution.

It's very sunny. You should wear a hat.

« Should » vient avant le(s) conseil(s).

AUTRES EXEMPLES

It might rain. You should take your umbrella with you.

You're sick. I don't think you should go to work today.

There's ice on the roads. You shouldn't drive tonight.

Which hat should I buy? They're all so cool.

CONSTRUCTION

SUJET	« SHOULD »	VERBE PRINCIPAL	RESTE DE LA PHRASE
You	should	wear	a hat.

« Should » est un verbe modal, il ne change donc pas en fonction du sujet.

« Should » est suivi du radical du verbe.

59.2 « OUGHT TO » POUR DONNER DES CONSEILS

« Ought to », moins courant que « should », est généralement plus formel. On ne l'utilise pas à la forme interrogative ou négative.

You { should / ought to } wear a scarf. It's very cold outside.

59.3 « IF I WERE YOU »

La langue anglaise utilise « If I were you » pour donner des conseils dans les phrases au deuxième conditionnel. Le conseil est exprimé avec « would ».

I don't know if I should take this job.

If I were you, I would take it.

L'anglais utilise « were », et non pas « was », dans ce contexte.

Le conseil vient après « would ».

AUTRES EXEMPLES

I'm going to the concert tonight.

If I were you, I'd leave early. The traffic is awful.

I think I'll buy this shirt.

I wouldn't buy it if I were you. I don't like the pattern.

La suggestion peut venir en premier, sans changer le sens de la phrase.

Il n'y a pas de virgule devant « if ».

59.4 « HAD BETTER »

« Had better » peut aussi servir à donner un conseil très fort ou urgent. Ne pas le suivre pourrait donner lieu à des conséquences négatives.

{ You had better / You'd better } leave for school! It's already 8.45.

59.5 « COULD » POUR LA SUGGESTION

« Could » est souvent utilisé pour suggérer une solution à un problème. Il permet d'introduire des possibilités et non des préférences.

« Could » signifie que l'action est une possibilité, un choix qui pourrait permettre de résoudre le problème.

I hate my car!

Well, you could get a new one!

AUTRES EXEMPLES

You could study science in college.

We could learn English in Canada next year.

If they need more space, they could buy a bigger house.

CONSTRUCTION

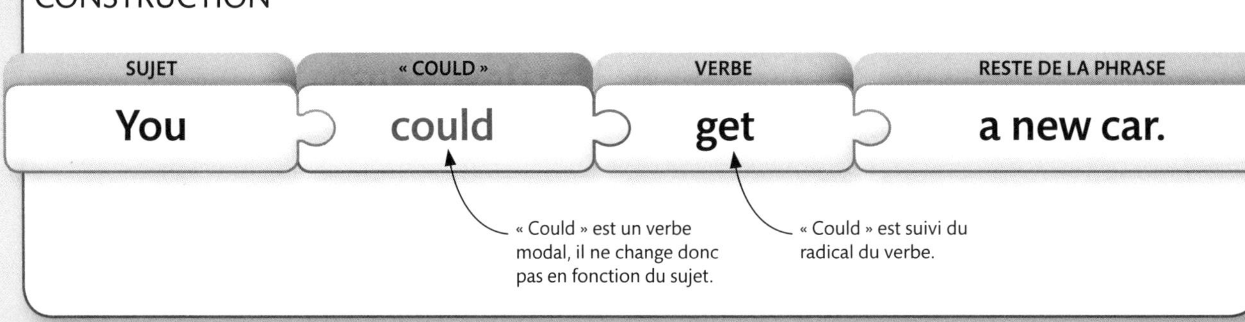

« Could » est un verbe modal, il ne change donc pas en fonction du sujet.

« Could » est suivi du radical du verbe.

59.6 « COULD » ET « OR » POUR LA SUGGESTION

Lorsqu'une personne fait une suggestion avec « could », elle offre souvent plusieurs choix.

Our friends are coming over for dinner, but the oven's broken.

We could make **a salad** or we could order **a pizza.**

Utilisez « or » pour suggérer une autre possibilité.

AUTRES EXEMPLES

I can't decide what to make for dinner tonight.

Well, you could make **a curry** or **lasagne.**

Vous n'êtes pas obligé de répéter le verbe modal « could » après « or ».

What should I wear to Jan's wedding?

You could wear **your new dress** or **a skirt.**

Si le verbe principal est le même pour les deux suggestions, vous n'êtes pas obligé de le répéter après « or ».

59.7 FAIRE DES RECOMMANDATIONS

L'une des façons les plus courantes de faire une recommandation ou une suggestion est d'utiliser des verbes modaux.

CONSEIL
Vous pouvez ajouter de l'emphase en utilisant « really » devant « should », « ought to » et « must ».

Suggestion d'ordre général.

You {could / might} visit the park. It's beautiful.

Suggestion plus forte.

You {should / ought to} visit the castle. It's great.

Suggestion très forte.

You must visit the palace. It is beautiful!

60 Les obligations

En anglais, vous pouvez utiliser « have to » ou « must » pour parler d'obligation ou de nécessité. Vous pourrez entendre ces verbes dans des consignes importantes.

Pour en savoir plus :
Le futur avec « will » **18** Les types de verbes **49**
Les verbes modaux **56**

60.1 L'OBLIGATION

« **Must** » et « **have to** » expriment une obligation ou un besoin fort de faire quelque chose.

You {must / have to} rest, or your leg won't heal.

« **Must not** » est une forte obligation négative. Cela signifie que quelque chose est interdit.

You must not get your bandage wet, or your leg might not heal properly.

« **Don't have to** » signifie que quelque chose n'est pas nécessaire, ou qu'il n'y a pas d'obligation.

You don't have to come again. Your leg is better.

AUTRES EXEMPLES

He must take two pills each morning and evening for the next two weeks.

She must not go back to work until her back is better.

Do I have to go back to the doctor again? I'm feeling so much better now.

CONSTRUCTION

« Must » ne change pas en fonction du sujet, mais « have to » devient « has to » à la troisième personne du singulier. Les deux formes sont suivies du radical du verbe principal.

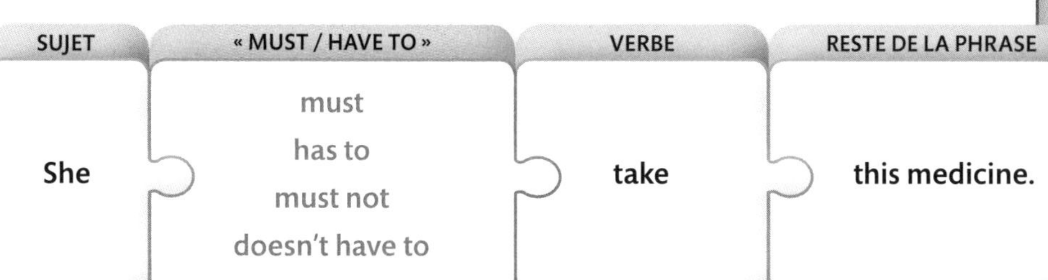

SUJET	« MUST / HAVE TO »	VERBE	RESTE DE LA PHRASE
She	must has to must not doesn't have to	take	this medicine.

ERREURS COURANTES « MUST NOT » ET « DON'T HAVE TO »

« Must not » et « don't have to » n'ont pas le même sens. « Must not » sert à donner une consigne qui interdit de faire quelque chose. « Don't have to », en revanche, sert à dire à quelqu'un qu'il n'est pas nécessaire de faire quelque chose.

You must not use a calculator during this exam.

[Il est interdit d'utiliser une calculatrice pendant l'examen.]

You don't have to use a calculator, but it might be useful.

[Vous avez le droit d'utiliser une calculatrice, mais cela n'a rien d'obligatoire.]

60.2 « MUST » ET « HAVE TO » AU FUTUR

Il n'y a pas de forme future pour « must ». Le futur de « have to » est formé avec l'auxiliaire « will ».

In some countries, people {must / have to} recycle. It's the law.

In the future, I think everyone will have to recycle.

« Will must » est faux.

Il n'y a pas de forme future pour « must not ». Vous pouvez utiliser « don't have to » au futur en remplaçant « don't » par « will not » ou « won't ».

One day, I hope I will not have to work so hard.

60.3 « MUST » ET « HAVE TO » AU PASSÉ

Il n'y a pas de forme passée pour « must ». On utilise à la place la forme passée de « have to ».

For most jobs, you {must / have to} use a computer.

In the past, you didn't have to use a computer.

61 Faire des déductions

En anglais, vous pouvez utiliser un verbe modal pour exprimer le degré de probabilité d'une affirmation. Ces verbes modaux sont couramment utilisés pour faire des déductions ou des suppositions sur le présent ou le passé.

Pour en savoir plus :
Les types de verbes **49** Les infinitifs et les participes **51** Les verbes modaux **56**

61.1 LES SPÉCULATIONS ET LES DÉDUCTIONS

Les verbes modaux « might » et « could » sont utiles pour dire que vous n'êtes pas sûr de quelque chose.

Utilisez « **might** » et « **could** » lorsque quelque chose n'est pas certain.

John has a sore ankle. It {might / could} be broken.

Le verbe modal ne change pas en fonction du sujet.

Le verbe modal est habituellement suivi du radical du verbe principal.

Utilisez « **might not** » pour décrire quelque chose de négatif qui n'est pas certain.

It's not very swollen, so it might not be serious.

« Not » se place après le verbe modal.

Utilisez « **must** » pour faire une spéculation sur le présent.

John must be very bored at home. He's usually so active.

Utilisez « **cannot** » et « **can't** » lorsque vous êtes certain que quelque chose est impossible.

John's leg {cannot / can't} be broken. He walked to the doctor.

AUTRES EXEMPLES

Fay's got a sore throat and isn't feeling well. She might have a cold.

I was so sick last week that I couldn't get out of bed.

My eyes are itchy and I have a runny nose. It could be hay fever.

I can't have the flu because I don't have a high temperature.

61.2 LES SPÉCULATIONS ET LES DÉDUCTIONS DANS LE PASSÉ

Lorsque vous évoquez le passé et que vous êtes sûr que quelque chose a eu lieu, utilisez « **must have** » avec le participe passé.

He just disappeared. Aliens must have taken him.

Le locuteur est sûr.

Lorsque vous n'êtes pas sûr que quelque chose s'est produit, remplacez « **must** » par « **may** », « **might** » ou « **could** ».

They {might / may / could} have taken him to another planet.

Si vous êtes certain que quelque chose n'a pas eu lieu, utilisez « **can't** » ou « **couldn't** ».

It {can't / couldn't} have been aliens. They don't exist.

AUTRES EXEMPLES

Bethan didn't return my call yesterday. She must have been busy.

She might have forgotten to call me back.

She might not have written down my number correctly.

Paula can't have been at the party last night, she was at work.

I didn't see who knocked on the door, but it may have been the mailman.

What happened to my vase? The cat must have knocked it over.

62 La possibilité

On emploie les verbes modaux pour évoquer une possibilité, ou encore une incertitude. « Might » est le verbe modal le plus souvent utilisé à cet effet.

Pour en savoir plus :
Le présent simple **1** Les infinitifs et les participes **51** Les verbes modaux **56**

62.1 « MIGHT » POUR EXPRIMER LA POSSIBILITÉ

Vous pouvez utiliser « might » dans différentes phrases pour parler de possibilité dans le passé, le présent ou l'avenir.

POSSIBILITÉ DANS LE PASSÉ

« MIGHT » + « HAVE » + PARTICIPE PASSÉ

I can't find the compass. I might have dropped it earlier.

POSSIBILITÉ DANS LE PRÉSENT

« MIGHT » + RADICAL

I don't remember this path. We might be lost.

POSSIBILITÉ DANS L'AVENIR

« MIGHT » + RADICAL + TEMPS AU FUTUR

It's very cold outside. It might snow later on.

AUTRES EXEMPLES

We might have taken a wrong turn at the river.

It might be windy at the top of the mountain.

À la forme négative, « not » se place toujours après « might ».

Joe might not come walking with us next weekend.

CONSEIL
Les questions avec « might » ne s'utilisent qu'en anglais très formel.

62.2 « MIGHT » ET L'INCERTITUDE

D'autres propositions peuvent être ajoutées dans les phrases avec « might » pour accentuer l'incertitude.

I might take the bus home. I'm not sure.

I don't know. I might have more pizza.

62.3 LES POSSIBILITÉS PASSÉES

En plus de « might », vous pouvez utiliser d'autres verbes modaux pour parler de quelque chose qui, selon vous, a probablement eu lieu dans le passé.

The copier isn't working. It {might / may / could} have run out of paper.

[Il pense qu'il est possible que le photocopieur soit à court de papier.]

Vous pouvez utiliser cette construction pour parler de quelque chose qui n'a probablement pas eu lieu dans le passé.

You {might not / may not} have plugged it in correctly.

[Il pense qu'il est possible que le photocopieur n'ait pas été branché correctement.]

« Could not » ne peut être utilisé que lorsque le locuteur est certain que quelque chose n'a pas eu lieu.

You couldn't have changed the ink correctly.

[Il est certain que la cartouche d'encre n'a pas été changée correctement.]

63 Les articles

L'article est un mot court placé devant un nom pour préciser s'il renvoie à un objet général ou spécifique. Des règles précisent quel article, si article il y a, doit être utilisé.

Pour en savoir plus :
Les noms au singulier et au pluriel **69**
Les noms dénombrables et indénombrables **70**
Les adjectifs superlatifs **97**

63.1 L'ARTICLE INDÉFINI

Utilisez l'article indéfini « a » et « an » lorsque vous ne savez pas précisément de quelle personne ou quelle chose vous parlez.

I work in a library.

Dans ce cas, « a » désigne le type d'endroit dans lequel quelqu'un travaille, et non le bâtiment précis.

I work in an office.

« An » remplace « a » devant les mots qui commencent par une voyelle.

On utilise l'article indéfini pour parler d'une chose en général au sein d'une catégorie. La chose précise n'est pas encore connue.

We are trying to buy a house.

Ils ne savent pas encore quelle maison en particulier ils vont acheter.

On utilise aussi l'article indéfini pour parler d'une catégorie entière de personnes ou de choses en général.

Canada is a very cold country.

« Country » désigne la catégorie à laquelle appartient le Canada, tandis que « cold » le qualifie.

AUTRES EXEMPLES

Dogs make a great family pet.

L'article indéfini s'utilise de la même façon à la forme négative.

Jim isn't an artist.

Do you want to come to an exhibition?

L'article indéfini s'utilise de la même façon à la forme interrogative.

Is there a bank near here?

63.2 SOME

« Some » vient remplacer « a » ou « an » dans les phrases avec un nom au pluriel.

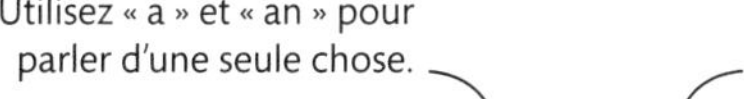

Utilisez « a » et « an » pour parler d'une seule chose.

« Hotel » est au singulier.

There is a hotel **in the town.**

There are some hotels **in the town.**

Utilisez « some » pour parler de plusieurs choses.

« Hotels » est au pluriel.

AUTRES EXEMPLES

There are some banks **on Main Street.**

There are some children **in the park.**

63.3 « SOME » ET « ANY » À LA FORME INTERROGATIVE ET NÉGATIVE

« Any » vient remplacer « some » à la forme interrogative et négative.

There are some cafés **in the town.**

Are there any cafés **in the town?**

There are some children **in the park.**

There aren't any children **in the park.**

AUTRES EXEMPLES

Are there any museums**?**

There aren't any parks**.**

Are there any swimming pools**?**

There aren't any factories**.**

63.4 L'ARTICLE DÉFINI

Utilisez l'article défini « the » lorsque la personne ou la chose dont vous parlez est facilement identifiable.

We went on a tour and the guide was excellent.

Il est évident d'après le contexte que cela signifie « the tour guide ».

Cela inclut les situations où une personne ou une chose a déjà été mentionnée.

There's a bus trip or a lecture. I'd prefer the bus trip.

Le voyage en bus a déjà été mentionné.

Utilisez l'article défini devant les superlatifs.

The Colosseum is probably the most famous site in Rome.

Superlatif

On utilise aussi l'article défini pour parler d'objets uniques.

I'm going to the Trevi Fountain before I leave.

La fontaine de Trevi est un monument unique.

On l'utilise également pour parler de personnes portant des titres uniques.

« Pope » est un titre.

The Pope is visiting another country this week.

AUTRES EXEMPLES

What is the biggest country in the world?

I never take the first train to work in the morning.

I love this restaurant. The waiters are great.

I went to Paris and climbed the Eiffel Tower.

Did you buy those shoes from the shoe shop on Broad Lane?

The President will be speaking on TV tonight.

63.5 « THE » POUR DONNER UNE PRÉCISION

« The » peut être suivi d'une préposition ou d'une proposition relative pour préciser de quoi le locuteur parle.

The pictures on the wall **are beautiful.**

On sait avec précision de quelles photos on parle.

The dog that I saw earlier **was adorable.**

On sait avec précision de quel chien on parle.

AUTRES EXEMPLES

The computers in this office **are all too slow.**

The books that I bought **yesterday are for my son's birthday.**

The students in my classes **are very intelligent and dedicated.**

The pastries that they sell here **are absolutely delicious.**

63.6 « THE » AVEC DES ADJECTIFS POUR PARLER DE CERTAINS GROUPES

Certains adjectifs peuvent être utilisés avec l'article défini pour renvoyer à un groupe ou une catégorie de personnes.

Rich people **have bought most of the new houses in this town.**

Almost all the houses here are owned by the rich**.**

AUTRES EXEMPLES

Emergency treatment for the injured **is essential.**

The media sometimes portrays the young **as lazy.**

Many charities try to protect the poor**.**

The elderly **often need the support of their families.**

CONSEIL
Ces phrases ont un sens au pluriel, mais il est faux de dire « the youngs », par exemple.

63.7 L'ARTICLE ZÉRO

L'article n'est pas nécessaire avec les noms pluriels et indénombrables lorsque vous voulez parler de quelque chose de manière générale. On appelle cela l'« article zéro ».

I don't like the beach. I get sand everywhere.

Nom indénombrable

Nom au pluriel

You can see famous sights all over New York City.

L'article zéro est aussi utilisé avec certains lieux et institutions, lorsque leur but est clair.

Liz is seven. She goes to school now.

Elle y va pour apprendre, ce qui est le but d'une école : inutile d'utiliser un article.

Larry works at the school in Park Street.

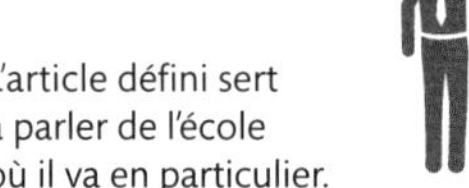

L'article défini sert à parler de l'école où il va en particulier.

AUTRES EXEMPLES

Coffee is one of Colombia's major exports.

Kangaroos are common in Australia.

I am studying Engineering in college in Chicago.

Liz goes to school at 8am.

In the UK, children start school when they are five years old.

I've got so many books.

Paris is the capital of France.

Les noms propres de lieux ne prennent souvent pas d'article.

Go to bed, Tom!

63.8 L'ARTICLE ZÉRO ET LE « THE » GÉNÉRIQUE

Vous pouvez utiliser l'article zéro avec des noms au pluriel pour parler de catégories en général. Vous pouvez aussi le faire avec l'article défini suivi d'un nom au singulier.

On parle de l'invention, et non pas de l'objet.

Telescopes / The telescope } changed the way we see the night sky.

On parle de l'espèce animale, et non d'un animal.

Cheetahs / The cheetah } can run faster than any other land animal.

On parle du type d'instrument de musique, et non pas de l'objet individuel.

Violins are / The violin is } often the key instrument in an orchestra.

63.9 LES ARTICLES DÉFINIS ET INDÉFINIS AVEC DES NOMS

On utilise généralement **l'article zéro** devant le nom d'une personne.

This is my uncle, Neil Armstrong.

Vous pouvez utiliser **l'article défini** devant un nom de personne pour différencier cette personne d'une autre qui porte le même nom.

Dans ce cas, « the » est prononcé « thee ».

He's not the Neil Armstrong, is he?

[Ce n'est quand même pas la célébrité qui porte ce nom ?]

Vous pouvez utiliser **l'article indéfini** quand l'accent est mis sur un nom particulier plutôt que sur une personne.

I'm afraid there isn't a "Joseph Bloggs" on the list.

[Le nom qui a été donné n'est pas sur la liste.]

64 Vue d'ensemble des articles

64.1 UTILISER LES ARTICLES

LES NOMS AU SINGULIER

Les noms au singulier doivent être précédés d'un article. Vous pouvez utiliser l'article défini (« the ») ou indéfini (« a/an »), selon que vous parlez de l'objet en termes généraux ou spécifiques.

L'ARTICLE INDÉFINI

« A » désigne les voitures en général, pas celle qu'il souhaite acheter.

He wants to buy a new car. ✓

I've got a beautiful green coat. 

On utilise « a » pour introduire quelque chose de nouveau : le manteau vert.

LES NOMS AU PLURIEL

Vous ne pouvez pas utiliser l'article indéfini « a/an » avec les noms au pluriel. À la place, servez-vous de « some » pour parler de quantités indéfinies.

L'article indéfini ne peut pas être utilisé pour les noms au pluriel.

Sam bought a new shoes today. ✗

I've just planted some roses. 

« Some » suggère une petite quantité de roses, sans pour autant connaître leur nombre exact.

LES NOMS INDÉNOMBRABLES

L'article indéfini n'est généralement pas utilisé avec les noms indénombrables. L'article défini sert à parler de noms indénombrables de façon spécifique. Quant à l'article zéro, il permet d'en parler en termes génériques.

« A/an » ne peut pas être utilisé avec les noms indénombrables.

I left a money on the table. ✗

Children should drink a milk. ✗

Les articles définis et indéfinis servent dans des situations différentes, qui dépendent de la présence d'un nom singulier, pluriel ou indénombrable.

Pour en savoir plus :
Les noms au singulier et au pluriel **69**
Les noms dénombrables et indénombrables **70**

L'ARTICLE DÉFINI

« The » sert à parler d'une voiture précise, connue à la fois du locuteur et de l'interlocuteur.

Is the red car outside yours? ✓

I want to buy the green coat hanging in the window. ✓

L'article défini sert à parler de noms au pluriel en termes précis.

The shoes Sam bought were very expensive. ✓

The roses you planted outside are beautiful. ✓

Le locuteur fait référence à de l'argent connu de l'interlocuteur : il utilise l'article défini.

I left the money on the table. ✓

Children should drink the milk. ✗

« Milk » est un indénombrable dont on parle en termes génériques : ici, l'article défini serait faux.

L'ARTICLE ZÉRO

Cette phrase est fausse. Les noms dénombrables au singulier doivent être précédés d'un article.

I've got new car. ✗

I've got beautiful green coat. ✗

On omet l'article : « shoes » est un nom au pluriel dont on parle de manière générale.

Sam is always buying shoes. ✓

Roses are a type of flower. ✓

Ici, on parle des roses en général, sans idée de nombre.

On n'ajoute aucun article devant « money » car on en parle de manière générale.

She earns a lot of money. ✓

Children should drink milk. ✓

65 « This/that/these/those »

« This », « that », « these » et « those » peuvent être utilisés comme des déterminants devant un nom pour préciser de quoi on parle. Ils peuvent aussi servir de pronoms afin de remplacer le nom dans une phrase.

Pour en savoir plus :
Les noms au singulier et au pluriel **69**
Les pronoms personnels **77**
La possession **80**

65.1 LES DÉTERMINANTS « THIS » ET « THAT »

« This » et « that » sont réservés aux noms au singulier. « This » sert pour les choses près de vous, et « that » pour les choses loin de vous.

This house is too big.

La maison est près de vous.

That house is too small.

La maison est loin de vous.

« This » peut aussi servir à désigner quelque chose d'actuel ou de présent, et « that », quelque chose d'absent ou de passé.

This job is great.

« This » renvoie à l'emploi qu'exerce actuellement le locuteur.

That job was boring.

« That » renvoie à un emploi dans le passé, que le locuteur n'exerce plus.

« Was » est au prétérit.

AUTRES EXEMPLES

This essay is proving to be really difficult.

I like this rabbit so much I want to take it home.

When I eat out I always order this rice dish.

On n'utilise les noms indénombrables qu'avec « this » et « that », jamais avec « these » et « those ».

That cake in the window looks incredible.

I'd like to see that play this weekend.

This show is great, but I didn't like that other show as much.

On peut utiliser « other » après « that » pour indiquer qu'ils renvoient à deux choses différentes.

65.2 LES DÉTERMINANTS « THESE » ET « THOSE »

« These » et « those » servent uniquement à déterminer les noms au pluriel. « These » désigne des choses en cours ou qui se trouvent près de vous. « Those » renvoie à des choses passées ou qui se trouvent loin de vous.

This cake is delicious.

These cakes are delicious.

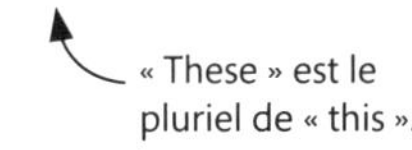

« These » est le pluriel de « this ».

« These » et « those » se placent devant les noms au pluriel.

That sandwich tastes bad.

Those sandwiches look better.

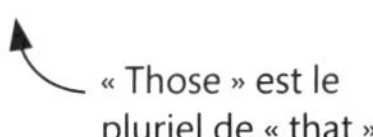

« Those » est le pluriel de « that ».

« These » et « those » se placent devant des noms au pluriel.

AUTRES EXEMPLES

These new shoes are hurting my feet.

I'd like to live in one of those big town houses.

I hope these exams go well.

Those sunglasses look great on you!

I don't think these vegetables are very fresh.

I like the look of those Caribbean cruises.

These books are so heavy! I can't carry them.

I'll take those apples and these bananas, please.

65.3 « THIS » ET « THAT » EN TANT QUE PRONOMS

« This » et « that » peuvent remplacer les noms au singulier dans une phrase. Ils mettent l'accent sur un objet dont vous voulez parler. Utilisez « this » pour quelque chose qui se trouve près de vous. Utilisez « that » pour quelque chose qui se trouve loin de vous.

This is my dog.

Le chien est près de vous.

That is my dog.

Le chien est loin de vous.

« This » peut aussi servir à désigner quelque chose de présent ou qui se trouve près de vous, tandis que « that » sert pour quelque chose d'absent ou passé.

This is a great party.

« This » signifie que la fête a lieu en ce moment même.

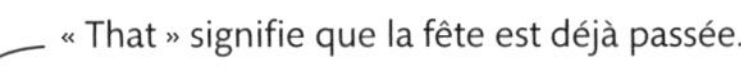

« That » signifie que la fête est déjà passée.

That was such a fun party yesterday.

AUTRES EXEMPLES

This is a great honor. Thank you everyone for coming.

That was so exciting.

This has always been the most beautiful park.

If you could do a blow-dry, that would be great.

This is the perfect laptop for creative work.

That sounded out of tune. I'd get the piano fixed.

This is the best soup I've ever tasted.

That looks great. Is the car new?

65.4 « THESE » ET « THOSE » EN TANT QUE PRONOMS

« These » et « those » peuvent remplacer les noms au pluriel dans une phrase. « These » sert à désigner des choses en cours ou près de vous. « Those » désigne les choses passées ou qui se trouvent loin de vous.

This is my bag.

That is my bag.

« These » est le pluriel de « this ».

These are my bags.

« Those » est le pluriel de « that ».

Those are my bags.

Utilisez également « these » et « those » pour marquer un contraste. « These » (ces choses-ci) appartiennent à une personne.

« Those » (ces choses-là) appartiennent à une autre personne

These are my bags and those are your bags.

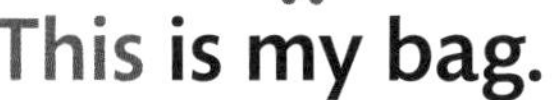

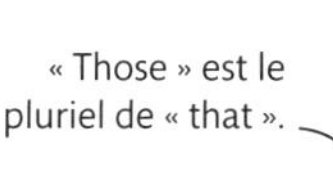

AUTRES EXEMPLES

These are the best kind of shoes to wear when running.

I think those will probably taste better with sauce.

These are the only clothes I own.

Those aren't very good for you. Try these instead.

65.5 REMPLACER UN NOM PAR « THAT » OU « THOSE »

« That » et « those » peuvent remplacer un nom et signifient dans ce cas « celui/celle » ou « ceux/celles ».

« That » renvoie à « policy ».

The new policy is better than that of before.

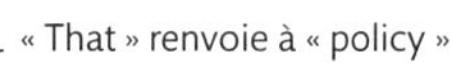

« Those who » signifie « les personnes qui ».

I disapprove of those who don't recycle.

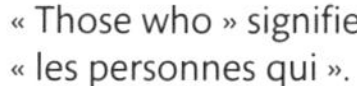

66 « No/none »

« No » et « none » indiquent tous deux une absence ou un manque. « No » est toujours utilisé en association avec un nom, tandis que « none » remplace un nom dans une phrase.

Pour en savoir plus :
Les noms au singulier et au pluriel **69**
Les noms dénombrables et indénombrables **70**

66.1 « NO »

« No » n'est utilisé qu'en association avec des noms indénombrables ou des noms dénombrables au pluriel.

Nom indénombrable

There was no time to cook a meal.
[Nous n'avions pas le temps de cuisiner.]

Nom au pluriel

I have no ingredients in my kitchen.
[Je n'ai aucun ingrédient dans ma cuisine.]

AUTRES EXEMPLES

This menu has no vegetarian options.

I would have booked a restaurant but there were no tables.

No waiters were available to take our order.

There are no recipes in this book that I haven't tried.

66.2 « NO » ET LE NOM POUR L'EMPHASE

Même si « no » a le même sens que « not any » dans ce contexte, il renforce souvent l'idée d'absence.

There wasn't any food left.

There was no food left!

Cette version de la phrase peut indiquer de la surprise ou de la déception.

66.3 « NONE »

« None » peut remplacer « no » suivi d'un nom pour indiquer qu'il manque quelque chose.

« Left » montre qu'il y avait de la pizza auparavant.

I wanted some pizza, but there was none left.

I wanted some pizza, but there was no pizza left.

« None of » est placé devant des pronoms et des noms avec un déterminant.

None of the pizza was left.

« None » peut aussi être utilisé seul en réponse à une question sur la quantité.

How much pizza is there?
None.

AUTRES EXEMPLES

I wanted the soup, but there was none left.

I would have bought balloons, but there were none in the shop.

I love this suit, but there are none here in my size.

None of the people eating at the restaurant enjoyed their food.

I offered my friends some chocolate, but they wanted none of it.

« None » et « none of » peuvent être plus emphatiques que « not any ».

This restaurant has none of the food that I like.

67 « Each/every »

« Each » et « every » sont des mots que l'on place avant des noms au singulier pour désigner tous les membres d'une catégorie de personnes ou de choses.

Pour en savoir plus :
Les noms au singulier et au pluriel **69**

67.1 « EACH » ET « EVERY »

En règle générale, « each » et « every » ont le même sens.

Cela signifie « à chaque fois ».

I buy more and more {each / every} time I go shopping.

{Each / Every} place we stopped at was beautiful.

Cela signifie « tous les lieux ».

AUTRES EXEMPLES

The host made sure he greeted each guest at the party.

Last summer I went to visit my grandmother every day.

Each person on the beach was developing a bad sunburn.

I always try every kind of ice cream when I go abroad.

⚠ ERREURS COURANTES « EACH » ET « EVERY »

Contrairement à « each », « every » ne peut pas servir à désigner seulement deux choses.

She had an earring in each ear. ✓

She had an earring in every ear. ✗

Elle n'a que deux oreilles : « every » ne peut pas s'appliquer dans ce cas.

67.2 « EACH »

Utilisez « each » pour parler séparément de chaque membre d'un groupe.

You must check each answer carefully.

« Each » sert aussi à parler de petites quantités.

Each pencil is a different color.

AUTRES EXEMPLES

I get more awake after each cup of coffee.

I took lots of time over each application I made.

Each player on my team contributed to our win.

Each friend who visited me brought a gift.

67.3 « EVERY »

« Every » sert à parler d'un groupe de choses dans son intégralité.

I want to eat every piece of this delicious pie.

« Every » sert aussi à parler de grands nombres.

Every child has the right to an education.

AUTRES EXEMPLES

Every night I look up at all the stars in the sky.

My colleague says he's visited every country in the world.

Every fan in the stadium was cheering loudly.

I can't remember every hotel I've ever stayed in.

68 « Either/neither/both »

« Either », « neither » et « both » s'utilisent dans les situations où deux options sont proposées. Ils indiquent qu'aucune, une ou deux options sont disponibles.

Pour en savoir plus :
Les articles **63** Les noms au singulier et au pluriel **69** Les pronoms personnels **77**

68.1 « EITHER », « NEITHER » ET « BOTH »

Entre deux options, « either » signifie « l'une ou l'autre » et on l'utilise devant un nom au singulier.

You could enter either tournament.

« Either » indique qu'il y a deux tournois.

Entre deux options, « neither » signifie « ni l'une ni l'autre », et il s'utilise avant un nom au singulier. Son sens est identique à celui d'une phrase négative avec « either ».

Nom au singulier

Neither event is being shown on TV.

They're not showing either event on TV.

« Both » signifie « les deux » et s'utilise devant un nom au pluriel ou après un pronom au pluriel.

I ran in both [the] races.

Un déterminant comme « the », these » ou « my » peut être placé après « both ».

I ran in them both.

Vous pouvez placer un pronom au pluriel avant « both ».

UNE AUTRE FAÇON DE LE DIRE

Vous pouvez utiliser « either », « neither » et « both » seuls quand le contexte est clair.

Would you like potatoes or salad with your steak?

Either.

Neither.

Both.

68.2 « NEITHER OF », « EITHER OF » ET « BOTH OF »

« Either of », « neither of » et « both (of) » viennent se placer devant un pronom au pluriel ou un déterminant assorti d'un nom au pluriel.

« Bicycles » est un nom au pluriel.

I could buy either of these bicycles, but I don't really need either of them.

« Them » est un pronom au pluriel.

We won neither of the races. Neither of us trained hard enough.

« Of » n'est pas obligatoire après « both » dès lors qu'un déterminant est présent avec le nom.

We train with both (of) our coaches. They are proud of both of us.

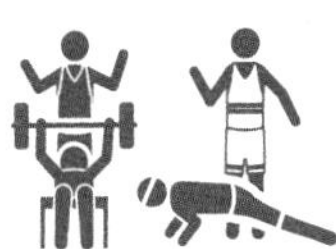

Les pronoms personnels « us », « you » et « them » peuvent être utilisés en tant que sujet, mais aussi complément d'objet, avec « either of », « neither of » et « both of ».

I danced with both of them.

« Them » est l'objet.

Neither of you can dance.

« You » est le sujet.

AUTRES EXEMPLES

I wasn't able to get tickets for either of the first heats.

Either of them could win the contest. It's hard to call.

Neither of the athletes are very fit.

We thought neither of them would be able to finish.

I'm going to watch both the equestrian events later today.

Both of you are strong contenders. You deserve to win.

68.3 « EITHER... OR », « NEITHER... NOR » ET « BOTH... AND »

« Either... or » et « neither... nor » s'emploient pour comparer des options, généralement des propositions nominales, des prépositions ou des clauses.

I want either the cake or the cookie.

Neither the cake nor the cookie tasted good.

« Nor » ne peut être utilisé qu'avec « neither ».

« Neither » ne s'utilise qu'avec un verbe à la forme affirmative.

« Either... or » et « neither... nor » s'utilisent en présence d'au moins deux options.

Les deux premières options sont séparées par une virgule.

I want to play either tennis, badminton, or squash.

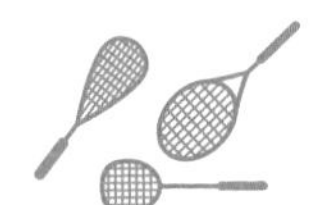

Neither basketball, golf, nor hockey are the sports for me.

« Both... and » est le contraire de « neither... nor ». On ne peut toutefois l'utiliser qu'en présence de deux options.

I want both the cake and the cookie.

AUTRES EXEMPLES

We'll meet up on either Tuesday or Wednesday.

I'm going to play either tennis, basketball, or hockey tonight.

My teacher told me I could neither paint nor draw.

Neither sports nor exercise interest me.

I invited both my grandmother and my uncle.

I went to both the bakery and the butcher shop.

68.4 L'ACCORD APRÈS « EITHER... OR » ET « NEITHER... NOR »

Lorsque vous utilisez « either... or » ou « neither... nor » pour lier deux noms, le verbe s'accorde avec le second.

Le verbe s'accorde avec le second nom au singulier.

Either a tablet or a laptop is needed for the course.

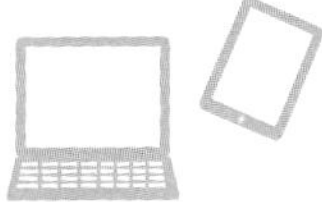

Le verbe s'accorde avec le second nom au pluriel.

Neither the teacher nor the children were happy.

Toutefois, si le second nom est au singulier et le premier est au pluriel, vous pouvez mettre le verbe soit au singulier, soit au pluriel.

Neither the classrooms nor the office { has / have } internet access.

Le verbe peut s'accorder au singulier ou au pluriel.

AUTRES EXEMPLES

Either a loan or a grant is available for financial help.

Neither the swimming pool nor the gym is open on Sundays.

I hope either sandwiches or soup is on the menu today.

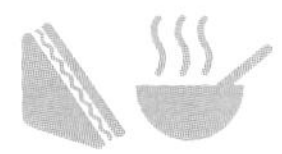

Neither a shirt nor a tie is compulsory at school.

Either my brother or my grandparents are coming.

Neither the bread nor the cakes are ready yet.

Either pens or pencils are suitable to use in the exam.

Neither calculators nor study notes are allowed in the exam.

69 Les noms au singulier et au pluriel

En anglais, les noms ne sont ni féminins ni masculins.
Ils changent de forme en fonction de leur nombre : singulier (il n'y a qu'un seul objet) ou pluriel (il y en a plusieurs).

Pour en savoir plus :
Les adjectifs **92** Les articles **63**
Le pluriel irrégulier **R24**

69.1 LES NOMS COMMUNS

Les noms communs suivent souvent des articles.
Les adjectifs décrivent des noms.

car

banana

skirt

game

idea

thought

69.2 LES NOMS PROPRES

En anglais, les noms qui désignent des personnes, des lieux, des jours et des mois sont tous des noms propres et commencent par une majuscule.

Egypt is a beautiful country.

L'Égypte est un pays : son nom commence par une lettre majuscule.

« Country » est un nom commun.

AUTRES EXEMPLES

I study at Southern University.

My best friend is called Jasmine.

I can see Mars in the sky tonight.

I was born in Canada.

The Titanic sank when it hit an iceberg.

I hope to someday win an Oscar.

69.3 LES RÈGLES D'ORTHOGRAPHE AU PLURIEL

Pour la plupart des noms, il suffit d'ajouter un « -s » au nom singulier pour obtenir le pluriel.

 book →  books 

toy → toys  

LES PLURIELS IRRÉGULIERS

Pour les noms qui se terminent en « -s », « -x », « -z », « -ch » et « -sh », ajoutez « -es ».

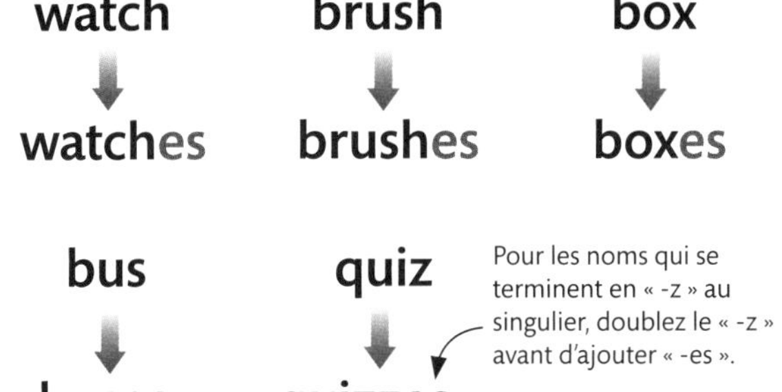

bus → buses

quiz → quizzes

Pour les noms qui se terminent en « -z » au singulier, doublez le « -z » avant d'ajouter « -es ».

« Man » et « woman », ainsi que les mots qui en découlent, par exemple les noms de métier, ont un pluriel irrégulier.

man → men

woman → women

businessman → businessmen

businesswoman → businesswomen

Pour les noms qui se terminent par une consonne suivie d'un « -y », remplacez le « -y » par « -ies ».

D'autres noms ont un pluriel irrégulier. Vérifiez leur orthographe dans un bon dictionnaire.

child → children

person → people

Pour les noms qui se terminent en « -o », on forme généralement le pluriel en ajoutant « -es ». Si le nom se termine par une voyelle suivie de « -o », il suffit d'ajouter « -s » pour passer au pluriel.

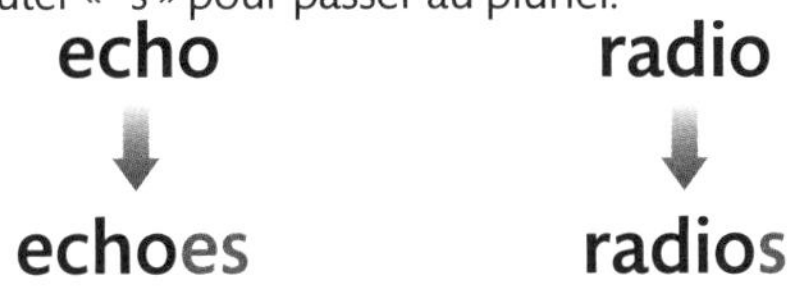

Certains noms ne changent pas au pluriel.

species → species

sheep → sheep

70 Les noms dénombrables et indénombrables

En anglais, les noms peuvent être soit dénombrables, soit indénombrables. Les noms dénombrables peuvent être comptés individuellement. Les noms qui ne peuvent pas être séparés et comptés sont indénombrables.

Pour en savoir plus :
Poser des questions **34** Les articles **63**
Les nombres **74** La quantité **75**

70.1 LES NOMS DÉNOMBRABLES ET INDÉNOMBRABLES

Utilisez « a », « an » ou un nombre pour parler de noms dénombrables.
On peut utiliser « some » à la fois pour des noms dénombrables et indénombrables.

NOMS DÉNOMBRABLES

There is an egg.

There are four eggs.

There are some eggs.

NOMS INDÉNOMBRABLES

Les noms indénombrables sont toujours accompagnés de verbes au singulier.

There is some rice. 

Utilisez toujours « some » avec les noms indénombrables, et non pas « a », « an » ou un nom.

AUTRES EXEMPLES

 a **sandwich**

 an **apple**

 some **bananas**

 two **burgers**

 some **milk**

 some **water**

 some **spaghetti**

 some **sugar**

70.2 TRANSFORMER LES INDÉNOMBRABLES EN DÉNOMBRABLES

Ce qui est indénombrable peut devenir dénombrable s'il est placé dans un récipient.

 some **sugar**   **a** bag of **sugar**

 some **water**  **three** bottles of **water**

 some **cereal**   **a** bowl of **cereal**

70.3 LA FORME NÉGATIVE

Utilisez « any » dans les phrases négatives pour les noms à la fois dénombrables et indénombrables.

NOMS DÉNOMBRABLES	NOMS INDÉNOMBRABLES
There are some eggs.	**There is some rice.**
There aren't any eggs. (Le verbe est au pluriel.)	**There isn't any rice.** (Le verbe est au singulier.)
Are there any eggs? (Le verbe est au pluriel.)	**Is there any rice?** (Le verbe est au singulier.)

70.4 LES QUESTIONS CONCERNANT LES QUANTITÉS

On utilise « many » pour poser des questions concernant les quantités de noms dénombrables et « much » pour poser des questions concernant les quantités de noms indénombrables.

How many eggs are there? 

Le verbe est au pluriel.

How much rice is there? 

Le verbe est au singulier.

AUTRES EXEMPLES

How many cupcakes are there? 

How many apples are there? 

How much cheese is there? 

How much chocolate is there? 

ERREURS COURANTES "MUCH" AND "MANY"

« Much » ne peut être utilisé qu'avec des noms indénombrables et le verbe doit toujours être au singulier.

How much pasta is there? 

How many pasta are there? 

71 L'accord verbe-sujet

L'un des principes fondamentaux de la langue anglaise est que les sujets et les verbes doivent s'accorder. Néanmoins, certains sujets peuvent se comporter comme des noms singuliers ou pluriels en fonction du contexte.

Pour en savoir plus :
Le présent simple **1**
Les noms au singulier et au pluriel **69**

71.1 LES NOMS AU PLURIEL AVEC ACCORD AU SINGULIER

Les noms ou titres de livres et autres œuvres d'art qui se terminent par un nom au pluriel sont considérés comme singuliers en termes d'accord.

Bien que « tales » soit pluriel, *The Canterbury Tales* est une œuvre littéraire au singulier.

***The Canterbury Tales* was first published in the 1400s.**

D'autres noms indénombrables semblent être au pluriel parce qu'ils se terminent par un « -s » mais ont, en fait, un accord au singulier. Ces noms comprennent les noms de lieux et les matières scolaires.

Mathematics is becoming a more popular subject.

AUTRES EXEMPLES

***Little Women* is a novel by Louisa May Alcott.**

The Netherlands is famous for its tulip industry.

Gymnastics was the most enjoyable sport at school.

Politics is often a topic for academic debate.

Athletics was an important part of the ancient Olympic Games.

71.2 LES NOMS COLLECTIFS

Les noms collectifs sont au singulier mais font référence à un groupe de personnes ou d'objets. En anglais américain, ils ont généralement un verbe au singulier. En anglais britannique, ils peuvent souvent être utilisés soit avec un verbe au singulier, soit avec un verbe au pluriel.

Si le sujet décrit une entité unique, le verbe doit être au singulier.

The team is getting a new manager next year.

[L'ensemble de l'équipe bénéficiera d'un nouveau superviseur.]

Le sujet décrit un ensemble d'individus.

Anglais britannique uniquement.

The team are feeling excited about the news.

[Chaque membre de l'équipe est enthousiasmé.]

AUTRES EXEMPLES

The society is going to have a meeting next week.

The society are discussing how often they should meet.

The band has just released its new album.

The band have been on tour to promote their new album.

The government is located in the capital city.

The government are in talks with the US.

My family is bigger than most other families I know.

My family are going away together for the first time in years.

The company has hired some new staff.

The company have been busy baking for a charity cake sale.

72 Les noms concrets et abstraits

La plupart des noms abstraits sont indénombrables. Toutefois, certains peuvent être à la fois dénombrables et indénombrables, et les deux formes ont souvent un sens légèrement différent.

Pour en savoir plus :
Les noms au singulier et au pluriel **69**
Les noms dénombrables et indénombrables **70**

72.1 LES NOMS CONCRETS ET ABSTRAITS

Les noms abstraits font référence à des idées, événements, concepts, sentiments et qualités qui n'ont pas d'existence physique. Les noms concrets sont des choses qui ont une existence physique.

He has a lot of books, but not much knowledge.

« Books » est un nom dénombrable, concret.

« Knowledge » est un nom indénombrable, abstrait.

AUTRES EXEMPLES

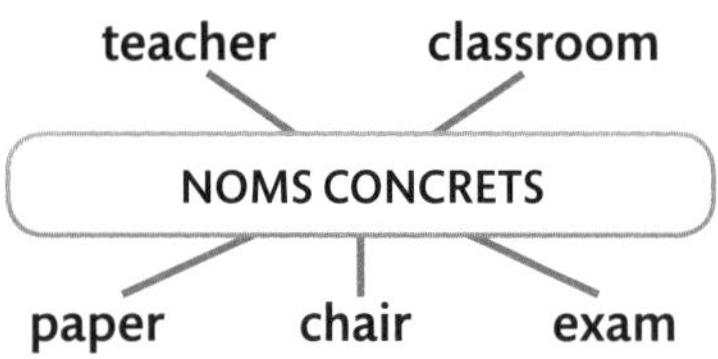

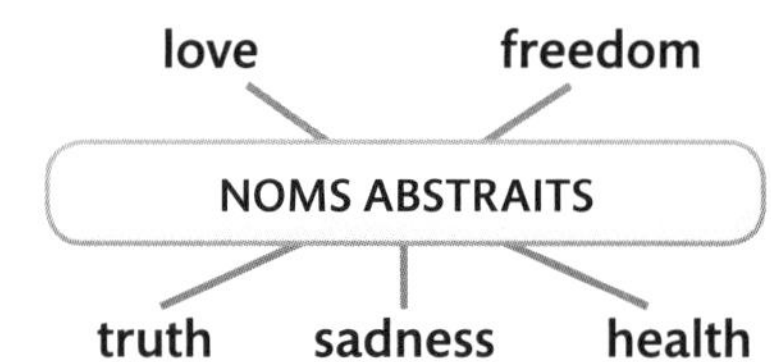

AUTRES EXEMPLES

I can't wait to prepare for this dinner party.

I'm going to get my car fixed sometime soon.

I'm having difficulty logging on to my computer.

I need to come up with better ideas to keep my boss happy.

72.2 LES NOMS ABSTRAITS DÉNOMBRABLES ET INDÉNOMBRABLES

Certains noms abstraits ont une forme dénombrable et une forme indénombrable. Les deux formes ont un sens légèrement différent : la forme dénombrable est plus spécifique et la forme indénombrable plus générale.

DÉNOMBRABLE		INDÉNOMBRABLE
I've been there a few times. Chaque fois (« time ») est une occasion spécifique.		**There's plenty of time left.** « Time » fait référence au concept en général.
He has had many successes. « Successes » fait référence aux accomplissements spécifiques.		**Hard work leads to success.** « Success » fait référence à la réussite en général.
It has some great qualities. « Qualities » fait référence aux traits de caractère de cette chose.		**It has a reputation for quality.** « Quality » fait référence à un haut niveau.
We learned several new skills. Il s'agit des aptitudes particulières acquises.		**It takes skill to do that job.** « Skill » est l'aptitude générale à faire quelque chose.
I've had some thoughts about it. Il s'agit de pensées précises.		**The task requires thought.** « Thought » renvoie au processus de réflexion.
This city has a great mix of cultures. « Culture » renvoie à plusieurs cultures différentes.		**The museum is filled with culture.** « Culture » renvoie à des objets d'art et d'histoire.
There's a range of abilities in class. « Abilities » renvoie à des niveaux de capacité différents.		**She has great ability in writing.** « Ability » renvoie à une compétence générale.

73 Les noms composés

Les noms composés désignent deux noms ou plus qui se comportent comme un seul mot. Le ou les premiers noms modifient le dernier, à la façon d'un adjectif.

Pour en savoir plus :
Les noms au singulier et au pluriel **69**
Les adjectifs **92**

73.1 LES NOMS COMPOSÉS

Deux noms peuvent être accolés pour parler d'une chose.

Le tennis de table est une variante du tennis qui se joue sur une table.

On Tuesdays I play table tennis.

Le premier nom est généralement au singulier, même si le sens est pluriel.

Un livre de photos comprend plusieurs photos, mais « picture » reste au singulier.

My baby sister loves her picture book.

Il arrive que le premier nom soit au pluriel.

My brother always plays on his games console.

« Games » est au pluriel.

Certains noms composés s'écrivent comme deux noms séparés, d'autres en un seul mot, et d'autres encore avec un tiret. Il n'existe pas de règles claires : vérifiez l'orthographe dans un bon dictionnaire.

toothbrush

bus stop

six-pack

Tiret

AUTRES EXEMPLES

The meeting is in the town hall.

I eat dinner at the kitchen table.

I'm having my 44th birthday party.

I buy tickets at the ticket office.

We were in a cycle race.

I've always wanted a sailboat.

73.2 LES NOMS COMPOSÉS LONGS

Deux noms ou plus peuvent être accolés à un autre nom pour le modifier. Cette structure est courante à la une des journaux pour aller au plus court.

I came first in the table tennis tournament.

Bank robbery ringleader capture confirmed.

Cette proposition signifie que « la capture du cerveau du cambriolage de la banque » a été confirmée.

73.3 LES NOMS COMPOSÉS AU PLURIEL

Pour mettre un nom composé au pluriel, il suffit de faire passer le nom final au pluriel.

The summer party was fun.

Summer parties are always fun.

« Party » devient « parties ».

AUTRES EXEMPLES

Restaurant chains are reliable when you need a quick meal.

I have a collection of teapots.

I organize my bookcases when they start to look messy.

I spend a lot of time waiting at bus stops.

74 Les nombres

Les nombres cardinaux s'utilisent pour compter et dénombrer des choses. Les nombres ordinaux donnent la position d'une chose dans une liste ordonnée.

Pour en savoir plus :
Les noms au singulier et au pluriel **69**
La quantité **75** La quantité approximative **76**

74.1 LES NOMBRES CARDINAUX

1 one	**2** two	**3** three	**4** four	**5** five	**6** six
7 seven	**8** eight	**9** nine	**10** ten	**11** eleven	**12** twelve
13 thirteen	**14** fourteen	**15** fifteen	**16** sixteen	**17** seventeen	**18** eighteen
19 nineteen	**20** twenty	**21** twenty-one	**22** twenty-two	**30** thirty	**40** forty
50 fifty	**60** sixty	**70** seventy	**80** eighty	**90** ninety	**100** one hundred

74.2 PRONONCER LES NOMBRES

En anglais américain, on dit « zero » pour le chiffre « 0 », tandis que l'anglais britannique offre d'autres solutions. Quand on prononce une suite de chiffres, par exemple un numéro de téléphone, l'anglais américain prononce chaque nombre séparément, tandis que l'anglais britannique peut utiliser d'autres expressions.

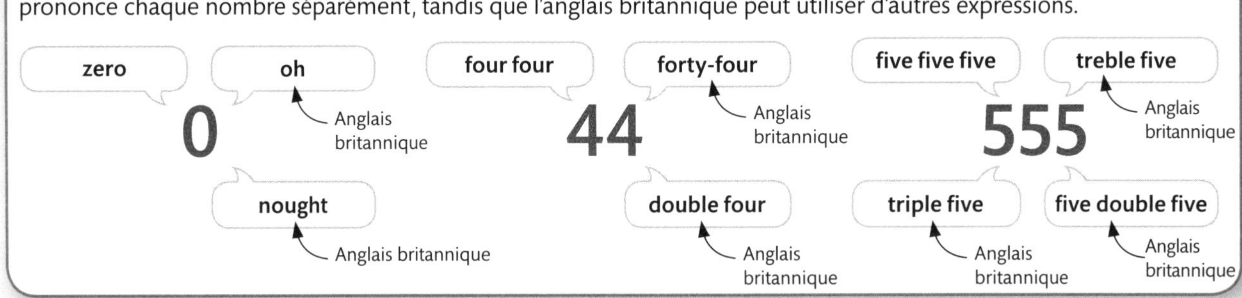

74.3 LES GRANDS NOMBRES

On peut dire « one hundred » ou « a hundred », les deux sont corrects. N'ajoutez pas de « -s » à « hundred », « thousand » ou « million ».

100 — one hundred / a hundred

1,000 — one thousand / a thousand

1,000,000 — one million / a million

101 — one hundred and one

1,200 — one thousand, two hundred

1,300,000 — one million, three hundred thousand

200 — two hundred

Pas de « -s » à la fin.

3,000 — three thousand

40,000,000 — forty million

On utilise une virgule en guise de séparateur des milliers.

AUTRES EXEMPLES

En anglais britannique, on ajoute « and » avant les deux derniers nombres pour les nombres supérieurs à cent. En anglais américain, cette tournure est informelle.

2,876 — two thousand, eight hundred and seventy-six

« And » se place avant « seventy-six ».

54,041 — fifty-four thousand and forty-one

100,922 — one hundred thousand, nine hundred and twenty-two

296,308 — two hundred and ninety-six thousand, three hundred and eight

Utilisez une virgule pour séparer les millions, les milliers et les centaines.

1,098,283 — one million, ninety-eight thousand, two hundred and eighty-three

74.4 LES NOMBRES QUI SE RESSEMBLENT À L'ORAL

Pour prononcer correctement ces nombres, il est important de placer l'accent sur la bonne syllabe pour éviter toute confusion.

Accentuez la dernière syllabe. / Accentuez la première syllabe.

13	thir**teen**	30	**thir**ty
14	four**teen**	40	**for**ty
15	fif**teen**	50	**fif**ty
16	six**teen**	60	**six**ty
17	seven**teen**	70	**seven**ty
18	eigh**teen**	80	**eigh**ty
19	nine**teen**	90	**nine**ty

74.5 LES NOMBRES ORDINAUX

1st first	**2nd** second	**3rd** third	**4th** fourth	**5th** fifth	**6th** sixth
7th seventh	**8th** eighth	**9th** ninth	**10th** tenth	**11th** eleventh	**12th** twelfth
13th thirteenth	**14th** fourteenth	**15th** fifteenth	**16th** sixteenth	**17th** seventeenth	**18th** eighteenth
19th nineteenth	**20th** twentieth	**21st** twenty-first	**22nd** twenty-second	**30th** thirtieth	**40th** fortieth
50th fiftieth	**60th** sixtieth	**70th** seventieth	**80th** eightieth	**90th** ninetieth	**100th** one-hundredth

74.6 LES DATES

Les Américains écrivent souvent la date à l'aide de nombres cardinaux, mais la prononcent à l'aide de nombres ordinaux. Au Royaume-Uni, les gens utilisent des nombres ordinaux pour à la fois écrire et dire les dates.

En anglais américain, le jour s'écrit après le mois.

His birthday is on
- **May 18 (US)** — May eighteenth
- **May the 18th (UK)** — May the eighteen
- **the 18th of May (UK)** — the eighteenth of May

74.7 LES FRACTIONS

Vous rencontrerez certainement des fractions écrites en toutes lettres. À part « half » (½) et « quarter » (¼), le nombre du bas de la fraction se lit ou se prononce sous sa forme ordinale.

¼ — a quarter

⅓ — a third

½ — a half

⅗ — three fifths

1½ — one and a half

Utilisez les nombres ordinaux pour la partie inférieure de la fraction.

Utilisez les nombres cardinaux pour la partie supérieure de la fraction.

Utilisez « and » pour lier un nombre entier à une fraction.

74.8 LES DÉCIMALES

Les décimales sont toujours écrites en nombres et pas en toutes lettres. Le point décimal se dit « point », et chaque chiffre suivant le point décimal est lu séparément.

Il y a 3 façons de dire les décimales qui commencent par 0.

0.5 — point five / nought point five / zero point five

Anglais britannique uniquement. (nought point five)

1.7 — one point seven

On utilise le point pour écrire les points décimaux en anglais.

3.97 — three point nine seven

On ne dit pas « three point ninety seven ».

74.9 LES POURCENTAGES

Le symbole % s'écrit et se lit « percent ». « Percent » s'écrit parfois « per cent » en anglais britannique. Les pourcentages s'écrivent habituellement en chiffres et non en toutes lettres.

1% — one percent

99% — ninety-nine percent

55.5% — fifty-five point five percent

12% — twelve per cent

70% — seventy per cent

100% — one hundred per cent

75 La quantité

L'anglais possède de nombreuses façons d'exprimer des quantités générales ou précises, de dire que des quantités suffisent et de comparer différentes quantités.

Pour en savoir plus :
Les noms au singulier et au pluriel **69**
Les noms dénombrables et indénombrables **70**

75.1 LES EXPRESSIONS DE QUANTITÉ

La langue anglaise dispose de nombreuses expressions pour parler de quantités approximatives.

Utilisez « some » lorsqu'il y a plus d'un élément mais que l'on ne sait pas exactement combien.

There are some buildings.

Utilisez « a few » pour une faible quantité.

There are a few buildings.

Utilisez « lots of » pour une grande quantité.

There are lots of buildings.

AUTRES EXEMPLES

There are some very old trees in my local park.

There are a few items on the menu that I'd like to try.

There are a few sights that I'd like to see while I'm here.

There are lots of mountains in the Alps that I'd love to climb.

There are some vegetables that I really don't like.

There are a few cars parked outside my house.

Lots of my friends rely on trains to get to work.

There are lots of people waiting outside the gallery.

75.2 « ENOUGH » ET « TOO MANY » AVEC LES NOMS DÉNOMBRABLES

Utilisez « enough », « not enough » et « too many » pour parler des quantités avec des noms dénombrables : des objets ou des choses faciles à compter.

We have two eggs. That's not enough.

Cela ne suffit pas.

We need four eggs. Do we have enough?

Utilisez « enough » dans les questions.

We have four eggs. That's enough.

« Enough » indique que cela suffit.

Don't use five eggs. That's too many.

Il y en a trop.

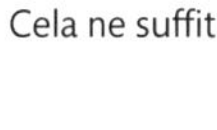
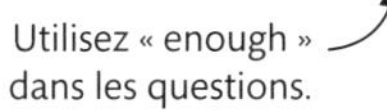

AUTRES EXEMPLES

There are enough apples here.

There aren't enough employees.

I don't have enough shoes.

You have too many clothes.

75.3 « ENOUGH » ET « TOO MUCH » AVEC LES NOMS INDÉNOMBRABLES

Utilisez « enough », « not enough » et « too much » pour parler des quantités des noms indénombrables : des objets ou des choses qu'il n'est pas facile de compter.

We need eight ounces of flour. Do we have enough?

not enough flour

Cela ne suffit pas.

enough flour

Cela suffit.

too much flour

C'est plus qu'il n'en faut.

AUTRES EXEMPLES

There is enough milk.

I don't have enough energy.

There isn't enough time.

There is too much food.

75.4 « A LOT OF » ET « LOTS OF »

« A lot of » et « lots of » sont fréquemment utilisés de façon informelle devant les noms indénombrables et les noms dénombrables au pluriel pour indiquer l'existence d'une grande quantité.

A lot of / Lots of } people play sports to keep fit.

AUTRES EXEMPLES

There was a lot of food at the event.

The charity received lots of donations.

The event raised a lot of money.

Lots of people enjoy charity events.

75.5 « LITTLE » POUR PARLER DE FAIBLES QUANTITÉS

Utilisez « little » avec un nom pluriel indénombrable pour dire qu'il n'y a pas beaucoup de quelque chose en anglais britannique.

« A little » s'utilise avec les noms dénombrables en guise de synonyme de « some ». Il indique que la quantité, même réduite, est suffisante.

little = not much

I have little money left. I can't afford to visit the wildlife park.

a little = some

I have a little money left. Should we visit the wildlife park?

« Little » peut aussi être utilisé comme pronom synonyme « not much ».

Little can be done about the decreasing number of red squirrels.

Dans une tournure informelle, « a (little) bit of » peut remplacer « a little ».

There's a little bit of the park that we haven't seen yet.

75.6 « FEW » POUR PARLER DE PETITS NOMBRES

Utilisez « few » avec un nom pluriel dénombrable pour dire qu'il n'y a pas beaucoup de quelque chose. Il indique à quel point ce nombre est faible.

few = not many

There are few rare birds here. We probably won't see any.

« A few » s'utilise avec les noms dénombrables au pluriel en guise de synonyme de « some ». « A few » souligne que le nombre, bien que faible, est suffisant.

a few = some

There are a few rare birds here. We might see one.

AUTRES EXEMPLES

« Few » peut aussi s'employer comme un pronom synonyme de « not many ».

Few are willing to contribute to the upkeep of the national park.

« Very » peut souligner qu'une quantité est encore plus petite par rapport à une autre.

I wanted to see an owl, but very few can be seen during the day.

75.7 « QUITE A FEW » ET « QUITE A BIT (OF) » POUR DE GRANDES QUANTITÉS

Les locutions « quite a bit » et « quite a few » sont des euphémismes qui signifient en fait « a lot » ou « many ».

quite a few = many

The park is home to quite a few species.

quite a bit of = a lot of

There is quite a bit of open space for the animals.

AUTRES EXEMPLES

Quite a few of the students in my class don't like History.

There are quite a few books that I'd like to read.

There's still quite a bit of snow on the ground.

She ate quite a bit of cake at her birthday party.

75.8 « MORE »

« More » sert à indiquer qu'une quantité est supérieure à une autre. On l'utilise avec des noms dénombrables et indénombrables.

« Cookies » est un dénombrable.

I'm buying more cookies.

We need more milk.

« Milk » est un indénombrable.

AUTRES EXEMPLES

I like spending more time with my family.

Our new house has more space.

We raised even more money for charity.

Ajoutez « even » pour plus d'emphase.

More and more people are donating.

« More and more » montre que la quantité augmente progressivement.

75.9 « FEWER » ET « LESS »

« Fewer » et « less » servent à indiquer qu'une quantité est inférieure à une autre. N'oubliez pas d'utiliser « fewer » avec des noms pluriels dénombrables, et « less » avec des noms indénombrables.

« People » est un nom pluriel dénombrable.

Fewer people drive cars these days.

Traveling by bus or train uses less fuel.

« Fuel » est un nom indénombrable.

AUTRES EXEMPLES

There are fewer whales in the oceans nowadays.

We need to spend less money.

Fewer people enjoy gardening these days.

There is much less traffic today.

ERREURS COURANTES « FEWER » ET « LESS »

Il est important de garder en tête la distinction entre les noms dénombrables et indénombrables quand vous utilisez « fewer » et « less ».

« Fewer » ne s'utilise qu'avec les noms dénombrables au pluriel.

I have fewer potatoes than I need. 

« Less » ne s'utilise qu'avec les noms indénombrables.

I have less potatoes than I need. 

I have fewer flour than the recipe requires. 

I have less flour than I need. 

75.10 "MORE THAN," "LESS THAN," AND "FEWER THAN"

Utilisez « **more than** » pour parler de quantités ou de montants de noms dénombrables et indénombrables.

Lions eat more than 15 pounds of meat each day.

Utilisez « **fewer than** » pour parler de groupes de personnes ou de choses.

There are fewer than 3,500 tigers in the wild.

Utilisez « **less than** » lorsque vous parlez de quantités, de distances, de temps et d'argent.

The wildlife park costs less than $5 to visit.

AUTRES EXEMPLES

The committee holds meetings more than 5 times a month.

The charity survives with fewer than 20 volunteers.

There were more than 100 people at the event.

There are fewer than 50 tickets left for the charity concert.

Charity workers are paid on average less than $10 an hour.

You can donate less than the recommended amount.

76 La quantité approximative

Si vous avez des chiffres précis, il peut être utile de les communiquer. Toutefois, vous devrez peut-être utiliser des termes plus généraux si vous n'avez pas de chiffres ou si vous voulez éviter des répétitions.

Pour en savoir plus :
Les noms au singulier et au pluriel **69**
Les nombres **74** Les comparaisons avec « as... as » **96**

76.1 LES QUANTITÉS APPROXIMATIVES

La langue anglaise possède de nombreuses expressions utiles pour décrire des quantités et montants approximatifs.

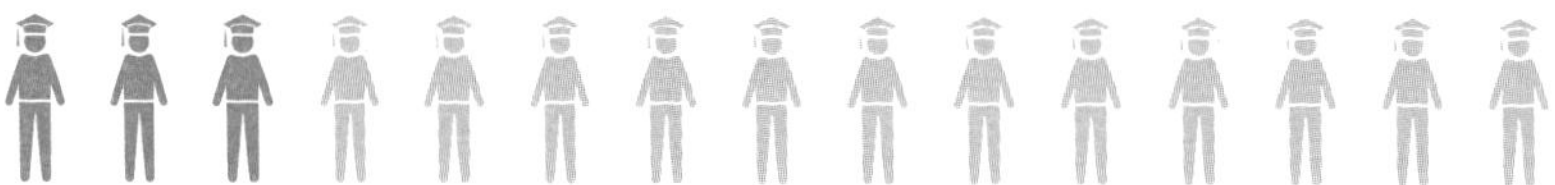

3 out of 15 students live off campus.

In some cases, **students live off campus.**

« Some » est un terme très vague. Les seuls chiffres qui ne sont pas concernés dans cet exemple sont 0, 1 ou 15 (élèves).

CONSEIL
Les termes « minorité » et « majorité » sont souv[ent] qualifiés : par exempl[e] « small minority » ou « vaste majority ».

AUTRES EXEMPLES

Une minorité est moins de la moitié, mais évoque souvent beaucoup moins de la moitié.

In a minority of cases, / In a few cases, } **employers provide funding for education.**

« Most » et « majority » veulent dire plus de la moitié.

In most cases, / In the majority of cases, } **students can contact their professors online.**

Les références vagues peuvent signifier une majorité ou une minorité de cas.

In some cases, / In a number of cases, } **students can live in dorms on campus.**

76.2 LES STATISTIQUES APPROXIMATIVES

Vous pouvez généraliser des statistiques en les modifiant avec des termes tels que « approximately », « about », « just », « well » ou « almost ».

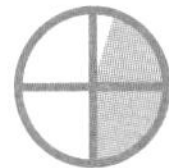

Approximately / About half of the students are from Europe.

Indique que la quantité n'est pas exacte.

Just under a third of the assessment consists of coursework.

Indique que la différence est faible.

Well over 50 percent of the course is online.

Indique que la différence est grande.

Almost all of the lessons are one hour long.

Indique que le nombre est légèrement inférieur.

76.3 DES NOMBRES SURPRENANTS

Certaines expressions sont utilisées pour indiquer qu'un nombre ou une quantité en particulier sont surprenants.

Ceci indique que la somme de 100 € est étonnamment importante.

Other universities charge as much as €100 for this service.

Ceci indique que 5 $ est étonnamment modeste.

For as little as $5 per semester, you can join the club.

Ceci indique que ce nombre d'événements est étonnamment important.

There are as many as 25 free student events each month.

Ceci indique que ce nombre de jours est étonnamment faible.

The library is generally closed for as few as 2 days a month.

77 Les pronoms personnels

Les pronoms personnels servent à remplacer les noms dans une phrase. Ils peuvent désigner des personnes ou des choses, et se présentent sous différentes formes s'ils sont sujets ou compléments d'objet.

Pour en savoir plus :
Les verbes avec objet **53** La possession **80**
Les formes contractées **R13**

77.1 LES PRONOMS SUJETS

Les pronoms sujets remplacent le sujet dans une phrase. On les utilise pour éviter la répétition, ou si un nom n'est pas connu. Les pronoms anglais n'ont pas de variante formelle ou informelle.

Who's he?

Le locuteur utilise le pronom sujet « he » car il ne connaît pas le nom de la personne.

Les verbes « be » et « have » sont souvent contractés en présence de pronoms.

That's Andy. He's a policeman.

« He » renvoie à Andy pour éviter la répétition.

CONSTRUCTION

Le pronom utilisé dépend du nombre de noms qu'il remplace, et de la personne (première, deuxième ou troisième).

	PREMIÈRE PERSONNE	DEUXIÈME PERSONNE	TROISIÈME PERSONNE
SINGULIER	I	you	he she it
PLURIEL	we	you	they

AUTRES EXEMPLES

I'm turning 25 next week.

You are a great actor.

He likes driving fast.

Stuart and I are going climbing.

They complain every time.

You make a great team.

77.2 LES PRONOMS OBJETS

Les pronoms objets remplacent le complément d'objet d'une phrase. La plupart ont une forme différente du pronom sujet correspondant.

« Lizzy » est le complément d'objet.

Animals love Lizzy.

Animals love her.

« Her » remplace « Lizzy ».

Il n'y a pas de différence entre les pronoms compléments d'objet direct et indirect.

« Her » est le complément d'objet indirect.

I gave her the puppy.

The puppy loves her.

« Her » est le complément d'objet direct.

CONSEIL
« You » reste identique qu'il soit au singulier, au pluriel, sujet ou objet.

CONSTRUCTION

SUJET	I	we	you	he	she	it	they
OBJET	me	us	you	him	her	it	them

AUTRES EXEMPLES

I want to tell you that I'm sorry.

« All » peut servir à indiquer que « you » est au pluriel.

Sam invited you all to the party.

Dave asked me to go with him.

We're sad that he won't come with us.

It was a very difficult time for them.

Georgia wanted it for Christmas.

78 Les pronoms réfléchis

En anglais, on utilise les pronoms réfléchis lorsque le sujet du verbe est le même que le sujet de l'objet. Ils peuvent aussi servir à ajouter de l'emphase dans d'autres situations.

Pour en savoir plus :
Les verbes avec objet **53** Les pronoms personnels **77**

78.1 LES PRONOMS RÉFLÉCHIS

En anglais, les pronoms réfléchis incluent le mot « self » (ou « selves » au pluriel).

Le pronom sujet fait référence à la personne réalisant l'action.

Utilisez un pronom réfléchi lorsque la même personne est concernée par l'action.

He cut himself while chopping vegetables.

CONSTRUCTION

LES PRONOMS OBJETS		LES PRONOMS RÉFLÉCHIS
me		myself
you		yourself
you		yourselves
her		herself
him		himself
it		itself
us		ourselves
them		themselves

Ceci est la forme plurielle de « yourself ».

AUTRES EXEMPLES

I left myself a reminder about the meeting.

You must prepare yourselves for this exam.

Sarah sees herself as a natural team leader.

He introduced himself to the other guests.

The door locks itself when you close it.

We pride ourselves on our customer service.

They're teaching themselves to cook.

78.2 LES VERBES QUI NE PEUVENT PAS ÊTRE RÉFLÉCHIS

De nombreux verbes sont suivis de pronoms réfléchis dans certaines langues, mais pas en anglais.

Le verbe « relax » n'est pas suivi d'un pronom réfléchi.

I'm really stressed. I can't relax. ✓

I'm really stressed. I can't relax myself. ✗

Cette tournure est fausse.

AUTRES EXEMPLES

I'll turn my music down if you can't concentrate.

He shaves every morning.

He was sick, but he's feeling better now.

She goes to bed at the same time every night.

Let's meet at the café at 2:30.

She washes her hair every evening.

I get up early every day.

I often hurry out of the house.

⚠ ERREURS COURANTES LES PRONOMS RÉFLÉCHIS

Un pronom réfléchi ne peut s'utiliser que si le sujet et l'objet de la phrase sont identiques. Si l'objet est différent du sujet, il faut alors utiliser un pronom objet.

Le sujet de la phrase est « my boss » : il convient d'utiliser un pronom objet.

My boss invited Joe and me to the meeting. ✓

My boss invited myself and Joe to the meeting. ✗

« I » n'est pas le sujet de la phrase : il est faux d'utiliser un pronom réfléchi.

78.3 UTILISER LES PRONOMS RÉFLÉCHIS POUR PLUS D'EMPHASE

Les pronoms réfléchis ne sont pas toujours essentiels à la construction grammaticale de la phrase, mais on peut les utiliser pour ajouter différentes emphases.

The company director gave the talk.

Cette phrase est correcte sans pronom réfléchi.

Ajouter le pronom réfléchi à la fin de la phrase souligne que l'action n'a pas été réalisée par quelqu'un d'autre.

The company director gave the talk himself.

[C'est le directeur qui a fait la présentation, et non quelqu'un d'autre.]

Ajouter le pronom réfléchi directement après le sujet souligne son importance.

The company director himself gave the talk.

[Le directeur, qui est quelqu'un d'important, a fait la présentation.]

AUTRES EXEMPLES

You don't have to do the dishes. I'll do them myself.

She's fixing her car herself. It's cheaper than taking it to the garage.

The meal itself wasn't very good, but it was a great evening.

The board members themselves will be at the meeting today.

I do my laundry myself, but my dad does my sister's for her.

I wanted us to build the furniture ourselves, but it's not going well.

78.4 LES COLLOCATIONS AVEC PRONOM RÉFLÉCHI

De nombreuses collocations comprennent des pronoms réfléchis. Elles suivent souvent le schéma verbe + pronom réfléchi + préposition.

She still has to familiarize herself with company policy.

AUTRES EXEMPLES

Les pronoms réfléchis sont souvent utilisés à l'impératif. Ici, « yourself » implique que le sujet est « you ».

Are you leaving early today? Enjoy yourself!

The managers don't concern themselves with minor issues.

Remember to behave yourselves when you are in public.

Try to tear yourself away from the computer as often as possible.

He was sitting by himself in the café.

« By » utilisé avec un pronom réfléchi signifie « seul ».

CONSEIL

Le sujet n'est pas toujours inclus, il est parfois sous-entendu par le pronom réfléchi.

78.5 « EACH OTHER »

Lorsqu'au moins deux personnes ou choses effectuent une action réciproque, on utilise « each other » au lieu d'un pronom réfléchi.

Amy and Raj looked at each other.

[Amy regardait Raj et Raj regardait Amy.]

Amy and Raj looked at themselves in the mirror.

[Amy se regardait dans le miroir et Raj se regardait dans le miroir.]

AUTRES EXEMPLES

They gave each other presents.

My cats hate each other!

« One another » a le même sens que « each other ».

The children are shouting at one another.

We're helping each other with our homework.

79 Les pronoms indéfinis

Utilisez les pronoms indéfinis « anyone », « someone » et « everyone » pour faire référence à une personne ou à un groupe de personnes, sans préciser de qui il s'agit.

Pour en savoir plus :
Le présent simple **1**
Poser des questions **34**

79.1 « ANYONE » ET « SOMEONE »

Utilisez « someone » ou « somebody » pour faire référence à une personne non identifiée dans une affirmation, et « anyone » dans une question ou une phrase négative.

Did anyone call me this morning?

Yes, someone called you at 11 o'clock.

« Somebody » est un synonyme informel de « someone ».

Do you want to talk to somebody?

No, I don't want to talk to anybody.

« Anybody » est un synonyme informel de « anyone ».

AUTRES EXEMPLES

Is someone working late? 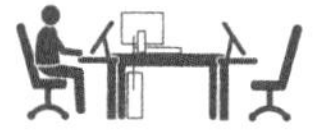

Can somebody carry my bag? 

I gave somebody a flower. 

Someone gave me a present. 

I didn't give anybody your name. 

Did anyone buy a gift for Mrs. Tan? 

I don't know anyone in this town. 

Did anybody here send me this letter? 

79.2 « EVERYONE » ET « NO ONE »

Utilisez « everyone » pour parler d'un groupe de personnes dans son ensemble. « No one » signifie « aucun membre du groupe ».

« No one » s'écrit en 2 mots.

Why is there no one in the office?

Everyone is at the big meeting.

Utilisez la troisième personne du singulier après « everyone » et « everybody ».

« Everybody » est un synonyme moins formel de « everyone ».

Where is everybody?

I don't know, there's nobody here.

Avec « nobody » et « no one », on utilise le verbe au singulier.

« Nobody » est un synonyme de « no one ».

AUTRES EXEMPLES

Nobody wants to come with me.

Everybody has some kind of special skill.

I'm at the park with everyone if you'd like to join us.

There was nobody but me at work until 10am.

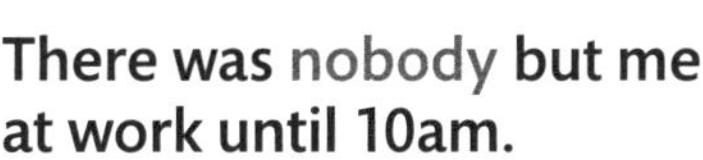

⚠ ERREURS COURANTES « NO ONE » ET « ANYONE »

« No one » et « nobody » s'utilisent dans les affirmations et les questions. « Anyone » et « anybody » sont réservés aux négations et aux questions.

Cette phrase est à la forme négative : on utilise « anyone » ou « anybody ».

There isn't anyone here. 

There isn't no one here. 

Cette phrase est à la forme négative : « no one » est faux.

79.3 « SOMETHING » ET « ANYTHING »

« Something » et « anything » renvoient à un objet ou une chose vague ou non identifiée. « Something » est réservé aux questions et aux affirmations, tandis que « anything » s'emploie dans les phrases à la forme négative, interrogative et affirmative.

Ici, « something » renvoie à une chose précise non identifiée à laquelle pense le locuteur.

Can I have something to eat?

Yes, have something from the cupboard.

Ici, « something » a un sens plus large, car l'interlocuteur n'a pas forcément quelque chose de précis en tête.

On utilise le verbe au singulier avec « anything » et « something ».

Is there anything I can help with?

No, there isn't anything you can do.

Cet énoncé est à la forme négative : on utilise « anything » et non « something ».

AUTRES EXEMPLES

« Anything » dans un énoncé affirmatif montre que les possibilités sont illimitées.

Have anything you want.

Anything baked by my grandmother tastes delicious.

There's something I need to tell you.

We don't have anything in common.

Something that I've always enjoyed is kayaking with my friends.

I know I've forgotten something, but I can't think what it is.

I'd do anything to be able to sing like her.

Something spooky happened last night.

79.4 « NOTHING » ET « EVERYTHING »

« **Nothing** » signifie qu'il n'y a aucun objet ou aucune chose disponible.

Tim and James have nothing in common.

Tim et James n'ont absolument rien en commun.

« **Everything** » signifie que toutes les choses et objets possibles sont disponibles.

Tim and Dan do everything together.

Lorsque « **nothing** » est utilisé dans un énoncé affirmatif, vous pouvez utiliser « anything » dans une phrase négative pour obtenir le même sens.

Le verbe est à la forme affirmative.

There's nothing I want to buy here.

[There isn't anything I want to buy here.]

Le verbe est à la forme négative.

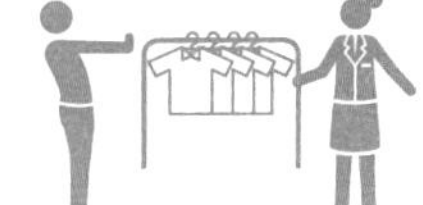

AUTRES EXEMPLES

There's nothing I love more than a sunny day.

I want to see everything at the museum.

Everything is going well at the moment.

I know absolutely nothing about Geography.

Nothing at the exhibition was any good.

I do everything to the best of my ability.

I love that new Italian restaurant. Everything tastes so good!

Nothing interests me about politics.

80 La possession

Les adjectifs possessifs, les pronoms possessifs, l'apostrophe avec « -s » et les verbes « have » et « have got » sont tous des façons d'exprimer la possession en anglais.

Pour en savoir plus :
Poser des questions **34** Les verbes avec objet **53** « This/that/these/those » **65**

80.1 LES ADJECTIFS POSSESSIFS

Les adjectifs possessifs se placent devant le nom. Ils se modifient selon que le propriétaire est au singulier, pluriel, masculin ou féminin.

Felix is my cat.

Le chat m'appartient.

Coco is your rabbit.

Le lapin vous appartient (ou t'appartient).

Buster is her dog.

Le chien appartient à une femme.

Polly is his parrot.

Le perroquet appartient à un homme.

Rachel is our daughter.

Nous sommes ses parents.

John is their son.

Ils sont ses parents.

CONSTRUCTION

I	you	he	she	it	we	they
↓	↓	↓	↓	↓	↓	↓
my	your	his	her	its	our	their
↓	↓	↓	↓	↓	↓	↓
my **cat**	your **rabbit**	his **wife**	her **sister**	its **ball**	our **horse**	their **son**

80.2 LES PRONOMS POSSESSIFS

Vous pouvez utiliser des déterminants ou des pronoms possessifs pour expliquer à qui quelque chose appartient. Contrairement aux déterminants possessifs, ils remplacent le nom auquel ils se rapportent.

Le déterminant se place devant le nom.

This is my car.

These are her books.

This car is mine.

These books are hers.

Le nom se place devant le verbe.

Le pronom possessif se place après le verbe. Il remplace « my car ».

CONSTRUCTION

DÉTERMINANTS	my	your	his	her	its	our	their
PRONOMS	mine	yours	his	hers	its	ours	theirs

AUTRES EXEMPLES

This is their suitcase.

That suitcase is theirs.

We're staying in our new villa.

The villa is ours.

The boy is playing with his toys.

All these toys are his.

I'll bring some food to your picnic.

The rest of the food is yours.

80.3 L'APOSTROPHE AVEC « -S »

Ajoutez une apostrophe et la lettre « -s » à la fin d'un nom singulier pour montrer que ce qui vient après lui appartient.

Cette forme est correcte en anglais mais n'est pas habituellement utilisée.

the mother of Lizzie

Lizzie's **mother**

Ceci est la manière la plus usuelle d'exprimer la possession.

Une apostrophe avec un « -s » indique la possession.

AUTRES EXEMPLES

Le « -s » après l'apostrophe n'est pas obligatoire si le nom se termine déjà par un « -s ».

Tess' **dog**

Tia's **rabbit**

Dave's **grandmother**

Si quelque chose appartient à plus d'un nom, n'ajoutez le « -s » qu'à la fin du dernier nom.

Juan and Beth's **parrot**

The baby's **toy**

The dog's **ball**

⚠ ERREURS COURANTES LES APOSTROPHES

On ajoute souvent par erreur des apostrophes avant le « -s » pour parler d'années ou de décennies.

I was born in the 1960s. ✓

The best decade was the 70s. ✓

I was born in the 1960's. ✗

The best decade was the 70's. ✗

Cette forme n'est ni possessive ni contractée : inutile d'ajouter une apostrophe.

80.4 L'APOSTROPHE ET LES NOMS PLURIELS

Pour indiquer l'appartenance avec un nom pluriel qui se termine en « -s », ajoutez une apostrophe sans le « -s ».

Ginger is my parents' cat.

On utilise une apostrophe sans « -s » avec les noms au pluriel.

Pour les noms pluriels qui se terminent sans « -s », vous devez ajouter un « -s » (forme de possession).

Polly is our children's parrot.

On construit cette forme à la façon de noms au singulier, avec une apostrophe et un « -s ».

AUTRES EXEMPLES

My friends' dog is called Rex.

I'm looking after my cousins' rabbit.

That is his grandparents' house.

She cares about her students' grades.

These are the men's rooms.

It depends on the people's vote.

Il est important de ne pas confondre « its » et « it's ». « Its » est un adjectif possessif singulier à la troisième personne qui ne comporte jamais d'apostrophe. « It's » n'est que la forme contractée de « it is ».

The dog is playing with its ball. ✓

It's a shiny, red ball. ✓

Il s'agit d'un possessif : inutile d'ajouter une apostrophe.

The dog is playing with it's ball. ✗

Its a shiny, red ball. ✗

Ceci est la forme contractée de « it is » : une apostrophe doit précéder le « s ».

80.5 « HAVE »

Le verbe « to have » peut servir à désigner ce qu'on possède.

« Has » sert à la troisième personne du singulier (he, she ou it).

I have a large garage.

She has a yard.

CONSTRUCTION

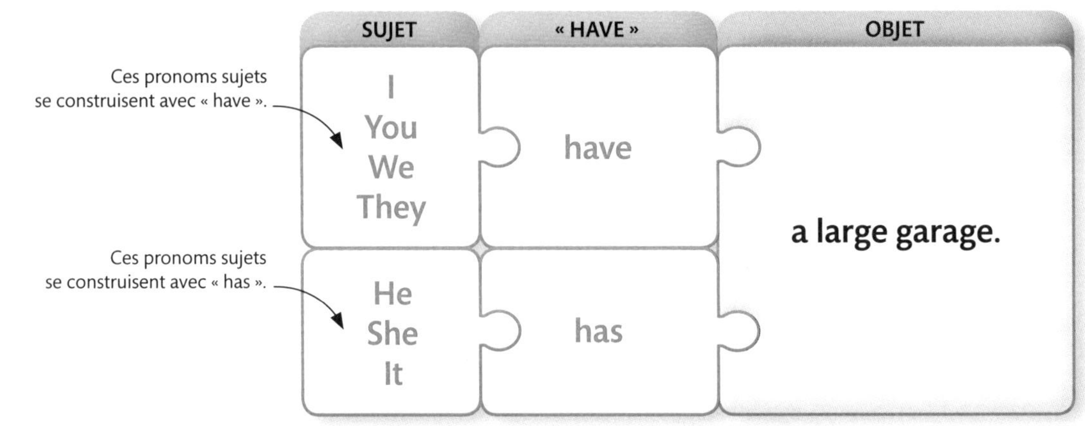

Ces pronoms sujets se construisent avec « have ».

Ces pronoms sujets se construisent avec « has ».

80.6 « HAVE » À LA FORME NÉGATIVE

« Have » a beau être irrégulier, sa forme négative se construit de façon classique. La forme négative peut aussi être contractée, tout comme d'autres verbes.

I have a bathtub.

I { do not / don't } have a bathtub.
« Do not » peut être contracté en « don't ».

Jim has a bathtub.

Pour « she », « he » et « it », on remplace « do not » par « does not ».

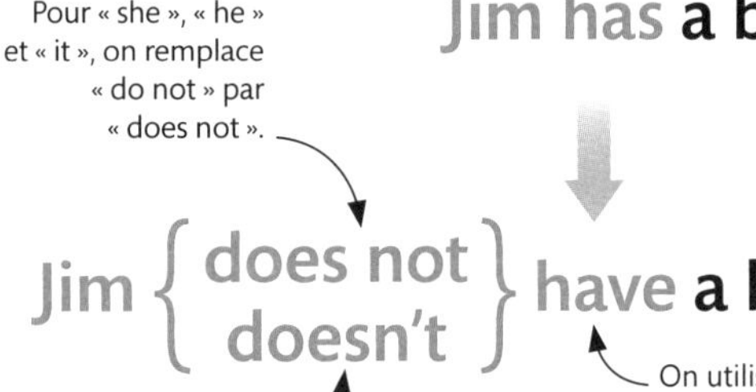

Jim { does not / doesn't } have a bathtub.
« Does not » peut être contracté en « doesn't ».
On utilise toujours « have » à la forme négative, à la place de « has ».

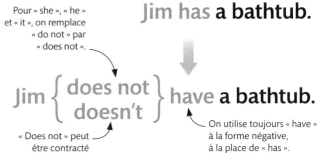

80.7 « HAVE » ET « HAVE GOT »

Vous pouvez utiliser « have » et « have got » pour parler de choses que vous possédez. « Have » convient à toutes les situations, mais « have got » n'est utilisé qu'en anglais britannique.

I have a new phone.

« I've » ne peut pas être utilisé dans ce contexte.

I've got a new phone.

« I have » devient « I've » en présence de « got ».

« Got » ne change pas en fonction du sujet.

I don't have a dishwasher.

I haven't got a dishwasher.

« Have not » peut être abrégé en « haven't » avec « got ».

Do you have your keys?

Le sujet se place entre « do » et « have » dans les questions.

Have you got your keys?

Le sujet se place entre « have » et « got » dans les questions.

80.8 RÉPONDRE AUX QUESTIONS AVEC « HAVE »

Pour répondre aux questions avec « have », vous pouvez utiliser des réponses courtes avec « do » ou « don't ».

Do you have a microwave?

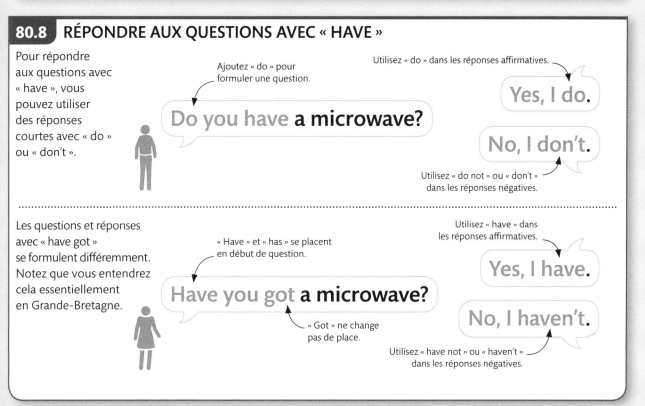

Ajoutez « do » pour formuler une question.

Yes, I do.

Utilisez « do » dans les réponses affirmatives.

No, I don't.

Utilisez « do not » ou « don't » dans les réponses négatives.

Les questions et réponses avec « have got » se formulent différemment. Notez que vous entendrez cela essentiellement en Grande-Bretagne.

Have you got a microwave?

« Have » et « has » se placent en début de question.

« Got » ne change pas de place.

Yes, I have.

Utilisez « have » dans les réponses affirmatives.

No, I haven't.

Utilisez « have not » ou « haven't » dans les réponses négatives.

81 Les propositions relatives définissantes

Les propositions relatives sont des parties de phrase qui apportent un complément d'information sur un nom dans l'énoncé principal. Une proposition relative définissante identifie le sujet de la phrase.

Pour en savoir plus :
Les propositions relatives non définissantes **82**
Les autres structures relatives **83**

81.1 LES PROPOSITIONS RELATIVES DÉFINISSANTES

On utilise les propositions relatives définissantes pour apporter des précisions sur la personne ou la chose dont on parle dans la proposition principale. Sans cette information, le sens de la phrase change.

Ici, la proposition relative définissante donne une information essentielle sur des personnes.

PROPOSITION PRINCIPALE — PROPOSITION RELATIVE DÉFINISSANTE

She invited lots of friends who brought gifts.

Ici, la proposition définissante fournit une information essentielle concernant une chose.

PROPOSITION PRINCIPALE — PROPOSITION RELATIVE DÉFINISSANTE

I'm looking for a job that I'll enjoy.

La proposition définissante peut aussi se placer au milieu de la proposition principale.

PROPOSITION PRINCIPALE — PROPOSITION RELATIVE DÉFINISSANTE — RESTE DE LA PROPOSITION PRINCIPALE

The job that I heard about **is interesting.**

AUTRES EXEMPLES

I need a television that works!

Do you know anyone who knows how to fix a bike?

« That » est parfois utilisé comme pronom relatif pour une personne.

He's the actor that we saw last week.

The book that I just read **is excellent.**

81.2 LES PRONOMS RELATIFS

L'anglais utilise divers pronoms relatifs, selon que l'on parle de personnes ou de choses.

PERSONNES — CHOSES

who ← → **that** ← → **which**

81.3 LES SUJETS ET LES OBJETS DANS LES PROPOSITIONS RELATIVES DÉFINISSANTES

Les propositions relatives se composent d'un sujet et d'un verbe, qui sont souvent suivis d'un objet. Elles débutent communément par un pronom relatif, qui peut être le sujet ou l'objet de la proposition relative.

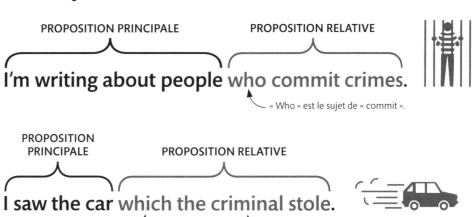

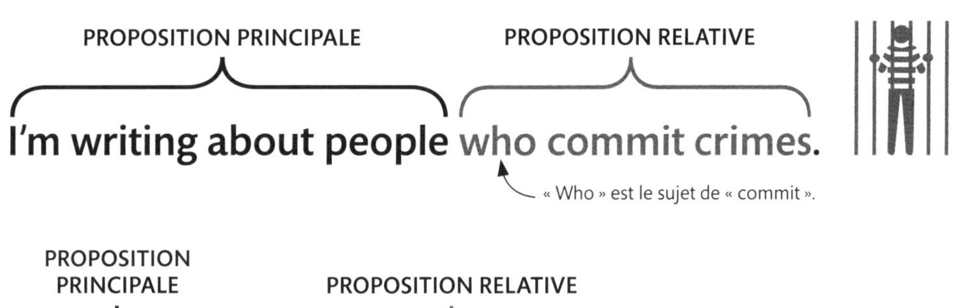
PROPOSITION PRINCIPALE
PROPOSITION RELATIVE
I'm writing about people who commit crimes.
« Who » est le sujet de « commit ».

PROPOSITION PRINCIPALE — PROPOSITION RELATIVE

I saw the car which the criminal stole.

« Which » est l'objet de « stole ».

« The criminal » est le sujet de « stole ».

CONSTRUCTION

Si le pronom relatif est le sujet de la proposition relative, il doit apparaître dans la phrase.

Si le pronom relatif est l'objet de la proposition relative, il peut être omis. Vous pouvez utiliser « whom » lorsqu'une personne est l'objet, mais ce pronom est très formel.

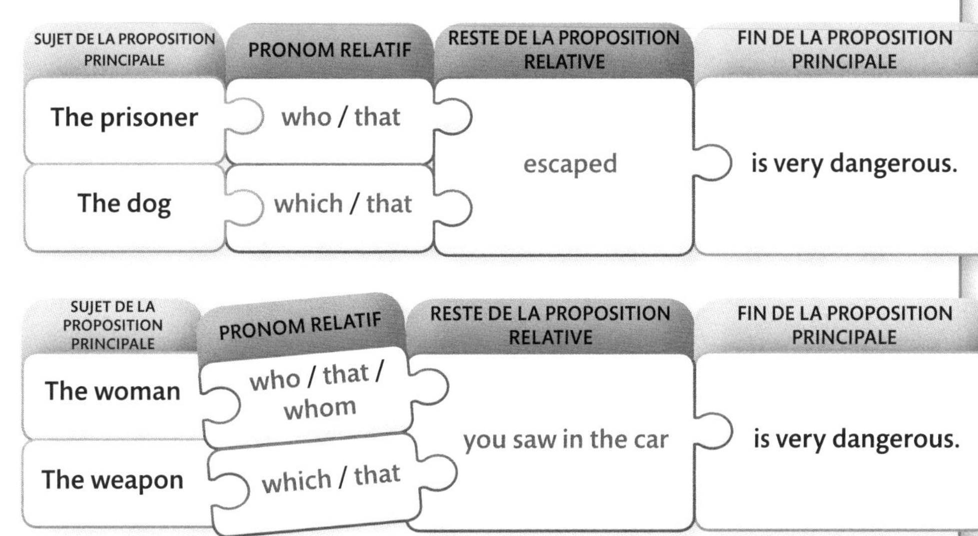

SUJET DE LA PROPOSITION PRINCIPALE	PRONOM RELATIF	RESTE DE LA PROPOSITION RELATIVE	FIN DE LA PROPOSITION PRINCIPALE
The prisoner	who / that	escaped	is very dangerous.
The dog	which / that		

SUJET DE LA PROPOSITION PRINCIPALE	PRONOM RELATIF	RESTE DE LA PROPOSITION RELATIVE	FIN DE LA PROPOSITION PRINCIPALE
The woman	who / that / whom	you saw in the car	is very dangerous.
The weapon	which / that		

82 Les propositions relatives non définissantes

Tout comme les propositions relatives définissantes, les propositions relatives non définissantes permettent d'ajouter des informations sur quelque chose. Elles apportent des détails supplémentaires sans pour autant changer le sens de la phrase.

Pour en savoir plus :
La quantité **75**
Les propositions relatives définissantes **81**

82.1 LES PROPOSITIONS RELATIVES NON DÉFINISSANTES

Dans les propositions relatives non définissantes, « who » désigne des personnes.
Vous pouvez utiliser « whom » lorsqu'une personne est l'objet, mais ce pronom est très formel.

PROPOSITION PRINCIPALE — PROPOSITION RELATIVE NON DÉFINISSANTE

We spoke to Linda, who had recently been mugged.

On utilise « who » pour parler d'une personne.

« Which » désigne tout ce qui n'est pas une personne. « That » vient parfois remplacer « which », mais on tend à considérer que cette construction est fausse dans les propositions relatives non définissantes.

PROPOSITION PRINCIPALE — PROPOSITION RELATIVE NON DÉFINISSANTE — FIN DE LA PROPOSITION PRINCIPALE

Her necklace, which she'd just bought, was stolen.

On utilise « which » pour parler d'une chose.

AUTRES EXEMPLES

Jay, who I used to live with, came to stay with us for a few days.

« Whom » est réservé aux situations très formelles.

The suspect, whom we had been following, was arrested.

All the burglars were arrested, which was a great relief.

Le pronom relatif peut se référer à l'ensemble de la proposition principale.

Our new house, which is by the beach, is beautiful.

CONSTRUCTION

Les propositions relatives non définissantes se placent au milieu ou à la fin de la phrase.
Si la proposition est au milieu de la phrase, elle doit être encadrée par des virgules.
Si elle se place à la fin de la proposition principale, cette dernière doit être suivie d'une virgule.

PROPOSITION PRINCIPALE	VIRGULE	PROPOSITION RELATIVE NON DÉFINISSANTE
We spoke to Linda	**,**	**who had recently been mugged.**

Une virgule doit précéder la proposition relative non définissante.

La proposition relative non définissante se place à la fin de la phrase.

PROPOSITION PRINCIPALE	VIRGULE	PROPOSITION RELATIVE NON DÉFINISSANTE	VIRGULE	FIN DE LA PROPOSITION PRINCIPALE
Her necklace	**,**	**which she'd just bought**	**,**	**was stolen.**

Les virgules séparent les propositions non définissantes de la proposition principale.

La proposition relative non définissante se place entre le sujet et le verbe principal.

82.2 LES QUANTIFIEURS AVEC LES PROPOSITIONS RELATIVES NON DÉFINISSANTES

Dans les propositions relatives non définissantes, vous pouvez utiliser les quantifieurs pour dire à combien de personnes ou de choses la proposition relative fait référence.
Dans ces structures, « who » devient « of whom », et « which » se transforme en « of which ».

QUANTIFIEUR + « OF » + « WHOM »

I teach many students, all of whom are very talented.

QUANTIFIEUR + OF + WHICH

I teach many classes, some of which are very difficult.

AUTRES EXEMPLES

My brother and sister, both of whom live in Ireland, are coming to visit.

Lots of people, many of whom are famous, will be at the event.

I have four essays due next week, none of which are ready.

Tommy has three pets, two of which are cats.

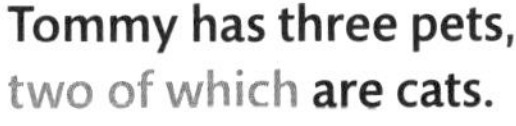

83 Les autres structures relatives

Les pronoms relatifs ont pour fonction d'introduire des propositions qui décrivent un nom présent dans la proposition principale. Différents pronoms relatifs qualifient différents types de noms.

Pour en savoir plus :
Les noms au singulier et au pluriel **69**
La possession **80**

83.1 « WHERE », « WHEN » ET « WHEREBY »

« **Where** » est le pronom relatif qui sert à parler de lieu.

That is the place where the judge sits.

[Le juge s'assoit ici.]

« **When** » est le pronom relatif qui sert à parler de temps.

He is looking forward to the day when he'll be released from prison.

[Il a hâte d'être libéré de prison.]

« **Whereby** » est le pronom relatif qui sert à parler de processus.

A trial is the process whereby a person is found guilty or innocent of a crime.

[Pour être jugé coupable, vous devez d'abord subir un procés.]

AUTRES EXEMPLES

This is the house where Shakespeare was born.

Dean is out at the moment. I'm not sure where he is.

I remember the day when you were born.

Next month is when the new students are starting.

They have an agreement whereby they share the company's profits.

There's a new system whereby students submit their work online.

83.2 « WHOSE »

« **Whose** » est le pronom relatif qui sert à exprimer la possession ou la relation.

This is the lawyer whose client lied in court.

[Le client de cet avocat a menti lors de son procès.]

AUTRES EXEMPLES

The UK is an example of a country whose traffic laws are very strict.

Smith & Smith, whose success rate is very high, is a respected law firm.

83.3 « WHAT »

« **What** » est le pronom relatif qui sert à dire « the thing(s) which ».

This house is just what we were looking for.

[La maison est ce que nous cherchions.]

AUTRES EXEMPLES

I don't know what it is, but I'm excited to open it!

These paintings are what I've been spending all my time on.

ERREURS COURANTES L'ORDRE DES MOTS AVEC LES STRUCTURES RELATIVES

Si une structure relative fait appel à un pronom interrogatif comme « where » ou « what », l'ordre des mots dans la proposition qui le suit doit rester celui d'un énoncé, et non être inversé à la façon d'une question.

Cette phrase est correcte.

This is just what we were looking for.

This is just what were we looking for.

N'inversez pas le sujet et le verbe.

84 Les pronoms interrogatifs avec « -ever »

En ajoutant « -ever » aux pronoms interrogatifs, vous changez leur sens. Ces mots peuvent avoir une fonction d'adverbe ou de déterminant dans leur proposition, ou relier deux propositions.

Pour en savoir plus :
Les articles **63** Les noms au singulier et au pluriel **69** Les adverbes de manière **98**

84.1 LES PRONOMS INTERROGATIFS AVEC « -EVER »

Les mots qui se terminent en « -ever » sont communément utilisés pour dire « peu importe », « je ne sais pas » ou pour indiquer que les options sont illimitées. Ils peuvent être sujets ou objets.

I'm still going to the game, whatever the weather's like.
[J'irais, quelle que soit la météo.]

Ici, « whichever » est objet.

We can take a taxi or walk, whichever you prefer.
[Taxi ou marche, ce que vous choisissez m'est égal.]

Ici, « whoever » est sujet.

Whoever invented the umbrella was a very clever person.
[Je ne sais qui a inventé le parapluie, mais c'était quelqu'un d'intelligent.]

We'll reschedule for whenever the sun comes out next.
[Je ne sais pas quand, mais nous nous verrons la prochaine fois qu'il fera beau.]

I always check the forecast for wherever I'm going to be.
[Je vérifie toujours la météo quand je voyage, où que j'aille.]

I'm sure you'll arrive on time, however you decide to travel.
[Quel que soit ton moyen de transport, je suis sûre que tu arriveras à temps.]

AUTRES EXEMPLES

Whatever he tells you, just ignore it.

Feel free to call in to see us whenever you're in town.

Whichever you choose, you'll have to spend a lot of money.

Wherever we end up going this summer, I know it'll be great.

Whoever did this painting is a very talented artist.

However he managed to break it, I'm not sure we'll be able to fix it.

84.2 « WHICHEVER » ET « WHATEVER » EN TANT QUE DÉTERMINANTS

« Whichever » et « whatever » peuvent précéder des noms pour indiquer que l'éventail d'options est ouvert.

I'm sure you'll love whichever dog you choose.

[Peu importe le chien que tu choisis, tu l'aimeras forcément.]

If you need help for whatever reason, just let me know.

[Si tu as besoin d'aide, pour n'importe quelle raison, appelle-moi.]

84.3 AUTRES UTILISATIONS DE « WHENEVER » ET « HOWEVER »

« **Whenever** » peut aussi vouloir dire « chaque fois que ».

It always seems to rain whenever I go away.

[À chaque fois que je voyage, il pleut.]

« **However** » est souvent utilisé en tant qu'adverbe devant un adjectif pour dire « quel qu'il soit ».

If there's a chance of rain, however small, I'll take an umbrella.

[Je vais prendre un parapluie, même si les chances de pluie sont infimes.]

85 « There »

Pour parler de la présence ou de l'existence de quelqu'un ou de quelque chose, vous pouvez utiliser « there » suivi d'une forme de « be ». Les phrases avec « there » acceptent de nombreux temps grammaticaux.

Pour en savoir plus :
Le present perfect simple **11** Le futur avec « going to » **17**
Le futur avec « will » **18** Les noms au singulier
et au pluriel **69**

85.1 « THERE » AU PRÉSENT SIMPLE

Utilisez « there is » pour parler d'un nom au singulier ou indénombrable.
Utilisez « there are » pour parler de plusieurs choses.

There is **a hospital in my town.** 

There are **three hospitals in my town.**   

AUTRES EXEMPLES

There is **a market every Saturday.**

There are **several schools and colleges.**

There is **always traffic in the city.** (Nom indénombrable.)

There are **some restaurants and bars.**

CONSTRUCTION

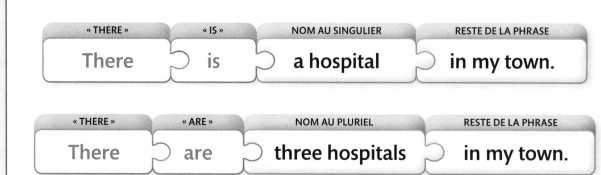

« THERE »	« ARE »	NOM AU PLURIEL	RESTE DE LA PHRASE
There	are	three hospitals	in my town.

85.2 « THERE » AU PRÉTÉRIT

Au prétérit, « there was » désigne des noms singuliers ou indénombrables, et « there were » désigne des noms au pluriel.

There was **a party here last night.**

There were **150 people at the party!**

AUTRES EXEMPLES

There was **singing and dancing.**

There was **a clown to entertain the children.**

There was **a huge mess to clean afterwards.**

There were **balloons and streamers.**

There were **speeches after the meal.**

There were **waiters to refill the guests' drinks.**

CONSTRUCTION

« THERE »	« WAS »	NOM AU SINGULIER	RESTE DE LA PHRASE
There	was	a party	here last night.

« THERE »	« WERE »	NOM AU PLURIEL	RESTE DE LA PHRASE
There	were	150 people	at the party.

85.3 « THERE » AU PRESENT PERFECT

Au present perfect, « there has been » sert à parler de noms singuliers ou indénombrables, et « there have been », de noms au pluriel.

There has been a decrease in client satisfaction.

There have been lots of complaints recently.

« Been » reste tel quel.

AUTRES EXEMPLES

There has been **increased pressure on employees.**

There has been **a steady rise in unemployment.**

There has been **a decrease in petty crime.**

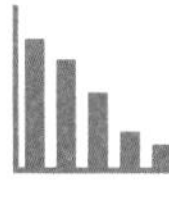

There has been **success in hiring graduates.**

There have been **many new jobs advertised.**

There have been **some thefts in the office.**

There have been **more training days for staff.**

There have been **big bonuses this year.**

CONSTRUCTION

« THERE »	« HAS BEEN »	NOM AU SINGULIER	RESTE DE LA PHRASE
There	has been	a decrease	in client satisfaction.

« THERE »	« HAVE BEEN »	NOM AU PLURIEL	RESTE DE LA PHRASE
There	have been	lots of complaints	recently.

85.4 « THERE » AU FUTUR

Au futur, avec « will », utilisez « there will be » pour parler de noms au singulier et au pluriel.

There will be a fire drill on Monday.

There will be fire wardens around to help.

Au futur, avec « going to », vous pouvez utiliser « there is going to be » pour parler de noms au singulier, et « there are going to be » pour parler de noms au pluriel.

There is going to be a big announcement.

There are going to be big changes!

AUTRES EXEMPLES

There will be **a train strike next week.**

There will be **replacement bus services.**

There is going to be **a meeting at the office.**

There are going to be **severe delays.**

CONSTRUCTION

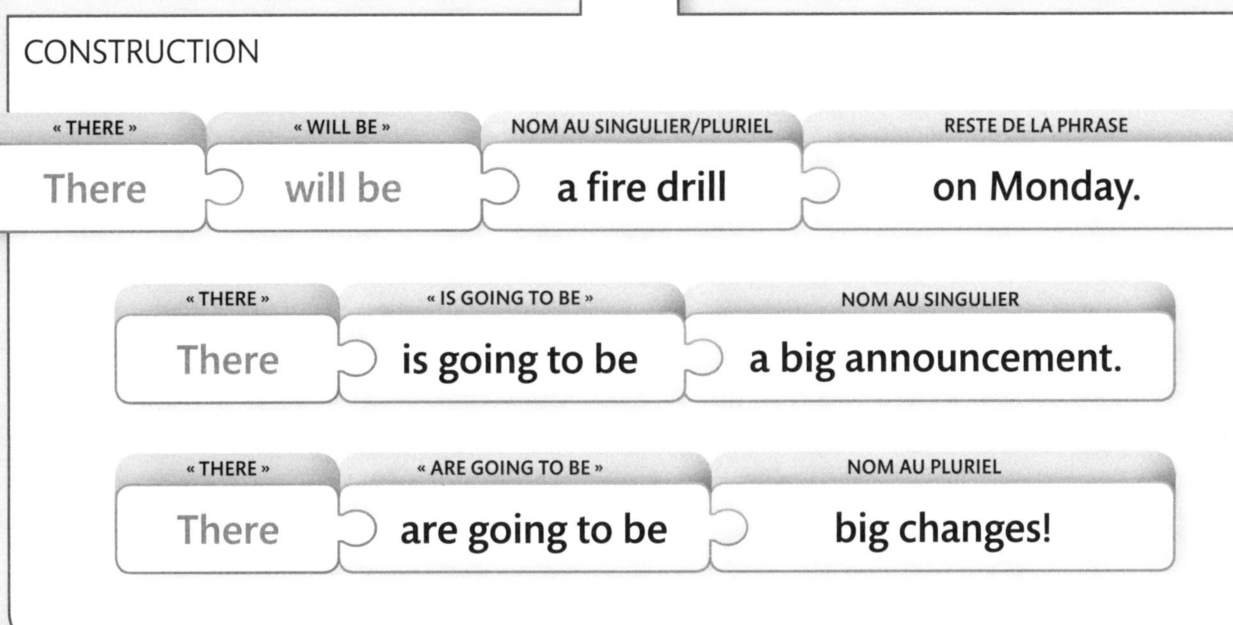

86 Le « it » d'introduction

« It » sert souvent lorsque le sujet d'une phrase n'est pas clairement indiqué. On l'appelle parfois « sujet de substitution ».

Pour en savoir plus :
Les propositions relatives définissantes **81**
Les propositions relatives non définissantes **82**

86.1 « IT » EN TANT QUE SUJET DE SUBSTITUTION

« It » sert à parler de l'heure, des dates, de la distance ou de la météo. Dans ces phrases, « it » n'a pas de sens précis : son rôle est d'être le sujet grammatical de la phrase.

Utilisez « it » pour parler de l'heure.

What time is it? **It's 3 o'clock.**

Utilisez « it » pour parler des distances.

How far is it to the beach? **It's 1 mile that way.**

Utilisez « it » pour parler du jour, de la date, du mois ou de l'année.

What day is it? **It's Tuesday.**

Utilisez « it » pour parler de la météo.

What's the weather like today? **It's cloudy and raining.**

AUTRES EXEMPLES

It's 2 o'clock in the morning. Please stop singing!

I'm going to walk to work. It's only two miles away.

It's the 21st century. I can't believe you still use that phone.

I'm surprised that it's so sunny in the middle of January.

86.2 LE « IT » D'INTRODUCTION

Certaines propositions toutes faites qui commencent par « it is » peuvent introduire une phrase. « It » est alors le sujet de la phrase, et il sert à exprimer une vérité générale ou une idée reçue.

PROPOSITION EN « IT » | PROPOSITION INFINITIVE

It is easy to make mistakes in a new language.

Certaines propositions en « it » sont suivies d'un « to » infinitif.

PROPOSITION EN « IT » | PROPOSITION EN « THAT »

It is a shame that so many people give up.

Certaines propositions en « it » sont suivies de propositions en « that ».

AUTRES EXEMPLES

It is important to be relaxed about making mistakes.

It is essential to give yourself time to study regularly.

It is difficult to remember facts if you don't write them down.

It's unlikely that you will be comfortable speaking aloud at first.

It's true that being able to speak a second language is useful.

It is often said that going to the country of the language helps.

87 Déplacer la focalisation

En anglais, vous pouvez ajouter de l'emphase à un mot ou à une partie de la phrase à l'aide d'une proposition en « it », en « what », ou en déplaçant un nom au début de la phrase.

Pour en savoir plus :
Les types de verbes **49** Les propositions relatives définissantes **81** Les propositions relatives non définissantes **82**

87.1 METTRE EN RELIEF AVEC DES PROPOSITIONS AVEC « IT »

Vous pouvez aussi mettre en relief une partie de la phrase en ajoutant « it is » ou « it was » avant « it », et « that » après « it ». Avec cette tournure, vous pouvez dissiper un malentendu ou mettre l'accent sur le caractère inattendu de l'action.

You've met my friend John before, haven't you?

No, it was your friend Michael that I met.

Cela souligne que ce n'est pas John que j'ai rencontré.

Ajoutez « that » devant le verbe principal.

Ajoutez « it is » ou « it was » devant le syntagme nominal.

« Your friend Michael » est désormais le point de mire de la phrase.

Le verbe principal est placé à la fin.

AUTRES EXEMPLES

La seconde proposition est une proposition relative. Elle est plus communément introduite par « that », « but », « which » ou « who ». « When » et « where », quoique moins formels, sont aussi possibles.

It is **the engine** that **I need to replace.**

It was **summertime** when **Zoe last saw her cousins.**

It was **the doctor** who **I needed to call.**

It was **in a bar** where **Olly first met his wife.**

It was **the cold weather** which **made me sick.**

It was **the price** which **changed my mind.**

It was **my colleague** who **prepared the food.**

It was **the toaster** that **set off the fire alarm.**

87.2 METTRE EN RELIEF AVEC DES PROPOSITIONS AVEC « WHAT »

Vous pouvez ajouter le verbe « be » à un énoncé simple pour le rendre plus emphatique. Cette construction est souvent utilisée avec des verbes exprimant les émotions, tels que « love, « hate », « like » et « want ».

Would you like to go to a movie?

No, thanks. What **I really want** is to go to bed early.

Cette tournure est plus emphatique que « I really want to go to bed early ».

Ajoutez « what » au début de la phrase.

L'information que vous voulez mettre en relief est en dehors de la proposition avec « what ».

AUTRES EXEMPLES

What **we hated** was the bad service.

What **I like here** is the weather.

What **they loved the most** were the museums.

What **she enjoys the most** is the music.

87.3 METTRE EN RELIEF AVEC UN NOM

Si le sujet de la phrase ne peut pas être remplacé par « what » (par exemple avec les personnes, les lieux ou les marqueurs temporels), vous pouvez utiliser un nom général au sens similaire.

I've been to many countries.
The place **I most enjoyed visiting** was Nepal.

I've read about some great people.
The woman **I respect the most** is Marie Curie.

I don't know why the show was canceled.
The reason **they gave** was not good enough.

I have lots of fun memories.
The evening **I remember most** is my first concert.

88 L'inversion

Vous pouvez rendre un énoncé plus emphatique, voire théâtral, en inversant l'ordre normal des mots. Cette technique est courante après certaines locutions adverbiales.

Pour en savoir plus :
Le présent simple **1** Les types de verbes **49**
Les adverbes de fréquence **102**

88.1 L'INVERSION APRÈS LES LOCUTIONS ADVERBIALES NÉGATIVES

Dans les textes plus formels ou littéraires, l'inversion est utilisée pour ajouter de l'emphase après des locutions adverbiales négatives comme « not only », « not since » ou « only when ».

Dans cette phrase simple, le sujet vient avant le verbe.

She is a famous singer. She is also a very good actor.

Not only is she a famous singer, but she's also a very good actor.

Après la locution adverbiale, le sujet et le verbe sont inversés.

« But » n'est pas obligatoire.

AUTRES EXEMPLES

L'auxiliaire et le sujet sont inversés.

Not since my childhood have I enjoyed a performance so much.

Not until the performance was over did he look up at the audience.

En l'absence d'auxiliaire, utilisez « do ».

Only if it stops raining will the race go ahead this afternoon.

Only when he emerged from the car did the fans start cheering.

Only after the race did he realize what he had achieved.

Little did they know how lucky they are to be successful.

Little did they realize how difficult fame would be.

88.2 L'INVERSION APRÈS LES LOCUTIONS ADVERBIALES TEMPORELLES

Vous pouvez aussi ajouter de l'emphase à un événement passé en utilisant des locutions adverbiales temporelles négatives ou restrictives comme « no sooner » et « never before ». Elles soulignent le moment où quelque chose se produit ou s'est produit.

Dans cette phrase simple, le sujet vient avant le verbe.

Tina had just released an album when she starred in her first movie.

Le sujet (« Tina ») et l'auxiliaire (« had ») échangent leur place.

No sooner had Tina released an album than she starred in her first movie.

AUTRES EXEMPLES

Hardly had she stepped out of the car when fans surrounded her.

Rarely do you meet a celebrity with such talent and style.

Never before had a song reached the top of the charts so quickly.

Only sometimes does it not snow during the ski season.

88.3 L'INVERSION APRÈS « SO » ET « NEITHER »

Afin d'exprimer un accord avec un énoncé positif, « be » (ou un auxiliaire) et son sujet peuvent être inversés après « so ». Pour une négation, on procède de la même façon après « neither ». Pour une phrase dépourvue d'auxiliaire, utilisez « do » pour procéder à l'inversion.

I've never
een to China.

Neither have I.

I need to get some new clothes.

So do I.

En l'absence d'auxiliaire, utilisez « do ».

I'm excited for the party tonight.

So am I!

89 L'ellipse

Il peut être utile d'éviter les répétitions lorsque vous voulez communiquer clairement. Pour cela, vous pouvez supprimer tous les mots inutiles grâce à l'ellipse.

Pour en savoir plus :
Les mots interrogatifs **35**
Les conjonctions de coordination **110**

89.1 L'ELLIPSE APRÈS LES CONJONCTIONS

Après « and », « but » et « or » vous pouvez utiliser l'ellipse (omettre certains mots) pour éviter les répétitions.

CONSEIL
L'ellipse est possible uniquement après les conjonctions « and », « but » et « or ».

He bought tickets, but [he] didn't go.

Un sujet répété est souvent omis après « and », « but » et « or ».

She loved the original and [she loved] the sequel.

Si le sens reste clair, un sujet et un verbe répétés peuvent être omis.

I'm happy to go out or [I'm happy to] stay home.

De manière générale, si le sens de la phrase est clair, vous pouvez omettre les mots qui ont déjà été mentionnés et qui ne nécessitent pas de répétition.

AUTRES EXEMPLES

She said she'd call, but she didn't [call].

Please may I have a knife and [a] fork?

I hope my camera works, but I don't think it will [work].

I'd love to be a boxer, but I'm not strong enough [to be a boxer].

You can watch the documentary or [you can watch] the cartoon.

I can't decide if I want a burger or [I want] a hotdog.

89.2 L'ELLIPSE CONVERSATIONNELLE

Vous pouvez également omettre des mots d'autres phrases, si le sens peut être déduit du contexte. Ce type d'ellipse n'a pas de règles strictes, et est très courant dans le discours informel, notamment dans les réponses.

What time does the movie start?

Eight.

[Il commence à 20 heures.]

What kind of popcorn would you like?

Salted, please.

[J'aimerais du pop-corn salé, je vous prie.]

What did you think of the film?

Complete nonsense.

[J'ai pensé que le film n'avait ni queue ni tête.]

89.3 LES PROPOSITIONS INTERROGATIVES

Vous pouvez omettre des propositions après des pronoms interrogatifs, par exemple « who », « what », « where » et « how ».

Somebody stole my watch, but I don't know who [stole it].

I want to buy my dad a present, but I'm not sure what [to buy him].

I want to go away, but I can't decide where [to go].

I need to fix my car, and I'm fairly certain I know how [to fix it].

90 Réduire les propositions infinitives

En plus de l'ellipse et de la substitution, vous pouvez réduire les propositions infinitives pour éviter des répétitions. Ce procédé vous permettra de parler anglais de façon plus naturelle.

Pour en savoir plus :
Les infinitifs et les participes **51**

90.1 RÉDUIRE LES PROPOSITIONS INFINITIVES

Vous pouvez utiliser « to » seul plutôt que de répéter l'intégralité de la proposition infinitive. Vous ne pouvez employer ce procédé que si le sens de la phrase reste clair.

Let's see that new DJ tonight.

I don't really want to [see the new DJ].

Si la phrase ou proposition précédente contient le verbe « be », vous devez alors utiliser l'infinitif complet « to be » dans la phrase ou proposition suivante.

She was really critical of the new album.

It's difficult not to be [critical of it]. The singing is awful!

AUTRES EXEMPLES

He asked me if I wanted to cook tonight, but I'd prefer not to.

All my friends are going to the basketball game, but I don't want to.

I was going to bring an umbrella, but I decided not to.

There are more flowers in the garden than there used to be.

This packaging isn't recyclable, but it ought to be.

90.2 OMETTRE L'INTÉGRALITÉ DE LA PROPOSITION INFINITIVE

Vous pouvez omettre l'intégralité de la proposition infinitive, ou ne conserver que « to » après certains verbes tels que « agree », « ask », « forget », « promise », « start » et « try ».

Chris is going to come to the show. He { **promised** [to come]. / **promised to** [come].

Vous pouvez aussi omettre l'intégralité de la proposition infinitive ou n'utiliser que « to » après certains noms comme « chance », « plans », « promise », « idea » et « opportunity ».

I haven't seen this band before. I'd love the { **chance** [to see them]. / **chance to** [see them].

C'est aussi possible après certains adjectifs tels que « delighted », « afraid », « willing » et « determined ».

I want to perform on stage, but I'm { **afraid** [to perform on stage]. / **afraid to** [perform on stage].

AUTRES EXEMPLES

We need to leave soon, but I'm not ready.

I would travel the world if I had the money.

I want to go out, but I haven't got any plans.

I would never do a bungee jump. I don't have the courage.

They told me I could join the team if I wanted to.

I'm going to pass my driving test. I'm determined to.

Remind me to lock the door, or I'll forget to.

Thanks for asking me to come to your wedding. I'd love to.

90.3 LES VERBES AVEC COMPLÉMENTS

Vous ne pouvez pas omettre l'intégralité d'une proposition infinitive après les verbes qui nécessitent des compléments (des éléments qui complètent leur sens), tels que : « advise », « afford », « be able », « choose », « decide », « expect », « hate », « hope », « love », « need » et « prefer ». Après ceux-ci, vous devez conserver le « to ».

We want to see a band tonight, but we really can't afford to.

AUTRES EXEMPLES

I tried to get to the front of the crowd, but I wasn't able to.

I had piano lessons as a child, but I didn't choose to.

You could bring some snacks along, but you don't need to.

I have never been to the opera, but I would love to.

90.4 « WANT » ET « WOULD LIKE »

On conserve habituellement le « to » plutôt que d'omettre l'intégralité de l'infinitif après « want » ou « would like ».

He asked if I wanted to go, and I said I would like to.

Toutefois, dans les propositions avec « if », vous pouvez souvent utiliser « to » seul ou omettre l'intégralité de l'infinitif après « want » ou « would like ».

You can come with us if you { want. / want to.

Il faut conserver le « to » si la proposition est négative.

Don't go to the concert if you don't want to.

AUTRES EXEMPLES

We could play golf this weekend, if you want.

I asked my friends to play, but they didn't want to.

90.5 RACCOURCIR LES INFINITIFS

Vous pouvez parfois utiliser « to » au lieu de répéter l'ensemble de l'infinitif.

Do you go to Spain every year?

We used to.

[We used to go to Spain every year.]

Après des noms et des adjectifs, vous pouvez parfois omettre l'ensemble de l'infinitif.

Are you ready to leave?

No, I'm not ready yet.

[I'm not ready to leave yet.]

Mais n'omettez pas les verbes « be » et « have » quand ils sont utilisés pour marquer la possession.

She isn't paid much, but she ought to be.

« She ought to » est faux.

[She ought to be paid more.]

Il n'est pas non plus possible d'omettre « to » après « like », « love », « hate », « prefer », « want » et « choose ».

Do you want to go to the festival?

I'd like to.

« I'd like » est faux.

Do you want to cook tonight?

I'd prefer not to.

« I'd prefer not » serait improbable.

91 La substitution

De même qu'avec les ellipses (omissions de mots), vous pouvez éviter de vous répéter en remplaçant certaines phrases par des phrases plus courtes. On appelle ce procédé « la substitution ».

Pour en savoir plus :
Les noms dénombrables et indénombrables **70**
Le prétérit **7**

91.1 SUBSTITUER AVEC « ONE/ONES » ET « SOME »

On peut utiliser « one » et « ones » pour remplacer des noms dénombrables singuliers et pluriels. Pour employer « ones », vous devez faire référence à un groupe spécifique. Utilisez « some » lorsque le groupe n'est pas défini, et pour remplacer des noms indénombrables.

NOMS DÉNOMBRABLES SINGULIERS

Does anyone have a copy of the book?

Yes, I have one.

« One » remplace « a copy of the book ».

NOMS DÉNOMBRABLES PLURIELS

Are there any bookstores near here?

Yes, there are some on Main Street.

There are a few great ones across town.

« Ones » ne peut être utilisé que si vous le modifiez pour définir les choses spécifiques dont vous parlez.

AUTRES EXEMPLES

I got a raise at work, even though I didn't ask for one.

I knitted some scarves and sold a few.

« A few » peut remplacer « some ».

Those new computers look great. I want one for my birthday.

I went shopping for dresses and found some lovely ones.

I need a new phone, but I don't know where would be the best place to buy one.

I saw there were new pastries at the bakery, so I thought I'd try some.

91.2 SUBSTITUER AVEC « DO »

Pour éviter des répétitions, vous pouvez aussi remplacer des verbes et leur(s) complément(s) par des mots. On utilise souvent « do » et « did » pour remplacer les verbes au présent et au prétérit, par exemple.

There's water everywhere. Should I call a plumber?

Oh no! Yes, do.

« Do » évite de répéter « call a plumber ».

I think this homework is really difficult.

Des formes différentes de « do » remplacent « think ».

I did too, so I asked for help.

I don't. It's easy.

AUTRES EXEMPLES

I need to brush my teeth more.

Yes, it's important that you do.

I thought the exam was really easy.

I didn't. I really struggled.

91.3 SUBSTITUER AVEC « SO » ET « NOT »

Vous pouvez utiliser « so » pour éviter une répétition dans les phrases affirmatives après les verbes de la pensée. Utilisez « not » ou « not… so » dans les phrases négatives.

Will she be signing copies of her book?

No, I don't think so.

I'm afraid not.

I hope so!

AUTRES EXEMPLES

It appears not.

I don't imagine so.

Utilisez « not… so » avec « think », « believe », « expect » et « imagine ».

It doesn't seem so.

Utilisez soit « not », soit « not… so » avec « appear », « seem » et « suppose ».

I hope not.

Utilisez « not » avec « hope », « assume » et « be afraid » (lorsque « afraid » signifie « sorry »).

92 Les adjectifs

Utilisez des adjectifs pour donner des informations supplémentaires sur un nom. En anglais, les adjectifs se placent généralement devant le nom qu'ils décrivent. Il en existe plusieurs catégories.

Pour en savoir plus :
Les noms au singulier et au pluriel **69**

92.1 UTILISER LES ADJECTIFS

Les adjectifs se placent généralement devant le nom qu'ils décrivent.
Ils ne changent pas de forme pour s'accorder avec le nom.

He is a busy man. 

She is a busy woman. 

Les adjectifs sont les mêmes, que le nom soit masculin ou féminin.

It is a busy town. 

These are busy streets. 

Les adjectifs sont les mêmes, que le nom soit au singulier ou au pluriel.

AUTRES EXEMPLES

 **This is a red shirt.**

 **It's a cold day.**

These are tall buildings. 

She does great concerts. 

92.2 AUTRES EMPLOIS

Les adjectifs peuvent parfois se placer après « be » ou « become ».

Vous pouvez placer l'adjectif à la fin de la phrase après le verbe « to be ».

The town is busy.

AUTRES EXEMPLES

 **That house is beautiful.**

 **He is annoyed.**

Vous pouvez remplacer le nom par un pronom.

The cake is delicious.

 **She is very tired.**

 **Natalie's dress is long.**

92.3 LES ADJECTIFS FACTUELS

Les adjectifs factuels donnent une information objective sur le nom qu'ils décrivent. Ils se divisent en plusieurs catégories.

Taille — The children saw an enormous dog.

Forme — It's a round ball.

Âge — My great-grandmother is very old.

Couleur — Nicole just loves her red hat.

Nationalité — I love eating French pastries.

Matière — I've bought some leather shoes.

92.4 LES ADJECTIFS EXPRIMANT L'OPINION

Certains adjectifs permettent de donner une opinion plutôt que de présenter des faits. Les adjectifs d'opinion générale décrivent de nombreuses choses. Les adjectifs d'opinion particulière ne peuvent décrire que certaines choses.

Opinion générale — I just bought a very nice guitar.

« Nice » est un adjectif d'opinion générale. Il peut décrire de nombreuses choses.

Opinion particulière — Sylvester is such a friendly cat!

« Friendly » est un adjectif d'opinion particulière. Il est réservé aux personnes ou aux animaux.

92.5 L'ORDRE DES ADJECTIFS

En anglais, les adjectifs suivent généralement un ordre précis. Les adjectifs de l'opinion se placent avant les adjectifs factuels. Les adjectifs d'opinion générale précèdent toujours les adjectifs d'opinion particulière. L'ordre des adjectifs factuels dépend du type de faits qu'ils décrivent.

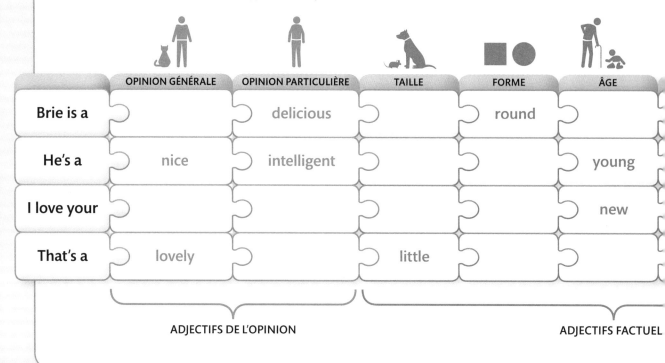

	OPINION GÉNÉRALE	OPINION PARTICULIÈRE	TAILLE	FORME	ÂGE
Brie is a		delicious		round	
He's a	nice	intelligent			young
I love your					new
That's a	lovely		little		

ADJECTIFS DE L'OPINION (OPINION GÉNÉRALE, OPINION PARTICULIÈRE)

ADJECTIFS FACTUEL (TAILLE, FORME, ÂGE)

92.6 LES ADJECTIFS EN « -ING » ET « -ED »

LES ADJECTIFS EN « -ING »

Les adjectifs qui se terminent en « -ing » décrivent l'effet que produit quelque chose.

The spider is frightening.

L'araignée suscite de la peur.

LES ADJECTIFS EN « -ED »

Les adjectifs qui se terminent en « -ed » décrivent de quelle façon quelqu'un ou quelque chose est affecté.

The man is frightened.

L'homme éprouve de la peur.

CONSEIL
L'anglais n'utilise généralement pas plus de trois adjectifs à la suite pour décrire quelque chose.

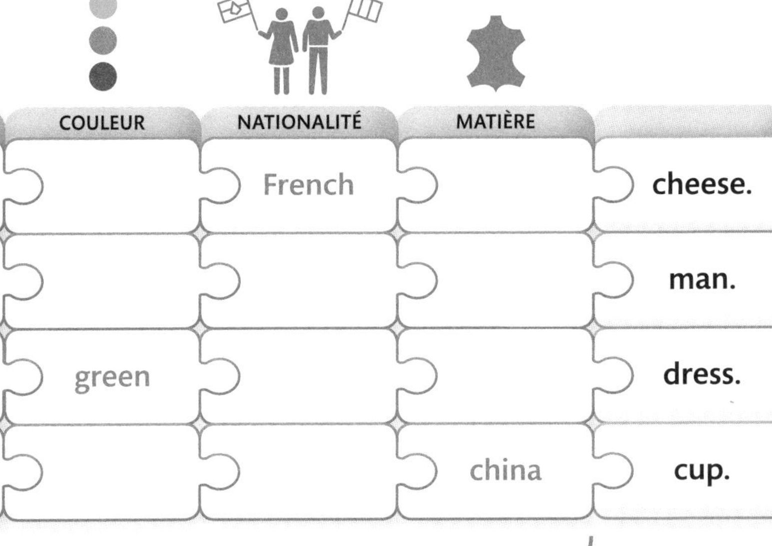

COULEUR
NATIONALITÉ
MATIÈRE
French
cheese.
man.
green
dress.
china
cup.

Brie is a delicious round French cheese.

He's a nice, intelligent young man.

I love your new green dress.

That's a lovely little china cup.

AUTRES EXEMPLES

The fireworks are amazing.
She is amazed.

The wasp is annoying.
He is annoyed.

The roller coaster was thrilling.
They were thrilled.

The vacation is relaxing.
He is relaxed.

I found the book too confusing.
I was confused the whole time.

Your lecture was interesting.
I was interested by your lecture.

The final scene was really shocking.
Everyone was really shocked.

That film was very boring.
I was very bored.

93 Les adjectifs gradables et non gradables

Les adjectifs gradables peuvent être renforcés ou atténués par des adverbes, tandis que les adjectifs non gradables décrivent des qualités absolues qui ne peuvent généralement pas être modifiées.

Pour en savoir plus :
Les adjectifs **92**
Les adverbes de gradation **100**

93.1 LES ADJECTIFS GRADABLES

Les adjectifs gradables peuvent être modifiés par des adverbes afin de renforcer ou d'atténuer leur sens initial.

Les adverbes changent le degré d'intensité de l'adjectif.

Les choses peuvent être plus ou moins « good » : cet adjectif est gradable.

This book is very good!

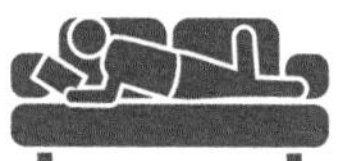

This book is fairly good.

This book is not very good.

AUTRES EXEMPLES

Edmund is extremely talented.

Edmund is reasonably talented.

Edmund is not particularly talented.

This soup is really tasty!

This soup is pretty tasty.

This soup is not very tasty at all.

93.2 LES ADJECTIFS NON GRADABLES

Les adjectifs non gradables ne peuvent habituellement pas être modifiés. Ces adjectifs ont tendance à se répartir en trois catégories : extrêmes, absolus et de classification.

Les adjectifs non gradables, comme « fantastic », ne peuvent pas être modifiés par des adverbes.

Her arguments were fantastic!

LES ADJECTIFS EXTRÊMES

Les adjectifs extrêmes sont des versions plus fortes des adjectifs gradables, comme « awful », « hilarious », « fantastic » ou « terrifying ».

Le sens de « extremely » est déjà incorporé ici.

Her presentation was awful.

LES ADJECTIFS ABSOLUS

Les adjectifs absolus ne peuvent pas être gradués dans la mesure où ils décrivent des qualités ou états fixes, tels que « unique », « perfect » ou « impossible ».

Il est impossible d'être plus ou moins unique.

She has a unique presenting style.

LES ADJECTIFS DE CLASSIFICATION

On utilise les adjectifs de classification pour dire que quelque chose est d'un type particulier ou d'une classe particulière, comme « American », « nuclear » ou « medical ».

The audience was American.

AUTRES EXEMPLES

It's boiling in here. Can we open a window?

I am certain that he is the right person for the job.

I'm terrified of spiders and snakes!

Let's go for a walk. The weather outside is perfect.

94 Les adjectifs comparatifs

On emploie les adjectifs comparatifs pour comparer deux éléments. Pour les former, deux formules sont possibles : vous pouvez ajouter le suffixe « -er » ou placer « more » ou « less » devant l'adjectif.

Pour en savoir plus :
Les noms au singulier et au pluriel **69**
Les adjectifs **92**

94.1 LES ADJECTIFS COMPARATIFS

Avec les adjectifs de 1 ou 2 syllabes, ajoutez « -er » pour former le comparatif.

Ahmed is tall.
Ahmed is taller than Jonathan.

Ajoutez « -er » pour former le comparatif.

Utilisez « than » pour introduire la personne ou la chose à laquelle on compare le sujet.

AUTRES EXEMPLES

Dean is stronger than Carlos.

A plane is faster than a train.

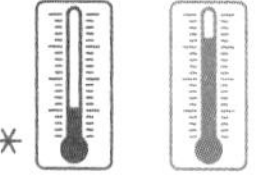

5°F is colder than 85°F.

Sanjay is younger than Tina.

Emma is older than Sharon.

My friends are quicker than me.

⚠ ERREURS COURANTES « THAN » AVEC LE COMPARATIF

« Then » et « than » sont faciles à confondre car on les prononce à l'identique, mais « then » ne peut pas servir à former un comparatif.

Ahmed is taller than Jonathan. ✓

Le mot à utiliser pour les comparatifs est « than ».

Ahmed is taller then Jonathan. ✗

« Then » se prononce de la même façon que « than », mais il est faux d'utiliser « then » après un comparatif.

94.2 CONSTRUCTION DES COMPARATIFS

Il existe des règles particulières pour les adjectifs en fonction de leur syllabe finale.

ADJECTIF	close	early	big
COMPARATIF	closer	earlier	bigger
	Si l'adjectif se termine par « -e », ajoutez simplement « -r ».	Pour certains adjectifs se terminant par « -y », ôtez le « -y » et remplacez-le par « -ier ».	Pour les adjectifs de 1 syllabe se terminant par consonne-voyelle-consonne, doublez la lettre finale et ajoutez « -er ».

AUTRES EXEMPLES

An elephant is larger than a rhino.

My bedroom is tidier than my sister's.

Spain is hotter than England.

94.3 LES COMPARATIFS IRRÉGULIERS

Certains adjectifs courants possèdent un comparatif irrégulier.

ADJECTIF	good	bad	far
COMPARATIF	better	worse	farther (US) further (UK)

CONSEIL

En anglais américain, « further » et « furthest » servent à décrire des distances figuratives (et non physiques).

AUTRES EXEMPLES

The house is farther away than the tree.

Jill got a better grade than John.

London has worse weather than Paris.

94.4 LE COMPARATIF AVEC LES ADJECTIFS LONGS

Avec certains adjectifs de 2 syllabes et avec les adjectifs de 3 syllabes ou plus, utilisez « more » et « than » pour former le comparatif.

This beach is more beautiful than that one.

L'adjectif « beautiful » a 3 syllabes. « Beautifuller » n'est pas correct.

« More » peut être remplacé par « less » pour dire le contraire.

This beach is less beautiful than that one.

CONSTRUCTION

SUJET + VERBE	« MORE/LESS »	ADJECTIF	« THAN »	RESTE DE LA PHRASE
This beach is	more / less	beautiful	than	that one.

AUTRES EXEMPLES

Spiders are more frightening than wasps.

For me, history is less difficult than science.

This book is more interesting than that one.

Walking is less tiring than running.

This dress is more glamorous than I expected.

My job is less exciting than I'd hoped.

94.5 LE COMPARATIF À DEUX FORMES

Certains adjectifs à deux syllabes acceptent les deux formes du comparatif. Vous pouvez ajouter le suffixe comparatif ou placer « more » devant l'adjectif.

My cat is { friendlier / more friendly } than my dog.

AUTRES EXEMPLES

The garage is { narrower / more narrow } than the car.

The lake is { shallower / more shallow } than the sea.

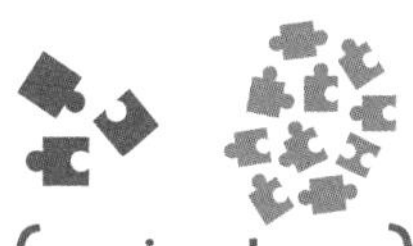

This puzzle is { simpler / more simple } than that one.

My parrot is { quieter / more quiet } than yours.

This party is { livelier / more lively } than yours.

The driver is { angrier / more angry } than the cyclist.

⚠ ERREURS COURANTES CONSTRUCTION DES COMPARATIFS

Pour construire les comparatifs, il est faux d'ajouter « more » devant l'adjectif s'il possède déjà un suffixe comparatif.

He's more friendly than her. ✓

He's friendlier than her. ✓

« Friendlier » et « more friendly » sont tous deux corrects, contrairement à « more friendlier ».

He's more friendlier than her. 

94.6 LES COMPARATIFS AVEC LES MODIFICATEURS

Utilisez des modificateurs devant les comparatifs pour renforcer ou atténuer une comparaison.

Modificateur — Comparatif

The tree is {a lot / much} taller than the building.

Ces modificateurs indiquent qu'un écart considérable sépare les éléments que vous comparez.

Ces modificateurs indiquent qu'il n'y a qu'une différence minime entre les éléments comparés.

The tree is {a bit / slightly} taller than the building.

The palace is {much / far} more beautiful than the factory.

Le modificateur se place devant « more » en présence d'un comparatif long.

Formez des comparatifs longs en plaçant « more » devant l'adjectif.

AUTRES EXEMPLES

The mountain is much taller than the hill.

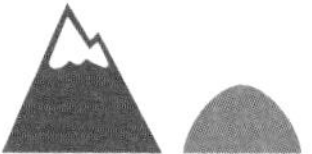

The house is a bit taller than the statue.

The castle is slightly bigger than the hotel.

The dress is a lot more expensive than the shoes.

⚠ ERREURS COURANTES « VERY » ET LES COMPARATIFS

Il est faux de modifier les comparatifs avec « very ».

The tree is much taller than the building. ✔

The tree is very taller than the building. ✘

95 Le double comparatif

Vous pouvez utiliser deux comparatifs dans une phrase pour montrer l'effet d'une action. Vous pouvez aussi les employer pour montrer que quelque chose est en train de changer.

Pour en savoir plus :
Les adjectifs comparatifs **94**

95.1 LE COMPARATIF MONTRANT LA CAUSE ET L'EFFET

Vous pouvez faire des comparaisons pour décrire la cause et l'effet en utilisant deux comparatifs dans la même phrase.

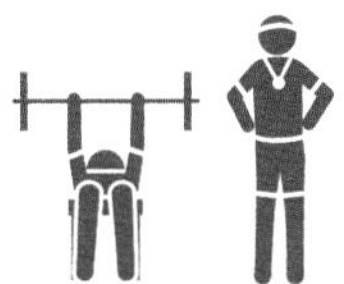

The harder I train, the stronger I get.

Laisse entendre que faire de l'exercice rend plus fort.

AUTRES EXEMPLES

The worse the children behave, the angrier the teacher gets.

The louder the cat meows, the louder the dog barks.

CONSTRUCTION

« THE »	EXPRESSION COMPARATIVE	SUJET	VERBE	VIRGULE	« THE »	EXPRESSION COMPARATIVE	SUJET	VERBE
The	harder	I	train	,	the	stronger	I	get.

95.2 RACCOURCIR LES COMPARATIFS

Un double comparatif qui se termine avec « the better » peut souvent être raccourci, dès lors que le contexte rend le sens clair.

How do you like your tea?

The stronger the better.

The stronger [the tea is,] the better [it tastes].

Ces mots sont sous-entendus, ou compris, et peuvent être omis.

« The more the merrier » est la version anglaise de « plus on est de fous, plus on rit ».

Can I bring my brother along?

Sure! The more the merrier.

Cette expression signifie que les personnes sont les bienvenues.

The more [people come,] the merrier [the party will be].

CONSTRUCTION

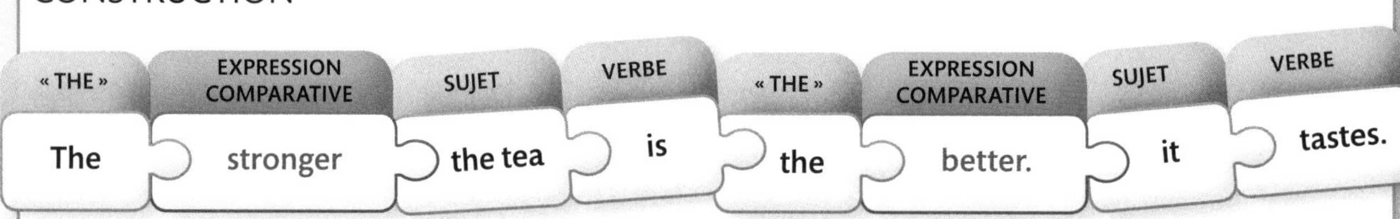

AUTRES EXEMPLES

What time do we need to leave?

The sooner the better.

Do we need to take a big suitcase?

Yes. The bigger the better.

95.3 LE COMPARATIF DE CHANGEMENT

Un comparatif peut être répété pour montrer que quelque chose est en train de changer. La répétition accentue le changement et sert souvent à décrire les extrêmes.

The weather is getting colder and colder.

La répétition accentue le fait que le changement est continu.

Placez « and » entre les deux comparatifs.

AUTRES EXEMPLES

The tree outside my house is growing taller and taller.

The car went faster and faster down the hill.

95.4 LES COMPARATIFS LONGS DE CHANGEMENT

Avec deux comparatifs allant de pair avec des adjectifs longs, on répète « more », mais pas l'adjectif.

Houses are getting more and more expensive.

On répète « more ».

L'adjectif est utilisé une seule fois, après le deuxième « more ».

AUTRES EXEMPLES

His music is getting more and more annoying.

My job has become more and more stressful.

96 Les comparaisons avec « as... as »

Employer « as... as » est une manière facile de comparer des degrés de similitude. Vous pouvez modifier ces comparaisons avec des adverbes pour les renforcer ou les atténuer.

Pour en savoir plus :
Les adjectifs **92**
Les adverbes de gradation **100**

96.1 LES COMPARAISONS AVEC « AS... AS »

Vous pouvez utiliser « as... as » avec un adjectif pour comparer des choses similaires.

Lisa is as tall as Marc.

L'adjectif se présente sous sa forme normale.

Penny is not {as / so} tall as Marc.

« Not » fait passer la phrase à la forme négative.

« So » est réservé aux comparaisons négatives.

CONSTRUCTION

SUJET + VERBE	« AS »	ADJECTIF	« AS »	RESTE DE LA PHRASE
Lisa is	as	tall	as	Marc.

AUTRES EXEMPLES

Will today be as hot as yesterday?

Your desk is as messy as mine.

The bus is not so crowded as the train.

Jenny is not as busy as Will.

96.2 LES COMPARAISONS AVEC « AS... AS » ET DES MODIFICATEURS

Vous pouvez modifier la structure « as... as » pour plus de détails ou d'emphase.

Accentue l'égalité.

Bottled water is just as expensive as coffee.

Compare la similarité.

The girls were almost as loud as the boys.

Cette expression est très similaire à « almost as » mais accentue la différence plutôt que les points communs.

The movie is not quite as good as the book.

Degré de différence spécifique.

The bike is half as long as the car.

Souligne la différence.

The mouse is nowhere near as big as the bird.

AUTRES EXEMPLES

Sita is almost as frightened as Justin.

George is almost as tired as Hetty.

I think fruit is just as delicious as cake.

Seth is nowhere near as old as Mabel.

The door is half as wide as the window.

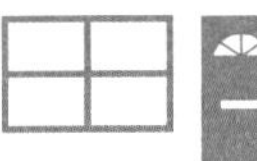

The skyscraper is not quite as tall as the mountain.

97 Les adjectifs superlatifs

Utilisez les adjectifs superlatifs pour parler d'extrêmes tels que « the biggest » ou « the smallest ». Avec les adjectifs longs, employez « the most » ou « the least » pour former le superlatif.

Pour en savoir plus :
Les articles **63** Les adjectifs **92**
Les adjectifs comparatifs **94**

97.1 LES ADJECTIFS SUPERLATIFS

Pour la plupart des adjectifs de 1 ou 2 syllabes, ajoutez « -est » pour former le superlatif.

Le comparatif décrit la différence entre deux choses.

Horses are faster than dogs, but cheetahs are the fastest land animals.

Utilisez toujours l'article défini « the » devant l'adjectif superlatif.

Le superlatif décrit ce qui est le plus extrême.

AUTRES EXEMPLES

Giraffes are the tallest animals in the world.

Blue whales are the largest animals in the world.

Sloths are the slowest animals in the zoo.

Dolphins are the smartest animals in the world.

CONSTRUCTION

SUJET + VERBE	« THE » + SUPERLATIF	RESTE DE LA PHRASE
Cheetahs are	the fastest	land animals.

97.2 CONSTRUCTION DES SUPERLATIFS

Il existe des règles particulières pour les adjectifs en fonction de leur dernière syllabe.

ADJECTIF	close	early	big
SUPERLATIF	closest	earliest	biggest

Si l'adjectif se termine par « -e », ajoutez simplement « -st ».

Pour certains adjectifs se terminant par « -y », ôtez le « -y » et remplacez-le par « -iest ».

Pour les adjectifs de 1 syllabe se terminant par consonne-voyelle-consonne, doublez la lettre finale et ajoutez « -est ».

AUTRES EXEMPLES

Driving is the easiest way to get there.

The firefighter was the bravest person I'd ever met.

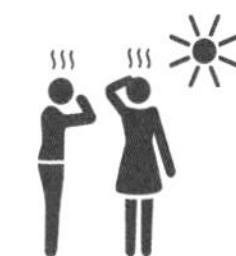

This has been the hottest summer in years!

97.3 LES SUPERLATIFS IRRÉGULIERS

Certains adjectifs courants possèdent un superlatif irrégulier.

ADJECTIF	good	bad	far
SUPERLATIF	best	worst	farthest (US) furthest (UK)

AUTRES EXEMPLES

School days are the best days of your life.

I was the worst at drawing in my art class.

I lived the farthest from school of all my friends.

97.4 LE SUPERLATIF AVEC LES ADJECTIFS LONGS

Avec certains adjectifs de 2 syllabes et avec ceux de 3 syllabes ou plus, utilisez « the most » ou « the least » devant l'adjectif.

The motorcycle is more expensive than the scooter, but the sports car is the most expensive vehicle.

Utilisez « the most » devant l'adjectif.

L'adjectif ne change pas. « Expensivest » n'est pas correct.

The motorcycle is less expensive than the sports car, but the scooter is the least expensive vehicle.

« The least » est le contraire de « the most ».

CONSTRUCTION

SUJET + VERBE	« THE » + « MOST/LEAST »	ADJECTIF	RESTE DE LA PHRASE
This is	the most / the least	expensive	dish on the menu.

AUTRES EXEMPLES

The science museum is the most interesting museum in town.

This is the least comfortable chair in the room.

The Twister is the most exciting ride in the theme park.

Teacups are the least enjoyable ride in the theme park.

ERREURS COURANTES CONSTRUCTION DE SUPERLATIFS

Pour former des superlatifs, vous ne pouvez pas ajouter « most » devant l'adjectif s'il possède déjà un suffixe superlatif.

« Best » est déjà un adjectif superlatif : inutile d'ajouter « most ».

I am most best at running. 

I am the best at running.

97.5 LES SUPERLATIFS AVEC LES MODIFICATEURS

Vous pouvez utiliser « easily » ou « by far » pour renforcer les adjectifs superlatifs, ou « one of » pour indiquer que le superlatif fait partie d'un groupe.

The clock tower is {easily / by far} the tallest building in the town.

Ces modificateurs renforcent le superlatif.

« One of » permet d'indiquer que le superlatif fait partie d'un groupe.

Avec des superlatifs longs, le modificateur se place avant « the ».

The clock tower is one of the most imposing buildings in the town.

Si vous utilisez « one of » avec des superlatifs, le nom qui suit doit être au pluriel.

AUTRES EXEMPLES

Sally is easily the tallest person I know.

This hostel is by far the cheapest place to stay.

Tim is easily the shortest person I know.

The Grand is by far the most expensive place to stay.

Physics is one of the most confusing subjects I study.

English is one of the least complicated subjects I study.

98 Les adverbes de manière

Les mots comme « quietly » et « loudly » sont des adverbes. Ils permettent de donner plus d'informations concernant les verbes, les adjectifs, les segments de phrase et d'autres adverbes.

Pour en savoir plus :
Les adjectifs **92**
Les adjectifs gradables et non gradables **93**

98.1 LES ADVERBES DE MANIÈRE

Les adverbes décrivent la façon dont on fait quelque chose. Ils se placent généralement après le verbe qu'ils décrivent.

« Quietly » décrit la manière dont je parle.

I speak quietly.

He speaks loudly.

« Loudly » décrit la manière dont il parle.

98.2 CONSTRUCTION

Pour former la plupart des adverbes, il suffit d'ajouter « -ly » à l'adjectif. Si l'adjectif se termine en « -y », ôtez le « -y » et ajoutez « -ily ».

bad → **badly**

careful → **carefully**

easy → **easily**

Ôtez le « -y » et ajoutez « -ily ».

AUTRES EXEMPLES

A tortoise moves slowly.  

Horses can run quickly. 

She sings beautifully. 

I can play the piano badly. 

My dad sneezes noisily. 

My sister dresses stylishly. 

98.3 LES ADVERBES IRRÉGULIERS

Certains adverbes sont totalement différents de l'adjectif.
D'autres sont identiques. Ces adverbes sont dits irréguliers.

good

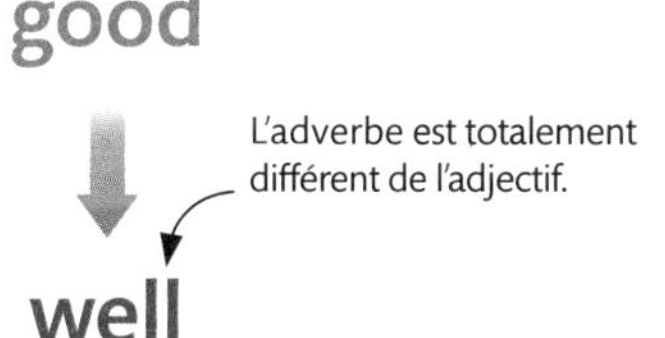

L'adverbe est totalement différent de l'adjectif.

well

straight

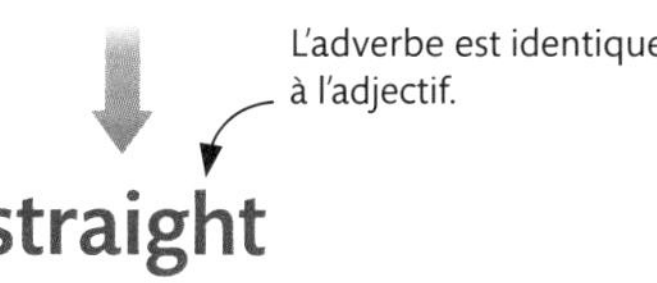

L'adverbe est identique à l'adjectif.

straight

early

Les adjectifs se terminant en « -ly » ne changent pas.

early

AUTRES EXEMPLES

It's dangerous to drive fast.

The job didn't last long.

Kris often arrives late.

Jon always studies hard.

98.4 LES ADVERBES IDENTIQUES AUX ADJECTIFS

Certains adjectifs ont plus d'un sens. Dans ce cas, l'adverbe équivalent possède souvent plusieurs constructions possibles, en fonction du sens de l'adjectif.

Cela signifie « small ».

Chop the onion into fine pieces.

Chop it finely.

On forme l'adverbe de façon habituelle en ajoutant « -ly » à l'adjectif. Ici, « fine » serait faux.

Cela signifie « good ».

I'm fine.

I'm doing fine.

L'adverbe a la même forme que l'adjectif. Ici, « finely » serait faux.

AUTRES EXEMPLES

It's free for children.

Children are admitted free.

We advocate free speech.

You can speak freely.

99 Les adverbes comparatifs et superlatifs

Les adverbes possèdent des formes comparatives pour mettre en exergue des différences. Certaines formes superlatives permettent quant à elles de parler des extrêmes.

Pour en savoir plus :
Les adjectifs **92** Les adjectifs comparatifs **94**
Les adjectifs superlatifs **97** Les adverbes de manière **98**

99.1 LES ADVERBES COMPARATIFS ET SUPERLATIFS RÉGULIERS

La plupart des adverbes **comparatifs** se forment avec « more » ou « less ».

COMPARATIF

Karen eats more quickly than Tim.

Tim eats less quickly than Sarah.

La plupart des adverbes **superlatifs** se forment avec « most » ou « least ».

SUPERLATIF

Carmen cooks the most frequently.

Bob cooks the least frequently.

99.2 LES ADVERBES COMPARATIFS ET SUPERLATIFS IRRÉGULIERS

« Well » et « badly » ont les mêmes formes comparatives et superlatives que leur adjectif correspondant, « good » et « bad ». Tous deux sont irréguliers.

ADJECTIF	ADVERBE	COMPARATIF	SUPERLATIF
good	well	better	best
bad	badly	worse	worst

99.3 LES ADVERBES COMPARATIFS ET SUPERLATIFS COURTS

Dans le cas de certains adverbes courts, il arrive que les adjectifs comparatifs ou superlatifs fassent office d'adverbe comparatif ou superlatif.

COMPARATIF

My dog moves {slower / more slowly} than my cat.

Les deux sont corrects.

SUPERLATIF

My tortoise moves the {slowest / most slowly}.

Les deux sont corrects.

AUTRES EXEMPLES

My sister always runs faster than me.

My sister can run fast, but our brother runs the fastest.

I got to work earlier than everyone else today.

I always arrive the earliest when I cycle, as I beat the traffic.

I'm training harder than my friend for the judo competition.

This is the hardest I've ever trained for a competition.

99.4 LES ADVERBES COMPARATIFS ET SUPERLATIFS

Pour transformer des adverbes identiques aux adjectifs en adverbes comparatifs et superlatifs, il suffit de leur ajouter « -er » et « -est ».

COMPARATIF

My colleague always works later than me.

SUPERLATIF

My boss always stays the latest.

100 Les adverbes de gradation

Les adverbes de gradation sont placés devant les adjectifs et les verbes pour renforcer ou atténuer leur sens initial. Certains adverbes sont réservés à certains adjectifs.

Pour en savoir plus :
Les adjectifs **92**
Les adjectifs gradables et non gradables **93**

100.1 LES ADVERBES GRADABLES

Les adverbes qui s'utilisent avec des adjectifs gradables sont des adverbes gradables. Ils servent à renforcer ou atténuer le sens d'un adjectif.

CONSEIL
Les adjectifs gradables sont des adjectifs qui peuvent être renforcés ou atténués par des adverbes.

This book is {very / extremely / really / remarkably} **interesting.**

This book is {fairly / quite / slightly} **interesting.**

This book is {not very / barely / not particularly} **interesting.**

peu

AUTRES EXEMPLES

My brother is extremely **talented.**

That discussion was fairly **heated.**

The sunset was remarkably **pretty.**

I'm feeling slightly **unwell.**

This TV show is not very **exciting.**

I'm not particularly **happy about this.**

100.2 LES ADVERBES NON GRADABLES

Certains adverbes peuvent être utilisés pour qualifier des adjectifs non gradables. On les appelle « adverbes non gradables ». Ils signifient souvent « entièrement » ou « presque entièrement ». On ne peut généralement pas les employer avec des adjectifs gradables.

CONSEIL
Les adjectifs non gradables sont des adjectifs qui ne peuvent généralement pas être modifiés.

Her presentation was absolutely awful!

She has a totally unique presenting style.

She had a completely American audience.

ADVERBES NON GRADABLES COURANTS

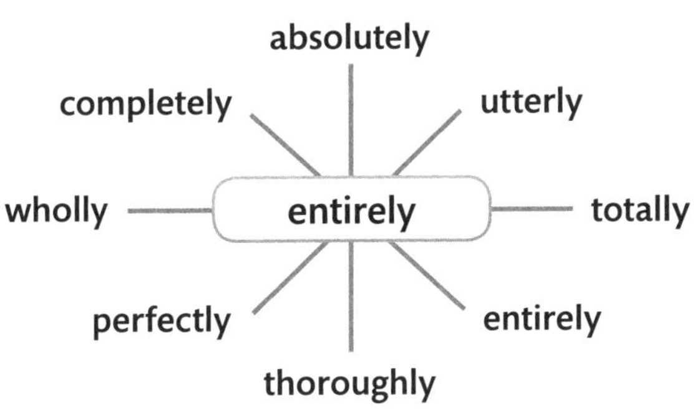

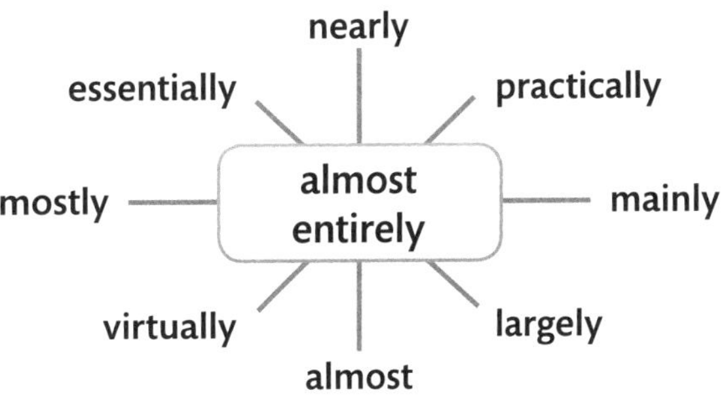

AUTRES EXEMPLES

The rain is utterly torrential.

Our trip was totally awesome.

My twin sons are entirely identical.

Your answers were perfectly correct.

This class is essentially pointless.

The weather's almost perfect.

This test is practically impossible.

I've virtually finished my work.

100.3 « REALLY », « FAIRLY » ET « PRETTY »

Quelques adverbes peuvent être utilisés à la fois avec des adjectifs gradables et non gradables. Ces adverbes sont « really » (dans le sens de « very much »), « pretty » et « fairly » (tous deux dans le sens de « quite a lot but not very »).

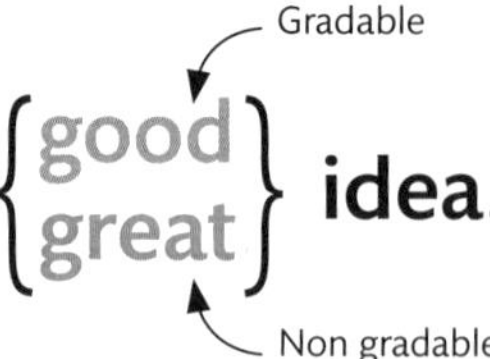

What you need is a really {good / great} idea.

You need to be fairly {confident / certain} it works.

Inventing a new product is pretty {difficult / impossible}.

100.4 « QUITE »

Vous pouvez utiliser « quite » avec les adjectifs gradables et non gradables. En anglais américain, « quite » signifie « very ». En anglais britannique, il affaiblit les adjectifs gradables et signifie « not very », mais il renforce les adjectifs non gradables et signifie « very » ou « completely ».

Her invention is quite incredible.

[Son invention est absolument fantastique.]

Her idea was quite good.

[Son idée était excellente. (US)]
[Son idée était bonne, mais pas excellente. (UK)]

AUTRES EXEMPLES

I proposed to my husband. It was quite perfect.

I was quite upset when I lost my pet rabbit.

I find it quite necessary to shower after exercise.

It can be quite difficult to adjust when you move abroad.

⚠ ERREURS COURANTES LES ADVERBES GRADABLES ET NON GRADABLES

Les adverbes et adjectifs gradables vont toujours de pair, de même que les adverbes et adjectifs non gradables.

ADVERBES GRADABLES	ADVERBES NON GRADABLES
This book is very good. ✓	**The plot is very great.** ✗
This book is absolutely good. ✗	**The plot is absolutely great.** ✓

100.5 DÉCRIRE DES VERBES AVEC DES ADVERBES DE GRADATION

« Quite », « really » et « absolutely » viennent modifier des verbes. Ces adverbes doivent précéder le verbe.

En anglais britannique, « quite » n'est pas aussi fort que « really ». En anglais américain, « quite » a un sens plus emphatique.

I quite enjoy cycling.

« Quite » peut précéder « enjoy » et « like ».

« Really » signifie « a lot more ».

I really like cycling.

« Really » peut précéder « like », « love », « enjoy », « don't like » et « hate ».

« Absolutely » sert dans les formes extrêmes.

I absolutely love cycling.

« Absolutely » peut précéder « love » et « hate ».

AUTRES EXEMPLES

He quite likes playing tennis.

He really loves eating cake.

She really enjoys playing guitar.

I really don't like cooking.

She really hates waking up early.

They absolutely hate singing.

101 Les adverbes de temps

Les adverbes de temps servent à indiquer avec précision le moment où des événements se sont produits. Ils peuvent aussi renvoyer à un événement ou une action en cours.

Pour en savoir plus :
Le présent continu **4**
Le present perfect simple **11**

101.1 « JUST » ET « ABOUT TO »

Ces adverbes donnent des précisions sur le moment où une action s'est déroulée.

Signifie que quelque chose est arrivé très récemment.

Tom has just arrived home and he's about to go to bed.

Signifie que quelque chose arrivera très bientôt.

PASSÉ PROCHE — PRÉSENT — FUTUR PROCHE

AUTRES EXEMPLES

I've just called a cab. It should be here soon.

I'm on my way. I've just finished packing my suitcase.

I was going to have a meal at the airport, but the plane has just arrived.

The flight attendant is about to bring us food.

The plane is about to land. We must fasten our seat belts.

I'm about to book a table for tonight. How many of us are there?

101.2 « ALREADY » ET « YET »

« **Already** » intervient quand quelque chose s'est déjà produit, généralement plus tôt que prévu. « **Yet** » signifie « jusqu'à présent ». Il indique que quelque chose ne s'est pas encore produit.

Signifie que quelque chose s'est produit.

The show has already started, but we haven't arrived yet.

Signifie « until now ».

PASSÉ — PRÉSENT — FUTUR

AUTRES EXEMPLES

What time is Andrew going to get here?

He's already arrived.

Has Rob cooked the dinner?

No, not yet.

Have you booked the taxi?

No, I haven't called them yet.

I'll order the pizzas now.

It's OK. I've already ordered them.

101.3 « STILL »

L'adverbe « **still** » indique qu'une action ou une situation est en cours.

I'm still watering the flowers.

PASSÉ — PRÉSENT

AUTRES EXEMPLES

I'm still working. I won't finish until 7 tonight.

The shop is still open. Let's go in before it closes.

The phone is still ringing. Will someone answer it?

We still live in the same house, but it's too small for us now.

102 Les adverbes de fréquence

Les adverbes de fréquence permettent d'indiquer la fréquence à laquelle vous effectuez une activité, sur une échelle allant d'activités très fréquentes (« always ») à inexistantes (« never »).

Pour en savoir plus :
Poser des questions **34**

102.1 LES ADVERBES DE FRÉQUENCE

100 %

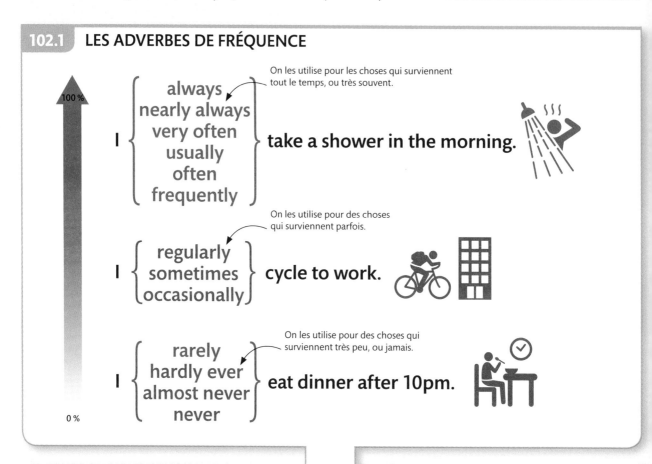

On les utilise pour les choses qui surviennent tout le temps, ou très souvent.

I { always / nearly always / very often / usually / often / frequently } take a shower in the morning.

On les utilise pour des choses qui surviennent parfois.

I { regularly / sometimes / occasionally } cycle to work.

On les utilise pour des choses qui surviennent très peu, ou jamais.

I { rarely / hardly ever / almost never / never } eat dinner after 10pm.

0 %

CONSTRUCTION

L'adverbe de fréquence se place généralement entre le sujet et le verbe. Les expressions de temps avec un adverbe de fréquence se placent souvent à la fin de la phrase.

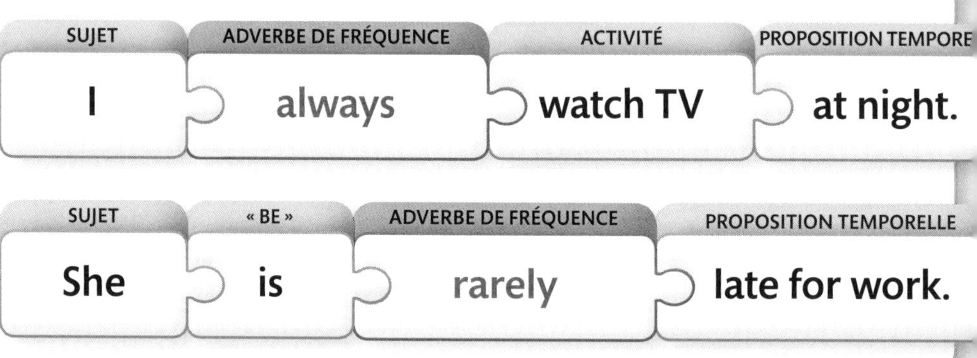

102.2 LES ADVERBES ET LES EXPRESSIONS DE LA FRÉQUENCE

La fréquence peut aussi être décrite avec des expressions plus précises. Contrairement aux adverbes de fréquence, elles doivent se placer à la fin de la phrase.

L'adverbe de fréquence précède généralement le verbe.

Les expressions de fréquence précises se placent communément à la fin d'une phrase.

I { often / regularly / hardly ever } go **running.**

I go **running** { five times a week. / every Tuesday. / once a year. }

102.3 LES QUESTIONS SUR LA FRÉQUENCE

« **How often** » sert à poser des questions sur la fréquence à laquelle quelqu'un fait une activité.
« **When** » sert à demander à quel moment cette personne fait cette activité.

How often **do you go away?**

I usually go away once a year.

When **do you go running?**

I go on Thursday nights.

AUTRES EXEMPLES

How often **do you go to the beach?**

Not very often.

How often **do you see your friends?**

All the time.

When **do you go to the gym?**

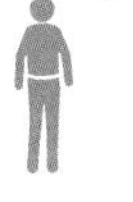

On Tuesdays and Fridays.

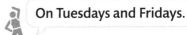

When **does your family eat dinner?**

At 6pm every evening.

103 « So » et « such »

Vous pouvez utiliser les adverbes « so » et « such » avec certains mots pour ajouter de l'emphase. Les deux ont une signification similaire mais sont employés différemment.

Pour en savoir plus :
Les adjectifs **92** Les adjectifs comparatifs **94** Les adverbes de manière **98** Les adverbes comparatifs et superlatifs **99**

103.1 « SO » ET « SUCH »

Contrairement à la plupart des adverbes, on peut placer « **such** » devant un nom pour ajouter de l'emphase. On peut aussi l'ajouter devant une combinaison adjectif et nom.

« SUCH » + « A/AN » + NOM

The trial was such a success.

« SUCH » + « A/AN » + ADJECTIF + NOM

It was such an important experiment.

CONSEIL
« Such » + « a/an » + nom est plus courant avec des noms relativement extrêmes plutôt qu'avec des noms neutres.

On peut placer « **so** » devant un adjectif ou un adverbe pour ajouter de l'emphase.

« SO » + ADJECTIF

The reaction is so dangerous.

« SO » + ADVERBE

The surgery went so well!

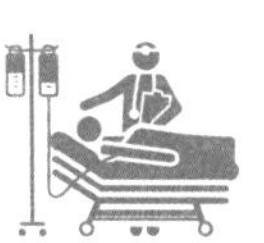

CONSEIL
« So » n'intervient jamais seul devant les comparatifs.

Placez « **so much** » devant un adjectif ou un adverbe comparatif pour le rendre plus emphatique.

« SO MUCH » + ADJECTIF COMPARATIF

This hospital is so much cleaner than that other one.

« SO MUCH » + ADVERBE COMPARATIF

Diseases spread so much faster as a result of air travel.

103.2 « SO » ET « SUCH » AVEC « THAT »

Vous pouvez utiliser « that » avec « so » et « such » pour mettre l'accent sur un mot en particulier que vous souhaitez mettre en exergue.

« SUCH » + « A/AN » + NOM + « THAT »

The disease is such a mystery that it doesn't even have a name yet.

« SUCH » + « A/AN » + ADJECTIF + NOM + « THAT »

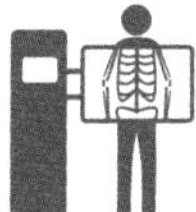

This is such a strange injury that it is hard to diagnose.

« SO » + ADJECTIF + « THAT »

Medical research is so expensive that drugs are often costly.

« SO » + ADVERBE + « THAT »

He recovered so quickly that he was able to go home the next day.

« SO MUCH » + ADJECTIF COMPARATIF + « THAT »

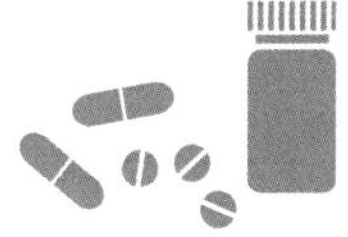

The new treatment was so much more effective that he felt better the same day.

« SO MUCH » + ADVERBE COMPARATIF + « THAT »

Hospitals are now being built so much more quickly that more people can be treated.

104 « Enough » et « too »

Utilisez « enough » lorsque vous avez un nombre exact ou une quantité exacte. Utilisez « too many » ou « too much » pour dire « trop ».

Pour en savoir plus :
Les noms dénombrables et indénombrables **70**
Les adjectifs **92** Les adverbes de manière **98**

104.1 LES ADJECTIFS/ADVERBES + « ENOUGH »

Utilisez « **enough** » après un adjectif ou un adverbe pour montrer qu'il s'agit d'une quantité exacte.

ADJECTIF + « ENOUGH »

This house is big enough for us.

ADVERBE + « ENOUGH »

She isn't speaking loudly enough. I can't hear her.

AUTRES EXEMPLES

This food isn't hot enough to eat.

My bag is big enough for my books.

The traffic isn't moving quickly enough.

I didn't read the instructions carefully enough.

104.2 NOM + « ENOUGH »

Utilisez « **enough** » et « **not enough** » pour indiquer une quantité de noms dénombrables et indénombrables. « **Enough** » précède le nom.

Do we have enough balloons?

Les ballons sont dénombrables.

We only have two. That's not enough.

« Enough » peut aussi être utilisé en l'absence de nom.

Do we have enough food?

« Food » est indénombrable.

We have these snacks. That'll be enough.

104.3 « TOO » + ADJECTIF/ADVERBE

Utilisez « **too** » devant un adjectif ou un adverbe pour montrer que la quantité est plus que suffisante.

« TOO » + ADJECTIF

That meal was too big. I'm so full.

« TOO » + ADVERBE

This bus is going too slowly. I'm going to be late.

AUTRES EXEMPLES

Ajoutez « far » et « much » devant « too » pour encore plus d'emphase.

In winter my house is far too cold.

Jo takes her job much too seriously.

My coat is too big for me.

Jessica talks far too quietly.

Don't go swimming in the lake. It's too dangerous.

I'm never on time for work. I always wake up too late.

104.4 « ENOUGH » ET « TOO » AVEC UNE PROPOSITION INFINITIVE

L'anglais utilise « **enough** » et « **too** » avec des propositions infinitives. Ils indiquent si quelque chose est à un degré suffisant pour pouvoir mener à bien la proposition infinitive.

Is this mango ripe enough to eat?

es, it's ripe enough to eat.

No, it's not ripe enough to eat.

No, it's too ripe to eat.

105 Les prépositions

Les prépositions sont des mots qui montrent des relations entre différentes parties d'une proposition, par exemple des relations de temps, d'espace ou de raison.

Pour en savoir plus :
Les infinitifs et les participes **51** Les verbes avec des prépositions **54** Les noms au singulier et au pluriel **69** Les pronoms personnels **77**

105.1 LES PRÉPOSITIONS SIMPLES

Les prépositions décrivent une relation entre deux mots. Elles appartiennent d'ordinaire à un syntagme prépositionnel, qui se compose d'une préposition suivie d'un objet (un nom, un pronom ou un syntagme nominal).

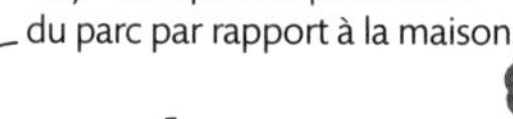

« By » indique l'emplacement du parc par rapport à la maison.

There's a beautiful park by my house.

Chrissy goes to the gym on Wednesdays.

« On » donne une indication sur le moment où Chrissy va à la salle de sport.

105.2 LES PRÉPOSITIONS COMPLEXES

Certaines prépositions se composent de deux mots, qui forment un tout. Elles se comportent à la façon des prépositions en un seul mot.

The bank is next to the library.

105.3 LES PRÉPOSITIONS À LA SUITE

Lorsque la même préposition s'applique à plus d'un mot dans une même liste, il est inutile de la répéter.
Lorsque différents mots nécessitent des prépositions différentes, vous devez indiquer chaque préposition.

I sent presents to Al and [to] Ed.

Look at and listen to the teacher.

105.4 LES PRÉPOSITIONS ET LES GÉRONDIFS

Dès lors qu'un verbe suit immédiatement une préposition, il doit être au gérondif, c'est-à-dire la forme en « -ing » du verbe.

After graduating, I worked in a hospital.

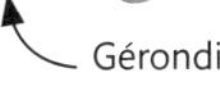

Préposition — Gérondif

AUTRES EXEMPLES

Instead of applying for a job, I went to college.

After seeing the job listing, I wrote a cover letter.

105.5 LES PRÉPOSITIONS EN FIN DE PHRASE

Les prépositions peuvent être placées à différents endroits d'une phrase, y compris à la fin.

I'm listening to some music. ✓

I like having something to listen to. ✓

105.6 « TO »

« To » peut être source de confusion car il peut être une préposition d'une part, et servir à former des infinitifs d'autre part.

Ici, « to » fait partie de l'infinitif du verbe « to see ». Dans ce cas, il n'est pas une préposition.

I'm going to see my friends tonight.

Ici, « to » fait partie du verbe à particule « look forward to » : c'est une préposition. Il doit donc être suivi d'un nom, d'un pronom ou d'un gérondif.

I'm looking forward to seeing them.

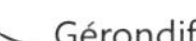

Gérondif

106 Les prépositions de lieu

Les prépositions de lieu servent à déterminer un emplacement, ou la position d'une chose par rapport à une autre. Avec une préposition différente, on peut changer le sens d'une phrase.

Pour en savoir plus :
Les mots interrogatifs **35**
Les prépositions **105**

106.1 « IN », « AT » ET « ON »

« In » sert à placer quelque chose ou quelqu'un à l'intérieur d'une vaste surface ou dans un espace en trois dimensions.

The Louvre is in Paris.

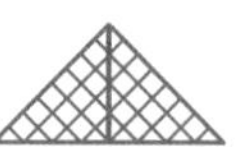

David is in his bedroom.

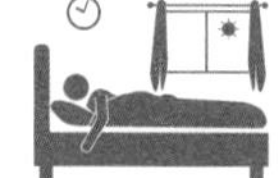

« In » place David dans sa chambre.

Utilisez « at » pour parler d'un point exact.

Turn left at the next corner.

Let's meet at the restaurant.

« On » sert à placer quelque chose en face, près, sur ou à côté d'autre chose.

I love traveling on trains.

There's a spider on the floor!

AUTRES EXEMPLES

They live in a hot country.

The dog is sleeping in his basket.

I will meet you at the beach.

Jane is working at her desk.

I like that picture on the wall.

The books are on the table.

106.2 LES PRÉPOSITIONS PRÉCISES DE LIEU

Certaines prépositions de lieu indiquent avec précision l'emplacement ou la position d'une chose par rapport à une autre. Elles peuvent servir à répondre à une question qui commence par « where ».

The bird is flying above the cat.

The bird is sitting on top of the tree.

The dog usually sits between Ed and Ben.

The cat is { under / underneath / beneath / below } the table.

Jack is { next to / near } the tree.

The basket is in front of the cat.

Jack is hiding behind the tree.

Sally sits opposite Fred at work.

AUTRES EXEMPLES

There's a sign above the door.

There's a mouse underneath the bed!

My house is near a lovely park.

The table is opposite the television.

I was stuck behind a truck all the way home.

I like those photos on top of the bookshelf.

107 Les prépositions de temps

On utilise souvent les prépositions de temps pour parler d'emplois du temps et de la routine. Elles donnent des informations sur le moment où quelque chose se produit, ainsi que sur sa durée.

Pour en savoir plus :
Le present perfect continu **12**
Les prépositions **105**

107.1 « ON »

Utilisez « **on** » devant le jour de la semaine pour parler du jour où vous faites quelque chose.

Vous devez ajouter « -s » au jour de la semaine pour indiquer que quelque chose a lieu régulièrement ce jour-là.

I work on Mondays.

En anglais américain, vous pouvez omettre la préposition.

AUTRES EXEMPLES

The library is closed on Sundays.

I'm going shopping on Saturday.

I have orchestra practice on Fridays.

I'll visit my grandparents on Monday.

107.2 « AT »

Utilisez « **at** » pour exprimer à quelle heure quelque chose a lieu.

I leave the house at 8am.

AUTRES EXEMPLES

They are meeting at 1 o'clock.

I have an appointment at 7 o'clock.

I have a yoga class at lunchtime.

I get the bus at half past 8.

107.3 « ON » ET « AT » AVEC « THE WEEKEND »

Pour parler du week-end, l'anglais américain utilise **« on »**, tandis que l'anglais britannique préfère **« at »**.

« On the weekend » est plus fréquent aux États-Unis.
I watch TV { on / at } the weekend.
« At the weekend » est plus fréquent au Royaume-Uni.

107.4 « IN »

« In » a un sens comparable à « during » et se place devant les mois, les années, les saisons et les parties de la journée, par exemple « morning » et « afternoon ».

I go to the gym in the morning.

AUTRES EXEMPLES

I usually watch TV in the evening. 

She's going to Europe in June. 

I was born in 1973. 

I enjoy gardening in summer. 

107.5 « PAST » ET « TO »

« Past » et « to » sont des prépositions de temps surtout utilisées pour donner l'heure.

« **Past** » signifie « après l'heure ». **It's twenty past seven.**

« **To** » signifie « avant l'heure ». **It's twenty to seven.**

107.6 LES PRÉPOSITIONS DE DURÉE

Utilisez « **from... to** » ou « **between... and** » pour indiquer à quel moment une activité commence et se termine.

« From » indique à quelle heure quelque chose commence.

« To » indique à quelle heure quelque chose se termine.

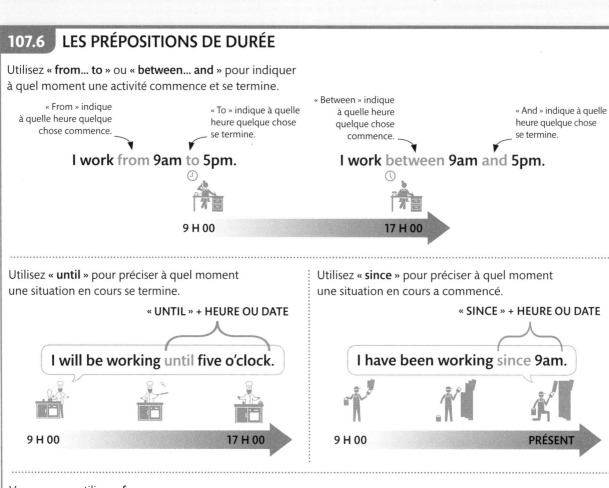

I work from 9am to 5pm.

« Between » indique à quelle heure quelque chose commence.

« And » indique à quelle heure quelque chose se termine.

I work between 9am and 5pm.

9 H 00 — 17 H 00

Utilisez « **until** » pour préciser à quel moment une situation en cours se termine.

« UNTIL » + HEURE OU DATE

I will be working until five o'clock.

9 H 00 — 17 H 00

Utilisez « **since** » pour préciser à quel moment une situation en cours a commencé.

« SINCE » + HEURE OU DATE

I have been working since 9am.

9 H 00 — PRÉSENT

Vous pouvez utiliser « **for** » pour préciser depuis combien de temps une action se déroule.

« FOR » + DURÉE

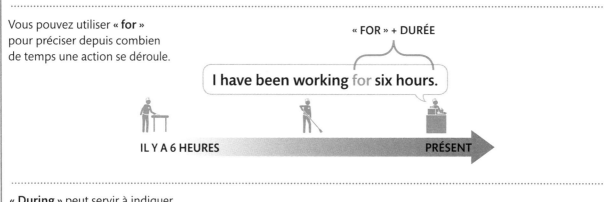

I have been working for six hours.

IL Y A 6 HEURES — PRÉSENT

« **During** » peut servir à indiquer quand une action s'est déroulée, sans référence à sa durée.

I relaxed during my break.

PAUSE — PRÉSENT

ERREURS COURANTES LES TEMPS AVEC « SINCE »

« **Since** » est généralement utilisé avec des temps au parfait et des références au passé. Vous ne pouvez pas l'utiliser avec le présent simple.

On rencontre souvent le present perfect continu avec « since ».

Tim has been working here since last year. ✓

Tim works here since last year. ✗

Vous ne pouvez pas utiliser « since » avec le présent simple.

107.7 LES AUTRES PRÉPOSITIONS DE TEMPS

« **By** » sert à parler du moment où quelque chose sera achevé. Il est synonyme de « at » ou « before ».

« BY » + HEURE

I will finish this report by 3pm.

PRÉSENT — 15 H 00

« **Before** » sert à parler d'une chose qui s'est produite avant une autre, ou avant une heure donnée.

« BEFORE » + HEURE

I will finish work before 6 o'clock.

PRÉSENT — 18 H 00

« **After** » sert à parler d'un événement qui se produit après un autre événement.

I'll clean the tables after my break.

PRÉSENT — PAUSE — FUTUR

108 Les autres prépositions

Les prépositions peuvent exprimer d'autres relations que le lieu et le temps, par exemple l'origine, la propriété et l'absence.

Pour en savoir plus :
La voix passive **24** Les constructions verbales avec des prépositions **54**
Les prépositions **105**

108.1 « BY »

« **By** » a plusieurs sens en anglais.

Quand on l'utilise pour parler d'une action, il renvoie à des actions mises en œuvre pour aboutir à un résultat donné.

I fixed my television by hitting it.

Utilisez « by » pour dire qui a écrit ou réalisé quelque chose.

I'm reading *1984* by George Orwell.

Utilisez « by » pour parler de moyens de transport.

I always go to work by train.

« On foot » est l'exception à la règle.

Il sert aussi à former la voix passive.

This was painted by a famous artist.

AUTRES EXEMPLES

I broke my phone by dropping it in a puddle.

It's too far to walk into town. It's much easier to go by bus.

This show is based on a short story by Jane Austen.

That new building was designed by a famous architect.

108.2 « WITH » ET « WITHOUT »

« **With** » a plusieurs utilisations courantes en anglais.

Il peut signifier « accompagné de ». **I went to a restaurant with my wife.**

Il peut servir à parler de propriété. **I want a job with a good salary.**

Il peut servir à parler d'un outil qui permet de mener à bien une action. **I cut this apple with a knife.**

Utilisez « **without** » pour parler de l'absence de quelque chose. **Vera came to the party without a gift.**

AUTRES EXEMPLES

I need to move somewhere with better phone reception.

I need to hire someone with excellent computer skills.

Christina paid for the dress with her credit card.

Wait! Don't leave without me!

108.3 « ABOUT »

« **About** » sert avant tout à dire « au sujet de quelque chose ».

I'm watching a documentary about Ancient Greece.

AUTRES EXEMPLES

I'm going to call the bank about their bad service.

I'm sorry, but I have no idea what you're talking about.

109 Les prépositions subordonnées

Certains mots doivent s'accompagner de prépositions bien précises, qu'on appelle « prépositions subordonnées ». Ces mots peuvent être des adjectifs, des verbes ou des noms.

Pour en savoir plus :
Les types de verbes **49** Les noms au singulier et au pluriel **69** Les adjectifs **92** Les prépositions **105**

109.1 LES ADJECTIFS AVEC LES PRÉPOSITIONS SUBORDONNÉES

Certains adjectifs sont toujours suivis par la même préposition.

ADJECTIF + PRÉPOSITION

It was good of my friend to offer to babysit last night.

Dans une même phrase, certains adjectifs peuvent accepter plusieurs prépositions sans pour autant voir leur sens changer.

« Surprised » peut être suivi de « at » ou « by » sans changer le sens.

You seemed surprised {at / by} their behavior.

AUTRES EXEMPLES

The babysitter was angry about looking after naughty children.

The children are impressed by practical jokes.

My parents are annoyed with me for not cleaning my room.

Janine is tired of watching children's shows on TV.

My friends are getting ready for their new baby.

She is excited about going hiking in the mountains.

109.2 LES VERBES AVEC DES PRÉPOSITIONS SUBORDONNÉES

Certains verbes sont suivis d'une préposition précise qui précède un objet. Différents verbes sont suivis de différentes prépositions.

VERBE + PRÉPOSITION

The head chef used to shout at the staff to encourage them to work harder.

AUTRES EXEMPLES

The café was counting on the new menu to impress its customers.

The café advertised for another chef to join the team.

The head chef spoke to the manager about hiring more kitchen staff.

What do you think about leaving early on Fridays?

109.3 LES VERBES AVEC « TO » OU « FOR »

Certains verbes acceptent « to » ou « for » en fonction du contexte. Utilisez « to » en présence d'une transaction ou d'un transfert. Quant à « for », on l'emploie quand quelqu'un bénéficie de quelque chose.

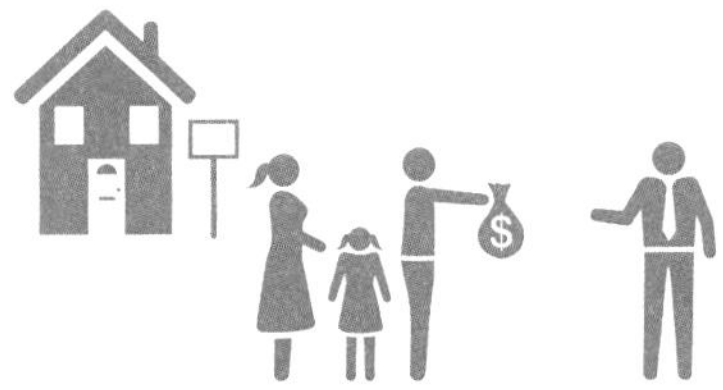

He sold the house to the family.

[La famille a acheté la maison.]

He sold the house for the family.

[Il a vendu la maison pour le compte de la famille.]

109.4 LES NOMS AVEC LES PRÉPOSITIONS SUBORDONNÉES

Certains noms sont systématiquement suivis de la même préposition.

NOM + PRÉPOSITION

I always keep a photograph of my family on my desk.

Dans une même phrase, certains noms peuvent accepter plusieurs prépositions, qui n'en changeront pas le sens.

« Advantages » peut être suivi de « in » ou « to » sans changement de sens.

There are advantages {in / to} moving away to study.

AUTRES EXEMPLES

It is important to have a positive attitude toward studying.

The cause of traffic jams is often bad town planning.

I've been working hard to find a solution to this problem.

There has been a steady increase in students passing their exams.

The demand for public buses increases every year.

Take your time planning a response to the essay question.

109.5 LES MOTS AVEC DIFFÉRENTES PRÉPOSITIONS SUBORDONNÉES

Certains adjectifs, verbes et noms peuvent être suivis de différentes prépositions.
Le sens de la phrase dépend de la préposition qui suit l'adjectif, le verbe ou le nom.

I'm anxious for my vacation to start.

[J'ai hâte d'être en vacances.]

I'm anxious about being late for my flight.

[J'ai peur de rater mon avion.]

He talked to the teacher.

[Il a eu une discussion avec l'enseignant.]

He talked about the teacher.

[Il a eu une discussion avec quelq'un d'autre au sujet de l'enseignant.]

I have a good relationship with my parents.

[J'ai une bonne relation avec mes parents.]

The relationship between family members is important.

[Il est important d'avoir une bonne relation entre membres d'une même famille.]

AUTRES EXEMPLES

I'm upset about how badly my exams went.

I'm upset with myself for failing my exams.

The charity needs to appeal for more volunteers.

The campaigns appeal to students.

Pests are a serious problem for farmers.

Farmers have a serious problem with pests.

110 Les conjonctions de coordination

Les conjonctions de coordination relient des mots, des segments de phrase ou des propositions de même importance. L'utilisation de virgules avec les conjonctions de coordination est régie par certaines règles.

Pour en savoir plus :
Les propositions relatives définissantes **81**
L'ellipse **89**

110.1 « AND » POUR RELIER DES PHRASES

Vous pouvez utiliser **« and »** pour relier deux phrases afin d'éviter de répéter les mots qui se retrouvent dans les deux, ainsi que pour relier des idées.

« There's » est identique à « there is ».

There's a library. There's a restaurant.

There's a library and a restaurant.

Vous pouvez omettre le second « there's » lorsque vous reliez les phrases avec « and ».

AUTRES EXEMPLES

Jazmin's sister lives and works in Paris.

I bought a dress and some shoes for the party tonight.

My father and brother are both engineers.

My sister called earlier, and she told me she's pregnant!

Simon plays video games and watches TV every night.

I feel sick, I ate two sandwiches and a large slice of cake for lunch.

110.2 UTILISER UNE VIRGULE AU LIEU DE « AND »

Pour les listes de deux éléments ou plus, vous pouvez utiliser la virgule au lieu de « and ».

Vous pouvez utiliser une virgule pour remplacer « and » dans une liste.

Utilisez une autre virgule devant le « and ».

There's a library, a store, and a café.

Conservez le « and » entre les deux derniers noms.

110.3 « OR »

Utilisez « **or** » pour exprimer un choix ou une alternative.

Utilisez « or » s'il y a un choix.

Do you want to go to Germany or France?

Utilisez « **or** » pour parler des conséquences (généralement négatives) d'une action.

« Or » sert à montrer que si l'on est en retard, on risque de manquer le train.

Don't be late, or you will miss the train.

AUTRES EXEMPLES

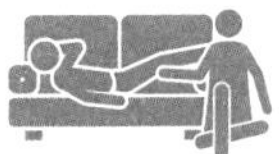

Should we go out or should we stay at home instead?

I can't decide whether to get a dog or a cat.

Should we paint the kitchen blue or green?

Be careful when cooking, or you might burn yourself.

110.4 « NOR »

« **Nor** » montre que deux choses ou plus sont fausses ou ne se sont pas produites. Après « nor », utilisez un verbe à la forme affirmative, et inversez le verbe et le sujet comme pour poser une question.

I've never eaten lobster, nor do I want to.

Le sujet vient après le verbe.

AUTRES EXEMPLES

He can't play the guitar, nor can he sing.

Fiona didn't turn up to dinner, nor did she answer my calls.

My television doesn't work, nor does my stereo.

CONSEIL
« Nor » est rare en anglais informel.

110.5 « BUT »

Utilisez « **but** » pour relier une phrase affirmative et une phrase négative, ou pour souligner un contraste entre deux propositions.

There's a hotel. There isn't a store.

There's a hotel, but there isn't a store.

AUTRES EXEMPLES

My daughter likes to eat apples, but she doesn't like pears.

I wanted to be an architect, but I didn't pass my exams.

I went to the supermarket, but I forgot my purse.

I'm on a diet, but I find it hard to avoid chocolate.

My friend does tap dancing, but she doesn't do ballet.

My friends invited me out tonight, but I don't feel well enough to go.

110.6 « YET »

« **Yet** » a un sens analogue à celui de « but ». Utilisez-le quand quelque chose survient en dépit d'un autre élément, ou pour indiquer la véracité de quelque chose qui semble en contradiction avec autre chose.

It's a warm day, yet Raymond's wearing a coat.

AUTRES EXEMPLES

George lives in the countryside, yet he works in a nearby city.

There was a school near my house, yet I went to one on the other side of town.

I've asked him to be quiet and yet he continues to talk during lessons.

110.7 « SO »

Lorsque **« so »** est une conjonction, on l'utilise pour montrer que quelque chose survient suite à autre chose.

It was a lovely day, so we went for a walk.

AUTRES EXEMPLES

My house was a mess, so I spent the weekend cleaning.

The cathedral is very famous, so it attracts a lot of tourists.

I don't like pasta, so I rarely go to Italian restaurants.

I work outside, so I have to be careful that I don't get sunburned.

Stephen moved to London, so he speaks English quite well now.

I ate before I came out, so I will only have a coffee.

110.8 LES VIRGULES AVEC LES CONJONCTIONS DE COORDINATION

Si une conjonction de coordination relie deux propositions principales, elle est communément précédée d'une virgule.

It was raining, and there was lightning.

Si une conjonction de coordination relie deux segments, inutile d'ajouter une virgule.

I'm going to wear jeans and a shirt.

Si « and » ou « or » relient au moins trois segments, on ajoute généralement une virgule entre chaque élément, mais aussi avant la conjonction.

I need eggs, flour, and milk.

Would you like tea, coffee, or juice?

111 Les conjonctions de subordination

Les conjonctions de subordination servent à relier des mots, des segments de phrase et des propositions d'importance variable. Elles servent à dire pourquoi, à quel endroit ou à quel moment quelque chose a lieu.

Pour en savoir plus :
Le présent simple **1** Les verbes modaux **56**
Les propositions relatives définissantes **81**

111.1 EXPRIMER LE BUT AVEC LES CONJONCTIONS DE SUBORDINATION

« So that » sert à indiquer le but d'une action. Il est suivi d'une autre proposition.

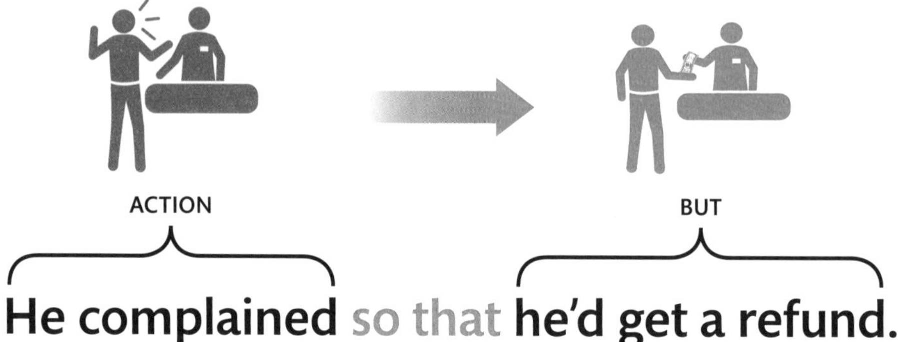

He complained so that he'd get a refund.

« So that » est souvent suivi de verbes modaux tels que « can », « could » et « would ».

« In order to » a quasiment le même sens que « so that », à cela près que cette conjonction est suivie d'un verbe au radical.

He called the company in order to complain.

AUTRES EXEMPLES

She went back to the store in order to show them her receipt.

Dans un discours informel, on omet généralement « in order ».

The assistant took the receipt to process the refund.

Si le verbe principal est au passé, le verbe après « so that » a aussi tendance à être au passé.

She reported the problem so that it could be fixed.

Si le verbe principal est au présent, le verbe après « so that » a tendance à être au présent ou au futur.

They check everything so that customers don't receive broken items.

111.2 LA CAUSE ET L'EXPLICATION

Vous pouvez utiliser « **because** » pour expliquer pourquoi quelque chose survient, ou pour motiver une décision.

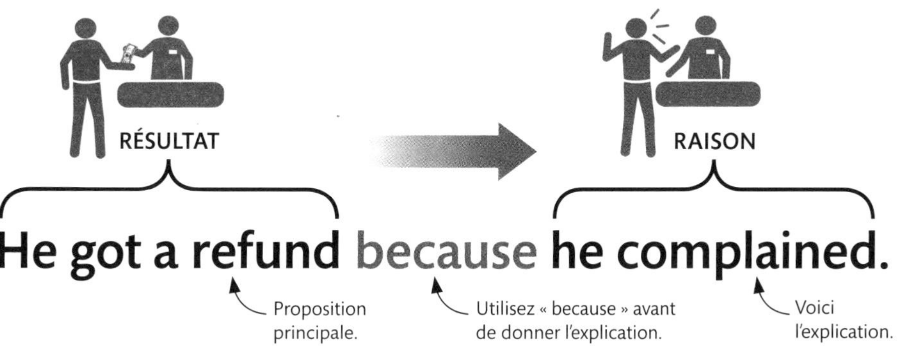
RÉSULTAT
RAISON
He got a refund because he complained.
Proposition principale.
Utilisez « because » avant de donner l'explication.
Voici l'explication.

AUTRES EXEMPLES

It's a noisy town because **there are lots of cars.**

My village is quiet because **there are only a few families here.**

I decided to move to the country because **it's beautiful.**

111.3 LE CONTRASTE ET LA CONCESSION

« **Although** » sert à parler de quelque chose qui est vrai de façon inattendue. « **Even though** » a la même signification que « although », et il est plus fréquent à l'oral.

Although
Even though

I got up early, I was late to work.

AUTRES EXEMPLES

Although **I've done it before, I found the run very difficult.**

Even though **I have two cousins, I've never met them.**

I'm going to the beach this weekend, even though **I can't swim.**

111.4 « WHEN »

L'anglais utilise **« when »** en tant que conjonction pour parler d'événements ou d'actions dans le futur qui doivent se produire avant qu'un autre événement ou une autre action puisse se produire. On appelle ces phrases des « propositions subordonnées de temps ».

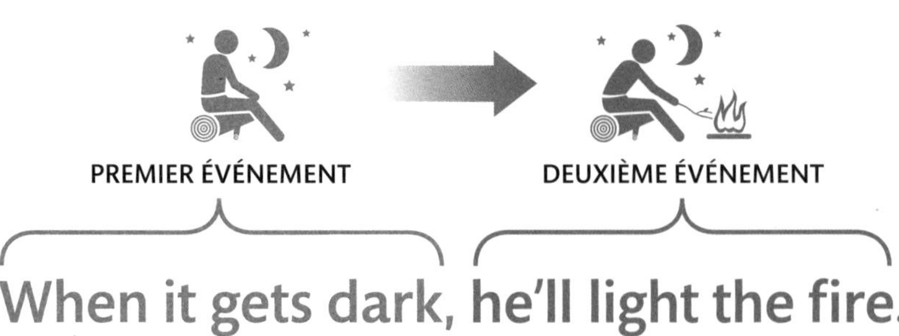

PREMIER ÉVÉNEMENT — DEUXIÈME ÉVÉNEMENT

When it gets dark, **he'll light the fire.**

« When » indique que le premier événement n'a pas encore eu lieu.

AUTRES EXEMPLES

When I finish my report, **I'll call you.**

Vous pouvez également utiliser des propositions subordonnées de temps pour poser des questions sur des événements futurs.

When you get home, **will you make dinner?**

I'll put up shelves when the paint dries.

When it stops raining, **I'll go out.**

DIRE AUTREMENT

L'anglais britannique utilise parfois le present perfect au lieu du présent simple dans les propositions subordonnées de temps.

When it has stopped raining, **we'll go outside.**

We'll go outside when it has stopped raining.

We won't go outside until it has stopped raining.

Le present perfect décrit toujours un événement futur.

111.5 « AS SOON AS »

« **As soon as** » a une signification similaire à celle de « when », mais il implique que le deuxième événement se déroulera immédiatement après la fin du premier.

PRÉSENT

I'll call you as soon as I leave work.

[Je t'appelle dès que je quitte le travail.]

⚠ ERREURS COURANTES LES TEMPS APRÈS LES CONJONCTIONS DE TEMPS

N'utilisez pas de formes au futur après « when » et « as soon as », même si la proposition renvoie au futur.

Le premier événement est au présent simple, même s'il s'agit d'un événement à venir.

When it gets dark, he'll light the fire. ✔

When it will get dark, he'll light the fire. ✘

Même si cette proposition renvoie au futur, il est faux d'utiliser une forme au futur.

111.6 « WHILE »

« **While** » sert à relier deux propositions qui se déroulent simultanément.

I watered the plants while my husband mowed the lawn.

AUTRES EXEMPLES

I chopped the vegetables while Ted washed the potatoes.

I didn't get any sleep while the owl was hooting outside.

I read the newspaper while I waited for the kettle to boil.

112 D'autres marqueurs de relation

Les marqueurs de relation peuvent être utilisés pour indiquer une relation entre deux phrases, ou segments de phrase. Cette relation peut être une relation de cause, effet, emphase, contraste ou comparaison.

Pour en savoir plus :
Les conjonctions de coordination **110**
Les conjonctions de subordination **111**

112.1 LES MARQUEURS RHÉTORIQUES DE RELATION FORMELS

Certains marqueurs de relation sont essentiellement utilisés dans le discours formel, à l'oral comme à l'écrit.

Indique un contraste.

The castle was built in 1272, {whereas / yet} the town is modern.

Indique une comparaison.

His talk was popular and his book was {similarly / equally} well-liked.

Indique une raison.

Video calls are popular {due to / owing to / as a result of} global internet access.

Indique un résultat.

It's free to visit the museum. {Hence / Therefore}, it's very popular.

Indique une emphase.

He is known for his research, {primarily / notably} into royal families.

112.2 LES MARQUEURS RHÉTORIQUES DE RELATION INFORMELS

Certains marqueurs rhétoriques sont essentiellement utilisés dans le discours informel.

CONSEIL
Pour souligner le lien entre les mots à l'oral, vous pouvez accentuer le marqueur rhétorique.

Indique un contraste.

I like listening to music, { but / though } my mother hates it.

Indique une comparaison.

He's a talented swimmer, { like / just as } his great-grandfather was.

Indique une raison.

The elderly can get around easily, { because of / thanks to } local bus services.

Indique une cause.

Staying in touch is easy, { because / since / as } we all have smartphones.

Indique un effet.

We grew up together, so we tell each other everything.
We are very close. As a result, we know everything about each other.

Indique une emphase.

All my siblings are tall, { especially / particularly } my older sister.

113 Vue d'ensemble des marqueurs de relation

113.1 LES CONJONCTIONS

Les conjonctions de coordination relient deux mots, segments ou propositions d'importance équivalente.

Conjonction de coordination.

I like roses and sunflowers.

I like gardening, but I hate mowing the lawn.

On utilise une virgule avant une conjonction pour relier deux propositions principales dont les sujets sont différents. La virgule indique où se termine la première proposition et où commence la deuxième.

Le sujet de la proposition principale.

Flora tried to water her flowers, but the hose burst.

La deuxième proposition principale a un sujet différent.

Une virgule précède la conjonction.

113.2 UTILISER LES CONJONCTIONS

Les conjonctions peuvent décrire tout un éventail de relations entre deux mots, segments ou propositions.

Condition	Temps
if	after
in case	until
unless	when
as long as	before
so long as	while
even if	as soon as

Les conjonctions sont des mots de liaison qui décrivent la relation entre deux segments d'une même phrase. Il existe des conjonctions de coordination et de subordination.

Pour en savoir plus :
« Either/neither/both » **68**
Les marqueurs de relation **R25**

Les conjonctions de subordination relient deux mots, segments ou propositions d'importance inégale. Une proposition de subordination donne davantage d'informations sur la proposition principale.

PROPOSITION PRINCIPALE

She had to cut the tree down because it was too tall.

PROPOSITION DE SUBORDINATION

Conjonction de subordination.

PROPOSITION DE SUBORDINATION | PROPOSITION PRINCIPALE

Before she started, she put on gloves.

La proposition de subordination peut aussi se placer en tête de phrase.

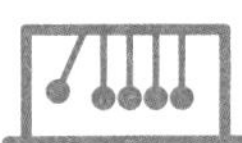

Contraste	Cause	Justification
although	as	in order to
but	because	in order that
however	since	so
even though		so that
whereas		since
yet		

114 Les préfixes

Les préfixes sont de petits groupes de lettres qui peuvent être ajoutés au début des mots afin d'en changer le sens.

Pour en savoir plus :
Les types de verbes **49** Les noms au singulier et au pluriel **69** Les adjectifs **92**

114.1 LES PRÉFIXES

Les préfixes peuvent être ajoutés au début des mots afin d'en changer le sens.
Chaque préfixe a son propre sens, qui permet de modifier le mot auquel il est ajouté.

im- = **not**

Polly thought her boss was very rude and impolite.

mis- = **wrongly**

Leona was worried that she had misunderstood the recipe.

re- = **again**

Tom was rewriting his essay because his teacher gave him a low grade.

un- = **not**

Jane is unlikely to study history because she prefers science.

AUTRES EXEMPLES

This exercise is too hard. It's completely impossible!

Brendan had misplaced his passport. He couldn't find it anywhere.

I didn't work very hard this year. I'll have to retake my exams.

Please clean up your desk. It's very untidy.

A fear of ghosts is totally irrational, they don't exist!

You should go to see the new exhibit. It's absolutely outstanding.

114.2 UTILISER LES PRÉFIXES

Certains mots acceptent plus d'un préfixe, ce qui donne différents sens.

The fish is cooked perfectly. It's delicious!

The fish is undercooked. It tastes terrible.

The fish is overcooked. It's totally burned.

114.3 LES PRÉFIXES COURANTS

PRÉFIXE	SENS	EXEMPLE
anti-	against	It's always safer to use an antibacterial handwash.
co-	together	Erika loves her job because her coworkers are so nice.
dis-	not	My parents disapprove of my career decisions.
ex-	former	Clara is an ex-soldier. She used to be in the army.
im-, in-, ir-	not	Unfortunately, most of my answers were incorrect.
inter-	between, among	Matteo's band had become an international success.
mid-	middle	Jo's essay got a low grade because it finished mid-sentence.
mis-	wrongly	I think the referee misjudged the situation.
non-	not	I don't like this book at all. The plot is complete nonsense.
out-	better than others	Yue's work is fantastic. She's outperforming everyone.
over-	too much	It's okay to work hard, but make sure you don't overdo it.
post-	after	New mothers should receive good postnatal care.
pre-	before	The experiment will go ahead at a prearranged time.
re-	again	If you don't get into the school, you could reapply next year.
self-	oneself	Ronda can be a little bit too self-confident sometimes.
sub-	under	Mark's work this year has been substandard.
super-, sur-	above, over	There's a small surcharge if you want to use a credit card.
un-	reverse, cancel, not	Stacy couldn't find the right key to unlock the safe.
under-	beneath, below	I think the waiter has undercharged us for this meal.

115 Les suffixes

Les suffixes sont de petits groupes de lettres qui peuvent être ajoutés à la fin des mots afin d'en changer le sens.

Pour en savoir plus :
Les types de verbes **49** Les noms au singulier et au pluriel **69** Les adjectifs **92**

115.1 LES SUFFIXES

Les suffixes peuvent être ajoutés à la fin des mots afin d'en changer le sens.
Chaque suffixe a son propre sens, qui permet de modifier le mot auquel il est ajouté.

-able = possible to be

It's useful to set yourself achievable targets at work.

-ful = full of

The principal was so pleased that the play was successful.

-ist = someone who

My friend Jamie is the best artist I know.

-less = without

I don't like the food in the cafeteria. It is tasteless.

AUTRES EXEMPLES

Hugo is very funny and kind. He's a really likeable guy.

I can paint the house in a day. It's definitely doable.

Sarah is a violinist. She plays in her local orchestra.

Now that I've passed my exams, I am hopeful for the future.

What a boring lecture. Being there was pointless.

I am a perfectionist. My work takes me a long time.

115.2 UTILISATION DES SUFFIXES

Certains mots acceptent plus d'un suffixe, ce qui donne différents sens.

The best jokes are in good taste.

That joke was hilarious. It was very tasteful.

That joke was offensive. It was very tasteless.

115.3 LES SUFFIXES COURANTS

SUFFIXE	SENS	EXEMPLE
-able, -ible	able to be	**It is perfectly acceptable to submit your essays online.**
-al, -ial	having characteristics of	**The verdict was based entirely on circumstantial evidence.**
-ance, -ence	state of	**Male lions fight each other to assert their dominance.**
-ate	become	**You need to activate your credit card before you can use it.**
-dom	place or state of being	**Older children can be given a greater amount of freedom.**
-en	become	**They are planning to widen the roads to reduce congestion.**
-er, -or	person who performs an action	**Shakespeare is probably the most famous English writer.**
-ful	full of	**The computer is one of the most useful inventions ever.**
-ic, -tic, -ical	having characteristics of	**Running is a great form of physical exercise.**
-ism	an action, state, or system	**Surrealism was a major art movement of the 20th century.**
-ist, -ian	someone who plays or does	**A pianist is somebody who can play the piano.**
-ity, -ty	quality of	**Equality is the belief that everybody should be equal.**
-ize	make	**I'm trying to maximize our profits by selling more stock.**
-less	without	**The possibilities of technology are limitless.**
-ment	condition of, act of	**Buying property can be a very good investment.**
-ness	state of	**Lots of people today are interested in health and fitness.**
-ous	having qualities of	**The inland taipan is the most venomous snake in the world.**
-sion, -tion	state of being or act of	**All essays should end with a good conclusion.**
-y	characterized by	**The weather's terrible today. It's very cloudy outside.**

115.4 LES SUFFIXES MODIFICATEURS

Certains suffixes sont réservés à certains types de mots. Le suffixe d'un mot peut indiquer à quelle catégorie rhétorique ce dernier appartient.

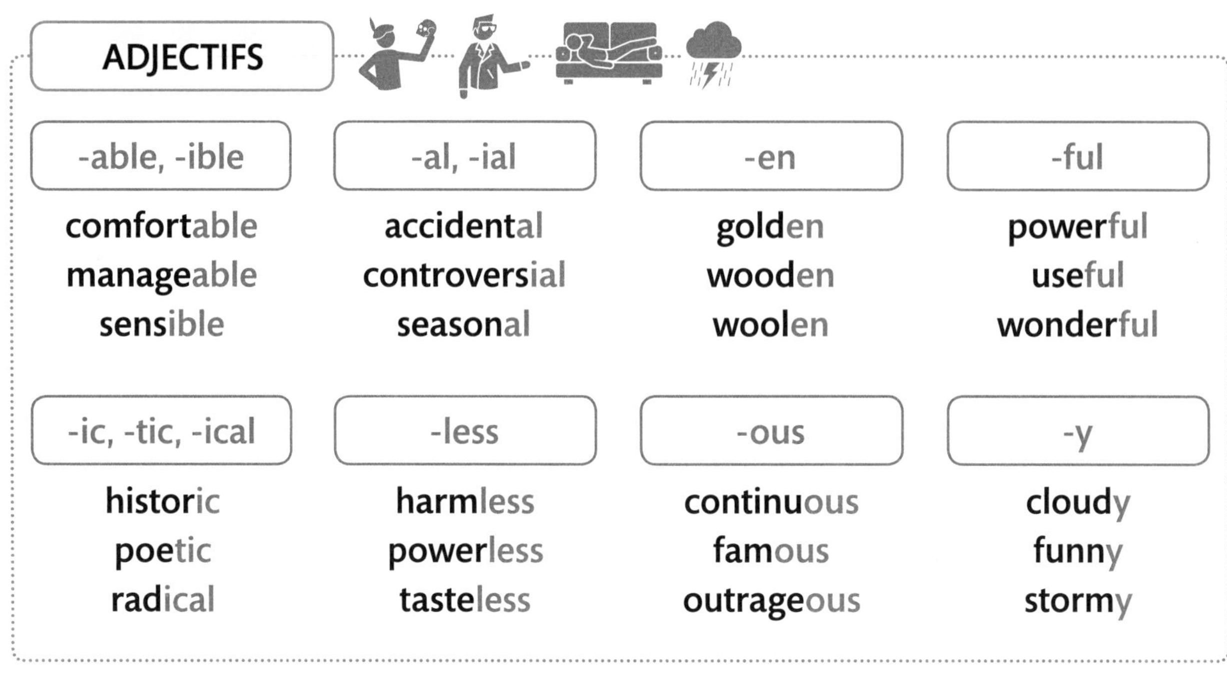

ADJECTIFS

-able, -ible	-al, -ial	-en	-ful
comfortable	accidental	golden	powerful
manageable	controversial	wooden	useful
sensible	seasonal	woolen	wonderful

-ic, -tic, -ical	-less	-ous	-y
historic	harmless	continuous	cloudy
poetic	powerless	famous	funny
radical	tasteless	outrageous	stormy

NOMS

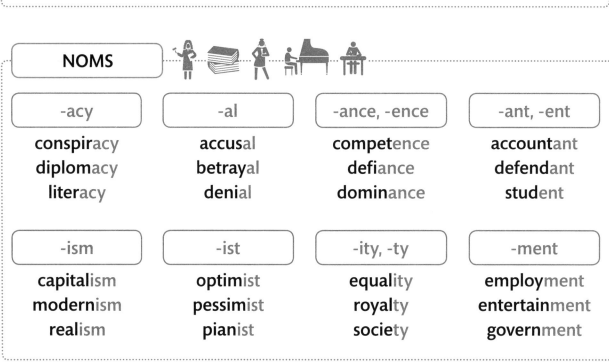

-acy	-al	-ance, -ence	-ant, -ent
conspiracy	accusal	competence	accountant
diplomacy	betrayal	defiance	defendant
literacy	denial	dominance	student

-ism	-ist	-ity, -ty	-ment
capitalism	optimist	equality	employment
modernism	pessimist	royalty	entertainment
realism	pianist	society	government

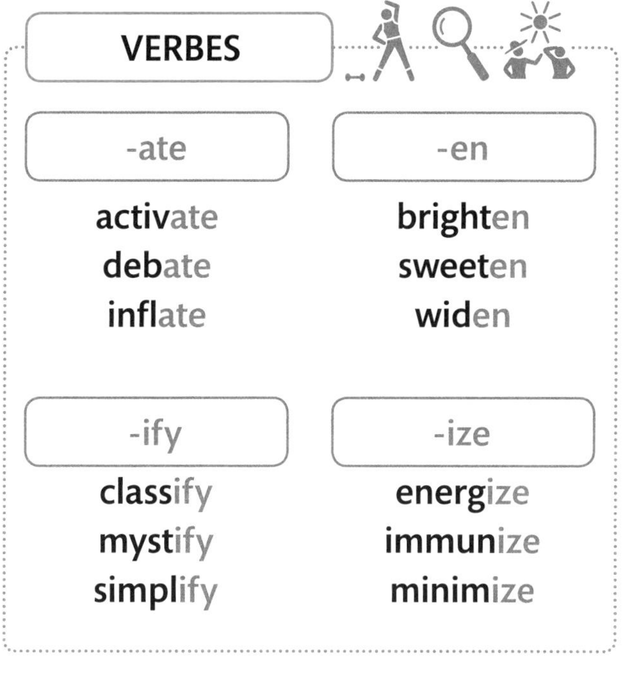

VERBES
-ate
activate
debate
inflate
-en
brighten
sweeten
widen
-ify
classify
mystify
simplify
-ize
energize
immunize
minimize

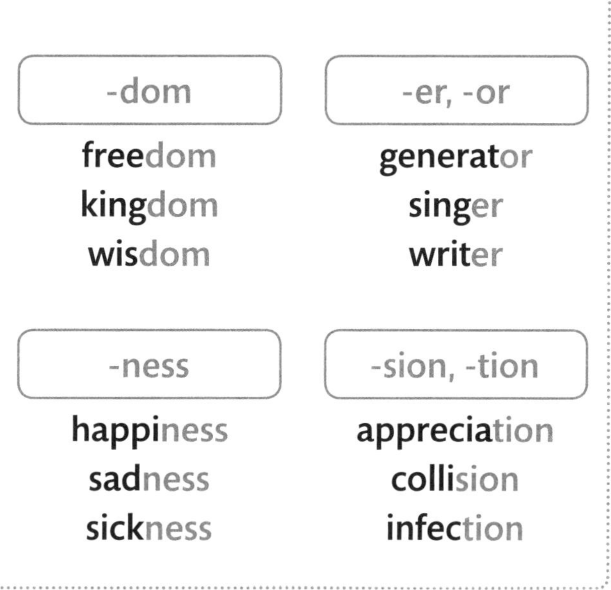

-dom
freedom
kingdom
wisdom
-er, -or
generator
singer
writer
-ness
happiness
sadness
sickness
-sion, -tion
appreciation
collision
infection

115.5 LES RÈGLES D'ORTHOGRAPHE DES SUFFIXES

Si le suffixe débute par une voyelle, et que la racine se termine par une syllabe consonne-voyelle-consonne accentuée, doublez la dernière lettre de la racine avant le suffixe.

occur

occurrence

Si le suffixe débute par une voyelle et que la racine se termine par un « -e », supprimez celui-ci avant le suffixe. Les racines qui se terminent en « -ge » ou « -ce » sont une exception.

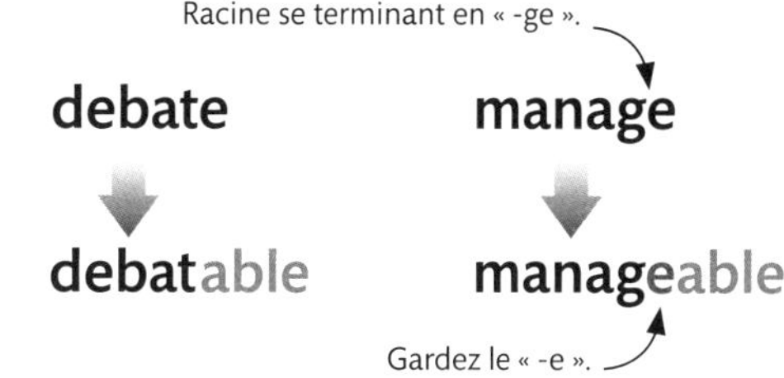

Si la racine se termine avec une consonne et « -y », le « -y » se transforme en « -i » avant le suffixe. La seule exception est « -ing ».

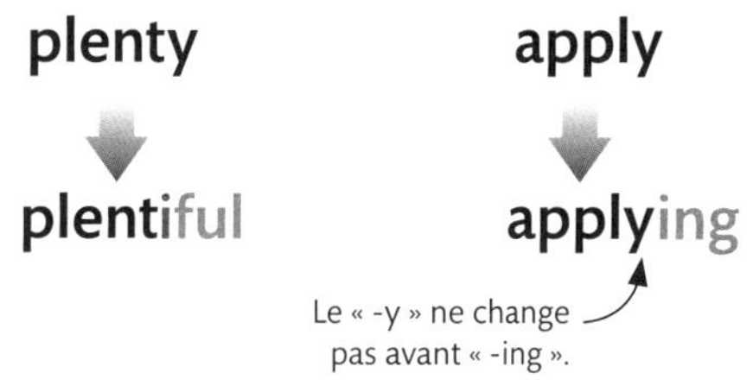

Si la racine se termine avec une voyelle et « -y », le « -y » final ne change pas.

La racine se termine avec une voyelle et « -y ».

employ

employable

Le « -y » ne se transforme pas en « -i ».

116 Les faux amis

L'anglais possède de nombreuses expressions qui se ressemblent, à l'écrit ou à l'oral, tout en ayant un sens différent. Il est important de ne pas les confondre.

Pour en savoir plus :
Le présent simple **1** Le présent continu **4**
« Used to » et « would » **15**

116.1 « GET USED TO » ET « BE USED TO »

« **To get used to** (doing) something » signifie que vous vous adaptez à des circonstances nouvelles ou différentes de sorte qu'elles deviennent familières.

Waking up early for my new job was difficult at first, but eventually I got used to it.

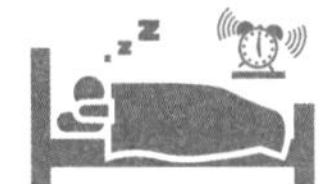

« **To be used to** (doing) something » signifie que vous avez effectué cette action suffisamment longtemps pour qu'elle soit devenue normale et familière.

I've lived in the city for years, so I am used to the bad pollution.

CONSEIL
Ne confondez pas ces phrases avec « used to » (sans « be » ni « get ») qu'on utilise lorsque quelqu'un parle d'une action passée régulière.

AUTRES EXEMPLES

When I travel, I get used to different customs very quickly.
[Je m'adapte facilement aux différentes coutumes à l'étranger.]

I got used to the cold weather within a couple of weeks.
[Je me suis habitué au froid en deux semaines.]

I am used to spicy food as I've always eaten it.
[J'ai l'habitude de manger épicé.]

We were used to the old teacher, so it was a shame when she left.
[Nous étions habitués à notre ancienne enseignante, mais elle est partie.]

116.2 « HAVE/GET SOMETHING DONE »

Utilisez « have » ou « get » suivi d'un nom et d'un participe passé pour parler de quelque chose que quelqu'un fait pour vous. « Get » est moins formel que « have ».

Did you get your computer updated?

[Quelqu'un a-t-il mis à jour ton ordinateur ?]

Yes, the company has the computers updated regularly.

[Oui, quelqu'un fait des mises à jour régulières pour l'entreprise.]

AUTRES EXEMPLES

Utilisez la construction avec « should » pour donner un conseil.

You should get your connection checked.

[Je pense que tu devrais demander à quelqu'un de vérifier ta connexion.]

They haven't had the locks changed yet.

[Ils n'ont pas pris rendez-vous pour qu'on leur change les serrures.]

Will you get the oven fixed soon?

[Quelqu'un va-t-il bientôt venir réparer ton four ?]

The store has its produce checked daily.

[Quelqu'un vérifie chaque jour les fruits et légumes du magasin.]

I need to get my hair cut.

[J'ai besoin d'aller me faire couper les cheveux.]

Most people have burglar alarms installed.

[La plupart des gens font appel à quelqu'un pour leur installer une alarme antivol.]

CONSTRUCTION

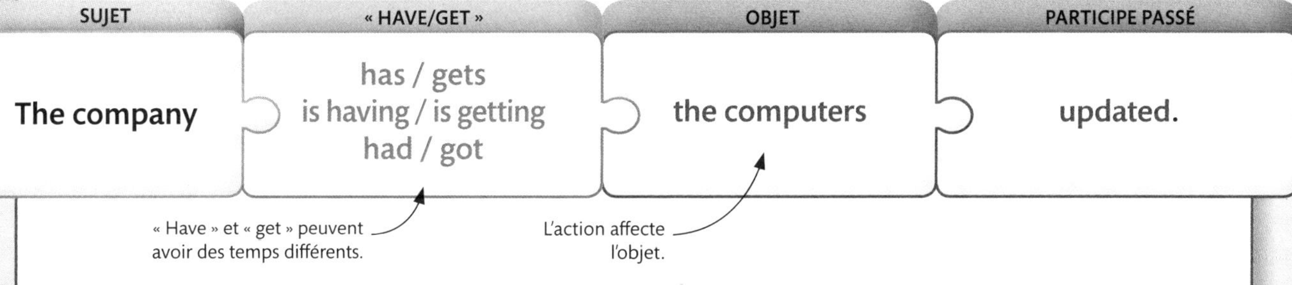

117 Le séquençage et l'organisation

En anglais, un certain nombre de mots et d'expressions aident à mieux comprendre l'ordre dans lequel se déroulent des événements. Ils peuvent aussi servir à organiser le texte et à le rendre plus facile à comprendre.

Pour en savoir plus :
D'autres marqueurs de relation **112**
Faire la conversation **120**

117.1 SÉQUENCER LES PHRASES

Certains mots et segments indiquent, dans une séquence, à quel stade se déroule quelque chose.

First, **he woke up.**

Then **he ate breakfast.**

Next, **he had a shower.**

After that, **he got dressed.**

Finally, **he went to work.**

AUTRES EXEMPLES

In the morning, **we watched the sun rise over the Serengeti.**

Meanwhile, **we got ready to go on safari.**

Finally, **we saw some lions.**

First, **I got some money out of the bank.**

Second, **I bought some food from the supermarket.**

After that, **I had some coffee.**

First of all, **the chef mixed together butter and sugar.**

After that, **she added eggs and flour.**

Finally, **she put the mix in the oven.**

117.2 LES EXPRESSIONS D'ORGANISATION FORMELLES

Certains marqueurs rhétoriques indiquent la suite des événements. Ils aident à organiser des paragraphes et de longs passages de texte formel.

CONSEIL
Ces marqueurs d'organisation se placent souvent au début d'un segment ou d'une phrase.

Les marqueurs de séquençage peuvent servir à ordonner les informations.

First of all, / To begin with, it is important to consider which courses you want to study.

Certains marqueurs donnent des informations supplémentaires.

Additionally, / Furthermore, / Moreover, you should keep in mind where you want to study.

D'autres soulignent des exemples.

For example, / For instance, you should consider whether you want to study abroad.

« Such as » n'est admis qu'au milieu de la phrase, et sert à introduire des exemples.

You can also look at other activities, **such as / for example / for instance** a club or society.

Utilisez des marqueurs conclusifs pour résumer une idée.

In conclusion, / Overall, several factors will affect your choice of college.

118 Reprendre quelqu'un et changer le sujet

Vous pouvez avoir recours à des mots ou des expressions toutes faites pour reprendre quelqu'un, exprimer votre désaccord, changer de sujet ou admettre quelque chose. Ils sont souvent placés en tête de phrase.

Pour en savoir plus :
D'autres marqueurs de relation **112**
Décider et adoucir les discours **119**
Faire la conversation **120**

118.1 REPRENDRE QUELQU'UN ET EXPRIMER SON DÉSACCORD

Certains mots peuvent servir à montrer que vous n'êtes pas d'accord avec quelqu'un, ou à dissiper un malentendu.

CONSEIL
Ces expressions peuvent sembler impolies si elles sont fortement accentuées à l'oral.

I don't think this painting is worth that much.

Actually, it sold at auction for $2 million.

Wow! Do you like it?

I don't, actually. It's not very impressive.

AUTRES EXEMPLES

That play was really good, wasn't it?

Well, I found the plot quite hard to follow, to be honest.

But the actors were excellent!

I'm afraid I don't think so. I thought they were terrible.

Did you enjoy the book I gave you?

Actually, I found it quite boring.

Really? It's so well written!

I don't agree. I prefer thrillers.

118.2 CHANGER LE SUJET

« By the way » montre qu'on change de sujet.

I think this gallery is fantastic. Oh, by the way, did you read the article about this exhibit in *The Times*?

« As I was saying » revient à un sujet abordé auparavant, suite à un changement de sujet ou une interruption.

As I was saying, this is a fantastic exhibit. I really like the range of artwork.

« Anyway » revient à un sujet abordé auparavant, suite à un changement de sujet ou une interruption. Il peut aussi couper court à un sujet ou une conversation.

Anyway, I should say goodbye. I want to visit the gallery shop before it closes.

118.3 ADMETTRE QUELQUE CHOSE

Certains mots servent à exprimer son accord ou admettre quelque chose, surtout après l'avoir mis en doute.

I told you this museum is very expensive.

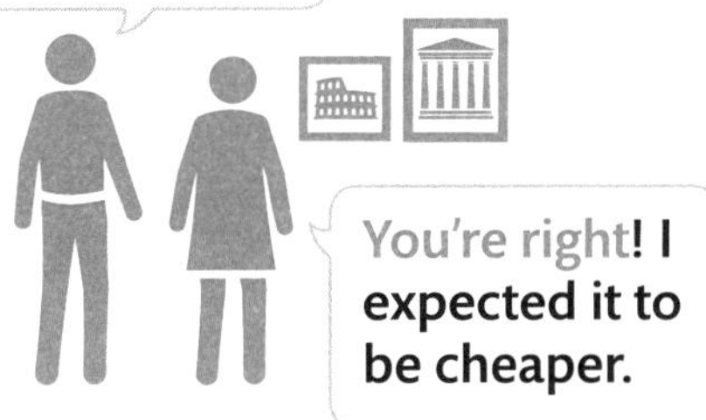

You're right! I expected it to be cheaper.

AUTRES EXEMPLES

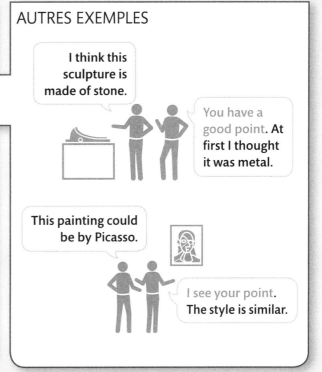

I think this sculpture is made of stone.

You have a good point. At first I thought it was metal.

This painting could be by Picasso.

I see your point. The style is similar.

119 Décider et adoucir le discours

En anglais, on trouve de nombreux mots et expressions pour parler des différents points de vue d'une conversation, ou pour adoucir certaines phrases.

Pour en savoir plus :
Les infinitifs et les participes **51**
D'autres marqueurs de relation **112**
Faire la conversation **120**

119.1 AVANCER DES ARGUMENTS

Il existe des mots et des phrases bien précises pour discuter ou comparer les avantages et les inconvénients d'une idée.

I'm not sure whether to go to the party tonight.

On the one hand, **I'd have a great time.**
On the other hand, **I have work to do.**

AUTRES EXEMPLES

Although **my friends will be at the party, I don't want to stay up late.**

I could go to the party. Alternatively **I could stay in and study.**

Of course, **there is going to be good music and lots of food.**

I don't want to study Art. However, **my teacher thinks I'm good at it.**

Despite **my reservations, I think I'll go to the party anyway.**

119.2 ADOUCIR LE DISCOURS

Dans une phrase, ajoutez des mots et des expressions qui servent à adoucir une idée, pour la rendre moins directe ou forte.

Polls {suggest / indicate} that locals dislike the new statue.

Verbes pour adoucir.

It is {arguably / potentially} the strangest statue around.

Adverbes pour adoucir.

{To a certain degree, / To some extent,} locals feel their views are being ignored.

Expressions pour adoucir.

119.3 « SEEM » ET « APPEAR »

« Seem » et « appear » sont des verbes qui servent à prendre ses distances avec un énoncé. Utilisez-les lorsque vous doutez de la véracité des faits.

The prisoners {seem / appear} to have vanished.

« Seem » et « appear » sont souvent suivis d'un autre verbe à l'infinitif.

It {seems / appears} that the prison cell was left unguarded.

« It seems » ou « it happens » peuvent être suivis d'une proposition en « that ».

It would {seem / appear} that a file was used to break the bars.

« Would » renforce encore la distance et le degré d'incertitude.

120 Faire la conversation

De nombreux mots et expressions en anglais servent à rendre la conversation plus fluide. Ces techniques sont désignées sous le nom de « fonction phatique du langage ».

Pour en savoir plus :
D'autres marqueurs de relation **112**
Décider et adoucir le discours **119**

120.1 LES MARQUEURS RHÉTORIQUES D'ORGANISATION INFORMELS

Vous pouvez utiliser un certain nombre de marqueurs rhétoriques généraux pour passer d'un sujet à l'autre en anglais parlé.

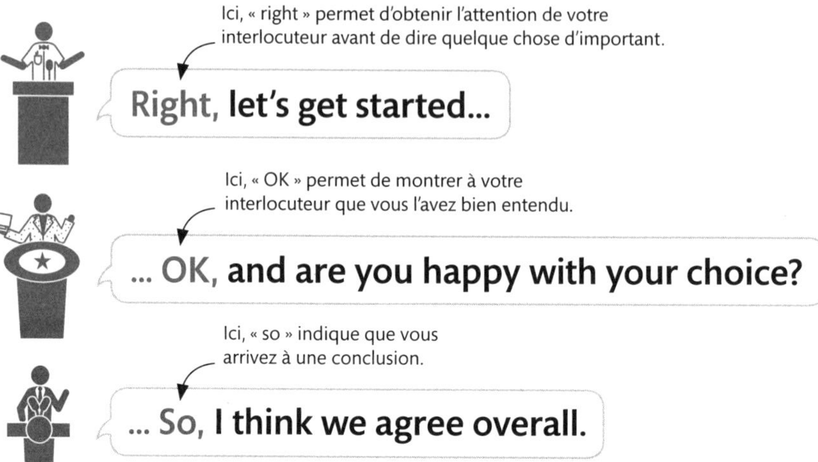

Ici, « right » permet d'obtenir l'attention de votre interlocuteur avant de dire quelque chose d'important.
Right, let's get started...
Ici, « OK » permet de montrer à votre interlocuteur que vous l'avez bien entendu.
... OK, and are you happy with your choice?
Ici, « so » indique que vous arrivez à une conclusion.
... So, I think we agree overall.

120.2 LA FONCTION PHATIQUE

Quand on écoute son interlocuteur, il est fréquent d'employer des petits mots pour relancer la conversation, pour montrer que l'on est d'accord et que l'on suivez. On appelle cela la « fonction phatique du langage ».

I'm thinking about doing a course.

Really?

My company has funding...

Wow!

...and I'm really tempted to apply.

OK.

I've just moved house and my commute is very long.

Uh-huh.

The problem is, I don't have much spare time.

Oh right.

The scheme is very competitive. I'll have to see what happens.

Of course.

120.3 LES TECHNIQUES POUR GAGNER DU TEMPS

Si vous avez besoin de temps pour réfléchir à une question délicate, vous pouvez entamer une réponse avec une phrase qui vous fait gagner du temps tout en indiquant que vous réfléchissez à la question.

Would you be happy to work weekends?
Well, I do have two children.

What are your strengths?
Good question. I have excellent computer skills.

Why should we hire you?
Let's see... I think my experience would be very useful.

AUTRES EXEMPLES

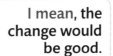

So, I'm thinking of quitting my job.
You know, that might be a bad idea.

I mean, the change would be good.
Sort of, but you've always wanted to work where you are now.

Now, I didn't think of it that way.
I kind of think in the long run you'd be much happier staying where you are.

R Références

R1 LES PARTIES DU DISCOURS

Les différents types de mots qui constituent une phrase sont appelés « parties du discours » ou « catégories grammaticales ». Une phrase contient toujours au moins un nom et un verbe ; d'autres parties du discours, comme les adjectifs et les adverbes, permettent d'ajouter des informations descriptives.

PARTIE DU DISCOURS	DÉFINITION	EXEMPLE
nom	nom, objet, concept ou personne	**cat**, **Evie**, **girl**, **house**, **water**, **happiness**
adjectif	décrit un nom ou un pronom	**big**, **funny**, **light**, **red**, **young**
verbe	indique une action ou un état	**be**, **go**, **read**, **speak**, **swim**, **walk**
adverbe	décrit un verbe, un adjectif ou un autre adverbe, donnant des informations sur « comment », « où », « quand » ou « combien »	**briskly**, **easily**, **happily**, **here**, **loudly**, **quite**, **rather**, **soon**, **together**, **very**
pronom	remplace un nom	**he**, **she**, **you**, **we**, **them**, **it**
préposition	décrit la relation entre un nom ou un pronom, et un autre mot dans la phrase	**about**, **above**, **from**, **in**
conjonction	utilisé pour lier des mots ou des propositions	**and**, **because**, **but**, **while**, **yet**
interjection	exclamation ou remarque	**ah**, **hey**, **hi**, **hmm**, **wow**, **yes**
article	utilisé avec un nom pour préciser s'il s'agit d'une personne ou d'une chose en général ou en particulier	**a**, **an**, **the**
déterminant	précède un nom et le place en contexte	**all**, **her**, **my**, **their**, **your**

R2 L'ALPHABET

En anglais, l'alphabet compte 26 lettres. « A », « E », « I », « O », « U » sont des voyelles, et les autres lettres sont des consonnes.

Aa Bb Cc Dd Ee Ff Gg Hh Ii Jj Kk
Ll Mm Nn Oo Pp Qq Rr Ss Tt Uu
Vv Ww Xx Yy Zz

R3 LA PONCTUATION

PONCTUATION	NOM	UTILISATION
.	period (US) full stop (UK)	• indique la fin d'un énoncé complet • indique la fin d'un mot abrégé
...	ellipsis	• indique un texte omis ou une phrase inachevée
,	comma	• suit un mot, une proposition ou un syntagme d'introduction • peut isoler une partie non essentielle d'une phrase • peut être utilisé avec une conjonction pour relier deux propositions principales • sépare les mots ou les propositions dans une liste • représente des mots omis pour éviter les répétitions • peut se placer entre une introduction au discours et un discours direct
;	semi-colon	• sépare deux propositions principales étroitement liées • sépare les éléments d'une liste complexe
:	colon	• relie une proposition principale à une proposition, un syntagme ou un mot qui explique celle-ci, ou qui met l'un de ses arguments en exergue • introduit une liste après un énoncé complet • introduit une citation
'	apostrophe	• indique des lettres manquantes • marque la possession
-	hyphen	• relie deux mots dans des modificateurs composés et certains noms composés • peut être utilisé dans les fractions et les nombres de « twenty-one » à « ninety-nine » • peut relier certains préfixes à d'autres mots
" "	inverted commas	• peut servir avant et après le discours direct et les citations • fait ressortir un mot ou un syntagme dans une phrase • peut servir à encadrer des titres d'œuvres courtes
?	question mark	• exprime la fin d'une question
!	exclamation mark	• indique la fin d'une phrase avec une vive émotion • peut se placer à la fin d'une interruption pour ajouter de l'emphase
()	parentheses (US) brackets (UK)	• peut encadrer des informations non essentielles dans une phrase • peut encadrer des informations qui apportent une clarification
–	dash	• peut encadrer des interruptions (par paires) • indique une gamme de chiffres (« 5-6 hours ») • indique le début et la fin d'un itinéraire (« Paris-Dover rally »)
•	bullet point	• indique un point dans une liste
/	slash	• peut montrer une alternative en remplaçant le mot « or »

R4 LES TEMPS DU PRÉSENT

Le **présent simple** énonce des faits, parle de choses qui se produisent régulièrement et décrit des vérités générales.

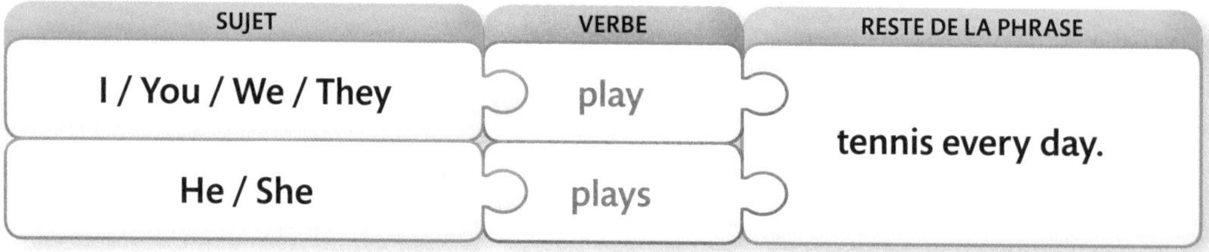

Le **présent continu** évoque quelque chose qui se passe maintenant.
Il se construit avec « to be » et un participe présent.

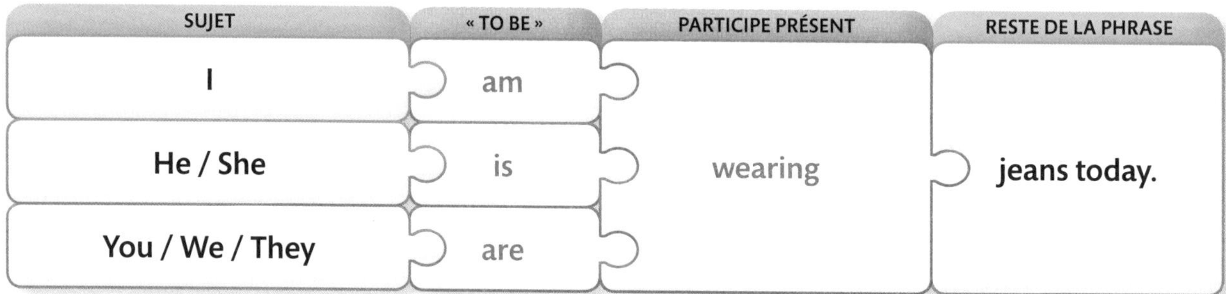

R5 L'IMPÉRATIF

L'impératif ordonne à quelqu'un de faire quelque chose.
Pour former l'impératif, on utilise le radical (l'infinitif sans « to »).

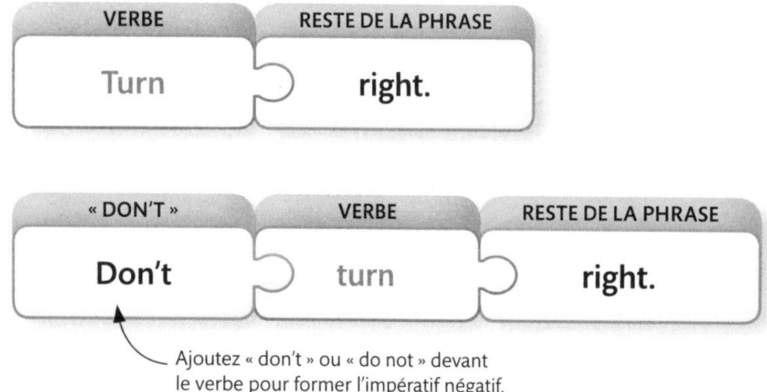

R6 LES TEMPS DU PASSÉ

Le **prétérit** décrit des événements survenus à un moment précis du passé. C'est le temps passé le plus fréquent en anglais.

SUJET	VERBE	RESTE DE LA PHRASE
I / You / He She / We / They	washed	the car on Tuesday.

En anglais, le **prétérit continu** fait référence à une action continue à un moment dans le passé. Il se construit avec « was » ou « were » et un participe présent.

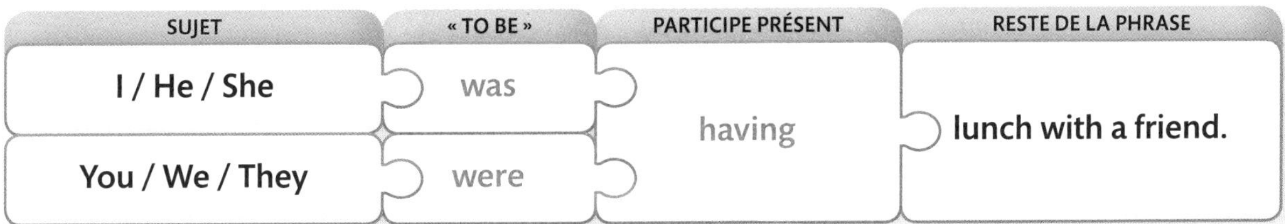

SUJET	« TO BE »	PARTICIPE PRÉSENT	RESTE DE LA PHRASE
I / He / She	was	having	lunch with a friend.
You / We / They	were		

R7 LES TEMPS DU PRESENT PERFECT

Le **present perfect** simple fait référence à des événements dans le passé dont les conséquences s'étendent au moment présent. Il se construit avec « have » et un participe passé.

SUJET	« HAVE/HAS »	PARTICIPE PASSÉ	RESTE DE LA PHRASE
I / You / We / They	have	arrived	in London.
He / She	has		

Le **present perfect continu** sert à parler d'une activité continue qui s'est déroulée dans le passé récent. L'activité vient de cesser ou est encore en cours.

SUJET	« HAVE/HAS »	« BEEN »	PARTICIPE PRÉSENT	RESTE DE LA PHRASE
I / You / We / They	have	been	working	all day.
He / She	has			

R8 LES TEMPS DU PAST PERFECT

Le **past perfect** décrit une action terminée qui s'est déroulée avant une autre action terminée dans le passé.

SUJET	« HAD »	PARTICIPE PASSÉ	RESTE DE LA PHRASE
I / You / He She / We / They	had	gone	to work already.

Le **past perfect continu** décrit une action répétée ou une activité en cours qui s'est déroulée avant une autre action terminée dans le passé.

SUJET	« HAD BEEN »	PARTICIPE PRÉSENT	RESTE DE LA PHRASE
I / You / He She / We / They	had been	studying	English for two years.

R9 « USED TO » ET « WOULD »

« **Used to** » s'utilise avec le radical pour parler d'habitudes ou d'états du passé.
« **Would** » peut être utilisé de cette façon, mais uniquement pour des habitudes passées.

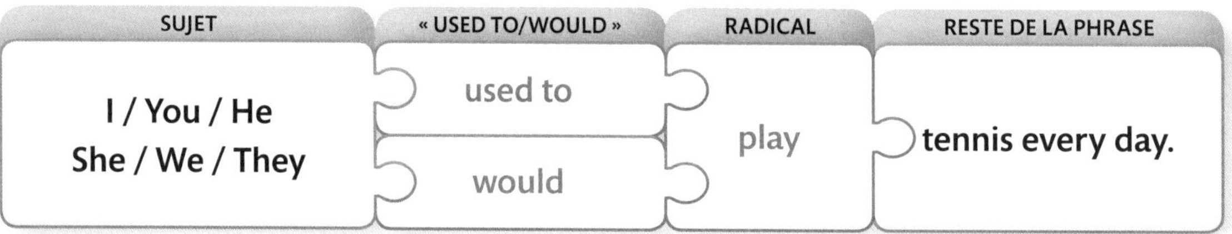

SUJET	« USED TO/WOULD »	RADICAL	RESTE DE LA PHRASE
I / You / He She / We / They	used to would	play	tennis every day.

R10 LES FORMES DU FUTUR

Le **futur avec « going to »** sert à parler de décisions prises au moment du discours, ou à faire des prédictions basées sur des preuves actuelles.

SUJET	« TO BE »	« GOING TO »	RADICAL	RESTE DE LA PHRASE
I	am	going to	buy	a new car.
He / She	is			
You / We / They	are			

Le **futur avec « will »** sert à parler de décisions que vous venez de prendre, à faire une prédiction sur ce que vous pensez qu'il va arriver, à offrir de faire quelque chose pour quelqu'un ou à faire une promesse.

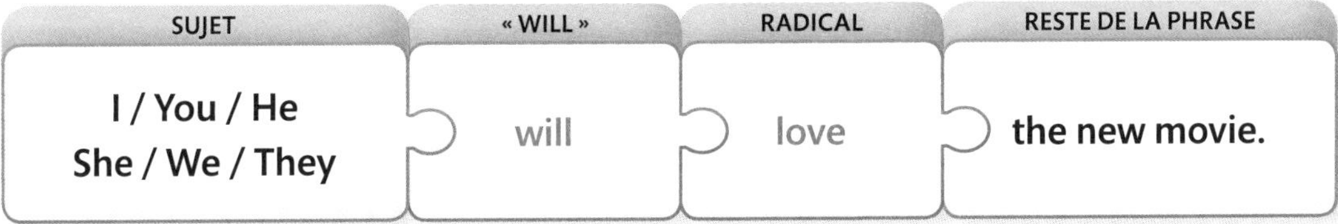

SUJET	« WILL »	RADICAL	RESTE DE LA PHRASE
I / You / He She / We / They	will	love	the new movie.

Le **futur continu** utilise « will » ou « going to » avec un participe présent pour décrire un événement ou une situation qui sera en cours à un moment dans le futur.

SUJET	« WILL BE »	PARTICIPE PRÉSENT	RESTE DE LA PHRASE
I / You / He She / We / They	will be	running	a bistro.

R11 LE FUTUR PERFECT

Le **futur perfect** sert à parler d'événements qui vont chevaucher, ou finir avant, un autre événement du futur.

SUJET	« WILL HAVE »	PARTICIPE PASSÉ	RESTE DE LA PHRASE
I / You / He She / We / They	will have	finished	the project tomorrow.

Le **futur perfect continu** sert à prédire la durée d'une activité. Ce temps permet de regarder en arrière à partir du moment imaginé dans le futur.

SUJET	« WILL HAVE BEEN »	PARTICIPE PRÉSENT	RESTE DE LA PHRASE
I / You / He She / We / They	will have been	working	here for a year.

R12 LA CONSTRUCTION DE LA FORME NÉGATIVE

TEMPS	AFFIRMATION	NÉGATION
Présent simple avec « be »	I am interested in politics.	I am **not** interested in politics.
Présent simple avec les autres verbes	I play tennis every day.	I **do not** play tennis every day.
Présent continu	He is wearing jeans today.	He is **not** wearing jeans today.
Prétérit simple avec « be »	She was at the lecture yesterday.	She was **not** at the lecture yesterday.
Prétérit simple avec les autres verbes	We cooked enough food last night.	We did **not** cook enough food last night.
Prétérit continu	It was raining this morning.	It was **not** raining this morning.
Present perfect simple	I have seen the new movie.	I have **not** seen the new movie.
Present perfect continu	I have been waiting for a long time.	I have **not** been waiting for a long time.
Past perfect simple	Sam had cooked dinner for me.	Sam had **not** cooked dinner for me.
Past perfect continu	Fey had been looking for a new job.	Fey had **not** been looking for a new job.
Futur avec « going to »	It is going to be sunny tomorrow.	It is **not** going to be sunny tomorrow.
Futur avec « will »	They will be here before 5pm.	They will **not** be here before 5pm.
Futur continu	Tania will be arriving soon.	Tania will **not** be arriving soon.
Futur perfect simple	The play will have finished by 7pm.	The play will **not** have finished by 7pm.
Futur perfect continu	I will have been working for a long time.	I will **not** have been working for a long time.

VERBE MODAL	AFFIRMATION	NÉGATION
« Can »	I can play the piano.	I **cannot** play the piano.
« Could »	I could sing when I was younger.	I could **not** sing when I was younger.
« Should »	We should buy a new house.	We should **not** buy a new house.
« Might »	He might come to the party tonight.	He might **not** come to the party tonight.
« Must »	You must write in pencil.	You must **not** write in pencil.

R13 LES CONTRACTIONS

PRONOM	« TO BE »	« WILL »	« WOULD »	« TO HAVE »	« HAD »
I	I am ➔ **I'm**	I will ➔ **I'll**	I would ➔ **I'd**	I have ➔ **I've**	I had ➔ **I'd**
you	you are ➔ **you're**	you will ➔ **you'll**	you would ➔ **you'd**	you have ➔ **you've**	you had ➔ **you'd**
he	he is ➔ **he's**	he will ➔ **he'll**	he would ➔ **he'd**	he has ➔ **he's**	he had ➔ **he'd**
she	she is ➔ **she's**	she will ➔ **she'll**	she would ➔ **she'd**	she has ➔ **she's**	she had ➔ **she'd**
it	it is ➔ **it's**	it will ➔ **it'll**	it would ➔ **it'd**	it has ➔ **it's**	it had ➔ **it'd**
we	we are ➔ **we're**	we will ➔ **we'll**	we would ➔ **we'd**	we have ➔ **we've**	we had ➔ **we'd**
they	they are ➔ **they're**	they will ➔ **they'll**	they would ➔ **they'd**	they have ➔ **they've**	they had ➔ **they'd**
that	that is ➔ **that's**	that will ➔ **that'll**	that would ➔ **that'd**	that has ➔ **that's**	that had ➔ **that'd**
who	who is ➔ **who's**	who will ➔ **who'll**	who would ➔ **who'd**	who has ➔ **who's**	who had ➔ **who'd**

VERBE ET « NOT »	FORME CONTRACTÉE
is not	**isn't**
are not	**aren't**
was not	**wasn't**
were not	**weren't**
have not	**haven't**
has not	**hasn't**
had not	**hadn't**
will not	**won't**
would not	**wouldn't**
do not	**don't**
does not	**doesn't**
did not	**didn't**
cannot	**can't**
could not	**couldn't**
should not	**shouldn't**
might not	**mightn't**
must not	**mustn't**

VERBE MODAL ET « TO HAVE »	FORME CONTRACTÉE
would have	**would've**
should have	**should've**
could have	**could've**
might have	**might've**
must have	**must've**

⚠ ERREURS COURANTES CONTRACTIONS

Ces formes contractées sont souvent mal orthographiées car elles s'écrivent et se prononcent quasiment de la même façon que d'autres mots. Les formes contractées comprennent toujours une apostrophe.

You are	They are
↓	↓
You're ✓	They're ✓
Your ✗	Their ✗
	There ✗

R14 LES PRÉPOSITIONS

Les prépositions sont des mots qui créent ou indiquent des relations entre différentes parties d'une proposition, par exemple des relations de temps, d'espace ou de raison. Elles ne peuvent être suivies que d'un nom, un pronom, un syntagme nominal ou un gérondif.

PRÉPOSITION	EXEMPLE
about	Today's lecture is **about** the Cold War.
above	The balloon flew **above** the city.
after	We can go to the park **after** lunch.
against	I'm **against** building new houses here.
among	The document is **among** these papers.
at	Let's meet **at** the bus stop later.
because of	I'm late **because of** the trains delays.
before	Could you get here **before** lunchtime?
behind	The park is **behind** that hedge.
below	He lives in the apartment **below** mine.
beneath	Potatoes grow **beneath** the ground.
between	I live **between** Vancouver and Calgary.
between... and	They'll arrive **between** 7pm **and** 8pm.
by	Please pay **by** the end of the month.
despite	The café is busy **despite** the high prices.
during	Turn off your phone **during** the show.
due to	**Due to** the rain, the game was canceled.
except (for)	Everyone had arrived **except for** Liam.
following	**Following** losses, the store closed down.
for	I haven't been back to Delhi **for** years.
from	Our new colleague is **from** Lithuania.
from ... to	I work **from** 9am **to** 5pm.
in	There's plenty of food **in** the cupboard.

PRÉPOSITION	EXEMPLE
in front of	Don't stand **in front of** the television!
instead of	Can we have pizza **instead of** pasta?
like	This tastes **like** butter, but it has less fat.
near	We live quite **near** the airport.
next to	The supermarket is **next to** the bank.
on	I have piano lessons **on** Tuesdays.
on top of	Put the vase **on top of** the bookcase.
out of	Don't let the cat **out of** her box yet.
over	Lots of planes fly **over** my village.
past	It's ten **past** nine. You're late!
regarding	Let's talk **regarding** your new job.
since	I haven't been to Las Vegas **since** 2007.
thanks to	**Thanks to** your efforts, we won a prize.
through	Shall we walk **through** the park?
throughout	I laughed **throughout** the whole movie.
to	When are you going **to** Canada?
toward	The child just ran **toward** his mother.
unlike	It's **unlike** Karen to be so rude.
until	We'll be in Portugal **until** Friday.
under(neath)	I think the ball's **under(neath)** the bush.
with	Will you come **with** us to the concert?
within	I ran the marathon **within** four hours.
without	I've come out **without** my phone.

R15 LES ADJECTIFS ET LES PRÉPOSITIONS

Certains adjectifs doivent être suivis d'une préposition précise.

ADJECTIF	PRÉPOSITION	EXEMPLE
afraid	**of**	It's surprising how many adults are **afraid of** the dark.
ashamed	**of**	You should be **ashamed of** that remark. It was very hurtful.
bored	**with**	If you're **bored with** that book, read a different one instead.
close	**to**	I'm very **close to** my cousins because we're all similar ages.
crazy	**about**	All the children at the school are **crazy about** the same TV show.
different	**from (UK) / than (US)**	He's always been **different from / than** other boys of his age.
excited	**about**	Max was very **excited about** his first football game.
famous	**for**	She was mainly **famous for** her career in politics.
good / bad	**at**	I've always been very **good at** geography, but **bad at** history.
good / bad	**for**	Too much sugar is **bad for** us and should be avoided.
good / bad	**of**	It was very **good of** you to look after the children for me.
guilty	**of**	The vandal was found **guilty of** criminal damage.
impressed	**by**	I've always been **impressed by** your ability to forgive people.
interested	**in**	More and more students are **interested in** media studies.
jealous	**of**	Older children are often **jealous of** their younger brothers or sisters.
keen	**on**	My parents aren't very **keen on** classical music.
nervous	**of**	I've been **nervous of** dogs since one bit me when I was a child.
pleased	**at / with**	Most of the voters were **pleased at / with** the result of the election.
proud	**of**	The coach felt very **proud of** his team when they lifted the trophy.
responsible	**for**	I'm **responsible for** ensuring that everything runs smoothly.
similar	**to**	Don't you think she looks very **similar to** her cousin?
surprised	**at / by**	We were all **surprised at / by** the news of your resignation.
suitable	**for**	The village roads aren't **suitable for** heavy trucks.
tired	**of**	We're **tired of** city life and would like to move to the country.
wrong	**with**	Can you tell me what's **wrong with** my answer?

R16 LES NOMS ET LES PRÉPOSITIONS

Certains noms doivent être suivis d'une préposition précise.

NOM	PRÉPOSITION	EXEMPLE
advantage	**in**	The **advantage in** going last is that you know the target time.
aim	**of**	The **aim of** this lesson is to understand algebra.
amazement	**at**	I gasped in **amazement at** the price tag!
anger	**at**	Sally felt a flash of **anger at** the suggestion that she hadn't tried.
apology	**for**	The referee gave a public **apology for** his bad decision.
belief	**in**	We share a strong **belief in** the goodness of people.
cause	**of**	Political disagreement is the **cause of** many family arguments.
danger	**of / in**	The **danger in / of** trying to please everyone is that you please no one.
demand	**for**	There is always an increased **demand for** ice cream in hot weather.
difficulty	**in**	If you experience any **difficulty in** breathing, call the doctor.
excitement	**about / at**	There was great **excitement about / at** the treasure they had found.
fear	**of**	Many people experience a **fear of** flying at some point.
hope	**of**	The **hope of** a cure for cancer is growing all the time now.
interest	**in**	Several teachers have expressed an **interest in** the new course.
lack	**of**	The building project will not go ahead because of a **lack of** money.
photograph	**of**	Have you seen this **photograph of** my grandmother's wedding?
point	**in**	There's no **point in** arguing; we won't change our minds.
possibility	**of**	With this grade, there is the **possibility of** postgraduate study.
problem	**with**	There was a **problem with** the delivery of the package.
reason	**for**	The customer gave poor quality as the **reason for** her complaint.
response	**to**	We had a terrific **response to** our survey about salaries.
solution	**to**	I can offer you a simple **solution to** this problem.
success	**in / at**	He said that his **success in / at** the sport was down to his training.
surprise	**at**	There was huge **surprise at** the result of the election.
way	**of**	The best **way of** removing stains is with warm, soapy water.

R17 LES VERBES ET LES PRÉPOSITIONS

Certains verbes doivent être suivis d'une préposition précise.

VERBE	PRÉPOSITION	EXEMPLE
accuse (someone)	**of**	The security guard **accused the girl of** shoplifting.
apologize	**for**	I'd like to **apologize for** that last comment.
appeal	**to**	The magazine really needs to **appeal to** teenagers.
apply	**for**	Are you going to **apply for** that job in the newspaper?
approve	**of**	Matt doesn't **approve of** his daughter's new boyfriend.
ask (someone)	**about**	Can you **ask someone about** the time of the next train?
believe	**in**	This company doesn't **believe in** asking you to work overtime.
belong	**to**	Does this coat **belong to** you?
blame (someone)	**for**	Don't **blame me for** being late.
compare (someone)	**to / with**	We shouldn't **compare the new teacher to / with** Mr. Hockly.
concentrate	**on**	I'm finding it difficult to **concentrate on** this homework.
congratulate (someone)	**on**	Let me be the first to **congratulate you on** your new baby.
count	**on**	We're **counting on** everyone's support for this new venture.
criticize (someone)	**for**	The politician was **criticized for** his extravagant lifestyle.
deal	**with**	This training will help you to **deal with** difficult members of the public.
decide	**against**	We've **decided against** floor-to-ceiling closets.
decide	**on**	We've **decided on** pale blue for the bedroom. It looks great.
happen	**to**	Accidents always seem to **happen to** Paul. He's very unlucky.
insist	**on**	The club **insists on** its members dressing up.
remind (someone)	**of**	Doesn't Ellie **remind you of** her mother? She's so like her.
shout	**at**	There's no point in **shouting at** the dog. He's deaf!
stop (someone)	**from**	The yellow band is there to **stop people from** tripping over the step.
succeed	**in**	Fran **succeeded in** passing her driving test on the third try.
think	**about**	Take time to **think about** the proposal. There's no rush.
worry	**about**	It's natural to **worry about** your children when they're out.

R18 LES VERBES AVEC UN GÉRONDIF OU UN INFINITIF

Certains verbes sont suivis d'un infinitif ou d'un gérondif. Certains peuvent être suivis de l'un ou de l'autre sans que leur sens n'en soit changé.

VERBES SUIVIS D'UN INFINITIF			
advise	**compel**	**hope**	**promise**
afford	**dare**	**instruct**	**refuse**
agree	**decide**	**intend**	**remind**
aim	**demand**	**invite**	**seem**
allow	**deserve**	**learn**	**teach**
appear	**enable**	**manage**	**tell**
arrange	**expect**	**offer**	**tend**
ask	**encourage**	**order**	**threaten**
beg	**fail**	**persuade**	**wait**
cause	**forbid**	**plan**	**want**
choose	**guarantee**	**prepare**	**warn**
claim	**help**	**pretend**	**wish**

VERBES SUIVIS D'UN GÉRONDIF			
admit	**discuss**	**involve**	**recommend**
avoid	**dislike**	**justify**	**resent**
appreciate	**enjoy**	**keep**	**risk**
complete	**fancy**	**mind**	**see someone**
consider	**feel like**	**miss**	**spend time / money**
delay	**finish**	**practice**	**suggest**
deny	**imagine**	**prevent**	**understand**

VERBES SUIVIS D'UN INFINITIF OU D'UN GÉRONDIF (SANS CHANGEMENT DE SENS)			
begin	**cease**	**like**	**prefer**
can't bear	**continue**	**love**	**propose**
can't stand	**hate**	**need**	**start**

R19 LES VERBES D'ÉTAT COURANTS

Les verbes d'état décrivent des états comme des émotions, la possession, les sens ou les pensées. On ne les utilise généralement pas avec les temps continus.

SIGNIFICATION	VERBE D'ÉTAT	EXEMPLE
ressentir/avoir envie	**like / love**	I **like / love** Italian ice cream.
	need	We really **need** to spend more time together as a family.
	prefer	Most people **prefer** summer to winter.
	want	The band **wants** to become famous and make money.
penser	**believe**	I **believe** your story, but it is rather unlikely.
	doubt	Lots of people **doubt** that he can do the job properly.
	know	Do you **know** where we parked the car?
	mean	What do you **mean** when you say you aren't ready?
	think	What do you **think** about the proposed policy?
	understand	Could you speak more slowly? I don't **understand** you.
être/exister	**appear / seem**	It **appears / seems** that the house has already been sold.
	exist	Strange creatures **exist** at the bottom of the sea.
posséder	**belong**	Excuse me, that book **belongs** to me.
	have / own	My neighbor **has / owns** three classic cars.
	include	Did you **include** Lucy in the guest list?
éprouver	**feel**	Does your leg **feel** better today?
	hear	I can **hear** you, but I'm not sure what you're saying.
	hurt	My arm really **hurts**. I think I should go to see the doctor.
	see	Can you **see** the blackbird in the bush over there?
avoir une qualité	**feel**	This rug **feels** so soft. It would be lovely to walk on.
	smell	Something **smells** delicious. Is it the soup?
	sound	That **sounds** like thunder, or is it just fireworks?
	taste	This milk **tastes** a bit sour. I think it's gone bad.

R20 LES VERBES À PARTICULE SÉPARABLE

Si un verbe à particule comporte un complément d'objet direct, l'objet peut se placer entre le verbe et sa particule. Dans ce cas, le verbe se place en premier, suivi de l'objet, puis de la particule. Cette séparation est souvent facultative. Mais si l'objet d'un verbe à particule séparable est un pronom, celui-ci doit séparer le verbe de sa particule.

VERBE À PARTICULE	DÉFINITION	EXEMPLE
bring up	look after a child until he / she is an adult	Samira's grandparents **brought** her **up**.
bring up	mention something	You should **bring** any problems **up** with your manager.
carry out	perform an action	If you give me instructions, I'll **carry** them **out**.
clean up	clean something thoroughly	Can you help me **clean** the kitchen **up** please?
do up	restore / decorate something	We've bought an old house and we're going to **do** it **up**.
fill in / out	write information in a form	Could you just **fill** this short form **in / out** for me, sir?
fill up	make something completely full	I'm just going to the gas station to **fill** the car **up**.
get back	find / get something after it has been lost / taken	The police **got** my car **back** after it had been stolen.
give up	stop doing something	Smoking is really bad for you. You should **give** it **up**.
hand out	distribute something	Be quiet! I'm about to **hand** the exam papers **out**.
leave out	not include something / someone	I can't believe that they **left** you **out** of the team!
let out	release something / someone	The school's going to **let** the children **out** early today.
look up	find information, e.g. in a dictionary	When does the show start? Can you **look** it **up** for me?
make up	invent something	I didn't believe Dave's story. I think he **made** it **up**.
pick up	take hold of something and lift it	**Pick** that paper bag **up**!
pull down	demolish / destroy something	They're going to **pull** all those old apartments **down**.
put off	delay doing something	I'm going to **put** the party **off** until Dad feels better.
set up	arrange / organize something	We're helping to **set** the music festival **up**.
take up	start a new hobby	I never thought I'd **take** birdwatching **up**, but I love it!
throw away	get rid of something	We never **throw** any food **away**.
turn down	refuse / reject something / someone	It was a great job offer but I **turned** it **down**.
turn on	start an electrical device	Quick! **Turn** the TV **on**. The final is about to start.
wake up	make someone stop sleeping	Will you **wake** me **up** at 8am if I oversleep?
write down	write something on paper	Could you **write** your email address **down** for me?

R21 LES VERBES À PARTICULE INSÉPARABLE

Certains verbes ne peuvent pas être séparés de leur particule. Le complément d'objet doit toujours être placé après la particule, même s'il s'agit d'un pronom.

VERBE À PARTICULE	DÉFINITION	EXEMPLE
check in / into	announce your arrival	Guests may **check into** the hotel from 4pm.
come across	find by chance	I **came across** some old photographs while cleaning up.
cut back on	reduce / decrease something	The government wants to **cut back on** spending.
deal with	handle / manage someone or something	We learned how to **deal with** difficult customers.
do without	manage without something	We can **do without** a vacation this year.
get along / on with	have a good relationship	I find it easy to **get along / on with** people.
get on / off	walk / climb on or off a bus, train, plane, etc.	Please take care when you **get off** the plane.
get out of	leave a car / taxi, etc.	Be careful when you **get out of** the car.
get over	recover (from an illness)	It took me a long time to **get over** the last cold I had.
get through	finish something successfully	The trial was very stressful, but we **got through** it.
go over	check or examine something	Remember to **go over** your answers carefully.
go with	match, suit	Does this scarf **go with** my jacket?
hear from	get news from somebody	Have you **heard from** your cousins recently?
keep up with	keep the same pace as others	Slow down! I can't **keep up with** you!
look after	take care of someone	Marie **looks after** her younger sister after school.
look for	try to find, search	Peter is going to **look for** a job when he leaves school.
look forward to	be excited about something in the future	My children are **looking forward to** the holidays.
look into	examine something carefully	The police are **looking into** the case.
look up to	respect and admire someone	Lots of young people **look up to** sports stars.
run into	meet someone by chance	I **ran into** Dave earlier. I hadn't seen him for ages.
run out of	not have any left	We've **run out of** food. Let's go to the store.
stand for	mean, represent	What do the initials UNICEF **stand for**?
take after	be similar to an older relative	Sally's so stubborn. She really **takes after** her mother.
turn into	become something else	You can sleep here. The sofa **turns into** a bed.

R22 LES FAUX AMIS

En anglais, certains mots sont homophones (ou quasiment), tout en ayant une signification différente. Il est essentiel de bien les orthographier pour que la phrase ait le sens voulu.

accept / except
I accept your apology.
Everyone was on the list except for me.

adverse / averse
She was feeling unwell due to the adverse effects of her medication.
He was lazy and averse to playing sport.

aisle / isle
The bride walked down the aisle.
They visited an isle near the coast of Scotland.

aloud / allowed
She read the book aloud.
He was allowed to choose which book to read.

amoral / immoral
Her amoral attitude meant that she didn't care if her actions were wrong.
He was fired from the firm for immoral conduct.

appraise / apprise
The manager needed to appraise the employee's skills.
The laywer apprised the defendant of his rights.

assent / ascent
He nodded his assent.
They watched the ascent of the balloon.

aural / oral
The aural test required her to listen.
The dentist performed an oral examination.

bare / bear
The trees were stripped bare.
The large bear roamed the woods.

break / brake
The chocolate was easy to break apart.
The car didn't brake fast enough.

broach / brooch
He decided to broach the subject for discussion.
She wore a pretty brooch.

cereal / serial
He ate a bowl of cereal for breakfast.
She found the serial number on her computer.

complement / compliment
The colors complement each other well.
He paid her a compliment by telling her she was pretty.

cue / queue
The actor waited for his cue before walking on stage.
The checkout queue was very long.

desert / dessert
The desert is extremely hot and dry.
She decided to have cake for dessert.

draught / draft
There was a draught coming from under the door.
He had written a draft of the letter.

pore / pour
I could see every pore on his nose.
She helped pour the drinks at the party.

principle / principal
The man believed in strong principles.
He was given the role of the principal character.

stationary / stationery
The aircraft landed and remained stationary.
She looked in the stationery cupboard for a pen.

R23 LES RÈGLES D'ORTHOGRAPHE

Pour construire le participe présent et le gérondif, ajoutez « -ing » au radical du verbe. L'orthographe du radical peut changer légèrement quand on ajoute « -ing ».

RADICAL	RÈGLE	GÉRONDIF + PARTICIPE PRÉSENT
choose	Supprimez le « -e » muet avant d'ajouter « -ing ».	**choosing**
tie	Transformez « -ie » en « -y » avant « -ing »	**tying**
forget	Doublez la dernière lettre avec une terminaison consonne-voyelle-consonne accentuée.	**forgetting**

Pour construire les participes passés réguliers, ajoutez « -ed » au radical du verbe. L'orthographe du radical peut changer légèrement quand on ajoute « -ed ».

RADICAL	RÈGLE	PARTICIPE PASSÉ
like	La dernière lettre est « -e », n'ajoutez que « -d ».	**liked**
cry	Transformez le « -y » en « -ied ».	**cried**
drop	Doublez la dernière lettre avec une terminaison consonne-voyelle-consonne accentuée	**dropped**

R24 LES PLURIELS IRRÉGULIERS

En anglais, la plupart des pluriels se construisent en ajoutant « -s » à la fin du nom au singulier. Mais certains noms ont une forme irrégulière au pluriel, soit parce qu'ils adoptent une autre terminaison, soit parce qu'ils ne changent pas du tout.

SINGULIER	PLURIEL
aircraft	**aircraft**
analysis	**analyses**
appendix	**appendices**
axis	**axes**
bureau	**bureaux**
cactus	**cacti**
child	**children**
crisis	**crises**
deer	**deer**
fish	**fish**
foot	**feet**
formula	**formulae**
fungus	**fungi**
leaf	**leaves**
loaf	**loaves**

SINGULIER	PLURIEL
man	**men**
medium	**media**
mouse	**mice**
ox	**oxen**
person	**people**
phenomenon	**phenomena**
scarf	**scarves**
series	**series**
sheep	**sheep**
species	**species**
tooth	**teeth**
vertebra	**vertebrae**
wife	**wives**
wolf	**wolves**
woman	**women**

R25 LES MARQUEURS DE RELATION

Les marqueurs de relation servent à relier au moins deux mots, propositions ou expressions.
Ce sont en général des conjonctions, mais on trouve aussi des adverbes.

MARQUEURS DE RELATION	UTILISATION	EXEMPLE
although / even though	ajoute un contraste	The show went ahead, **even though** it was raining.
anyway	contraste avec quelque chose qui vient d'être dit	I knew the climb would be hard, but I did it **anyway**.
and / both… and	lie deux mots ou propositions similaires	I can speak **(both)** French **and** English.
as	explique une action	The experiment failed **as** the sample was too old.
as long as	ajoute une condition	You can go out **as long as** you come home by 11pm.
as well as	ajoute de nouvelles informations	Mint is used in savory dishes **as well as** sweet ones.
because	explique une action	I was late again **because** the train was delayed.
but	lie deux mots ou propositions contradictoires	He's quite heavy **but** he's very fast on his feet.
consequently	donne le résultat d'une action précédente	The vote was close. **Consequently**, there was a recount.
furthermore	ajoute des informations complémentaires	I love this cream. **Furthermore**, it's great for dry skin.
however	ajoute des informations contradictoires	I'd love to come. **However**, I'm away that weekend.
if	ajoute une condition	These plants will grow better **if** you water them daily.
in addition	ajoute des informations	I go to the gym a lot. **In addition**, I run 20km a week.
in order to	donne le but d'une action	We moved here **in order to** be closer to work.
moreover	ajoute des informations complémentaires	It's quicker to travel by plane. **Moreover**, it's cheaper.
neither… nor	lie deux éléments faux ou impossibles	These instructions are **neither** helpful **nor** legible.
or / either… or	lie deux alternatives	We can **(either)** go to the cinema **or** have a meal.
since	explique une action	**Since** dessert is included, we might as well have one.
so	explique une action	It was raining, **so** we stayed indoors.
so that	donne le but d'une action	I'm saving money **so that** I can buy a house.
therefore	donne le résultat d'une action	It's a very clear night. **Therefore**, you can see the stars.
unless	ajoute une condition	You won't be able to travel **unless** you have a visa.
whereas	ajoute un contraste	My mother likes tea, **whereas** my father prefers coffee.
yet	ajoute un contraste	Dean is a good musician, **yet** he can't read music.

R26 LES MARQUEURS TEMPORELS

L'anglais possède de nombreux mots pour parler du moment où des actions se déroulent.
Ils se comportent généralement comme des prépositions, des conjonctions ou des adverbes.

MARQUEURS TEMPORELS	UTILISATION	EXEMPLE
about to	un événement est sur le point de se dérouler	The train on platform 6 is **about to** leave.
after	un événement dans la proposition principale fait suite à un autre événement	Wash your hands **after** you've been gardening.
already	un événement précède un autre événement ou un moment donné	Don't worry, I've **already** ordered some food.
as	un événement se déroule simultanément à un autre événement	It started raining **as** we were leaving the house.
as soon as	un événement (dans la proposition principale) se déroule juste après un autre événement	Please call us **as soon as** you arrive in New York.
before	un événement (dans la proposition principale) précède un autre événement	I was a teacher **before** I became a politician.
by the time	un événement précède ou se déroule en même temps que celuide la proposition principale	**By the time** we arrived, the game had started.
eventually	un événement se déroule après un long moment	It was a long wait, but **eventually** our exam results arrived.
finally	un événement est en fin de liste, ou se produit après un long moment	I'd like to thank my family, my team, and **finally** my fans.
in the end	un événement s'est déroulé après un long moment	Joe took the exam three times, but **in the end** he passed.
just	un événement s'est produit tout récemment	Quick! I've **just** seen something really amazing!
later	un événement après le discours ou le moment dont on parle	I can't take you to the mall now. We'll go there **later**.
meanwhile	indique qu'un événement se déroule au même moment qu'un autre événement	The show started at 8. **Meanwhile**, we went for dinner.
next	un événement dans une séquence	Stir the melted chocolate. **Next**, pour it into the cake pan.
once	un événement débute (dans la proposition principale) après un autre événement	**Once** you've cleaned the stove, wipe all the handles.
since	un événement débuté dans le passé se poursuit dans le présent	I haven't seen you **since** we were in school!
still	un événement en cours au moment du discours a débuté dans le passé	Are they **still** repairing the main road?
then	une série d'événements, ou un événement après un autre	We went to the cinema, **then** we went out for a meal.
until	un événement se poursuit jusqu'à un autre événement	I won't stop saving **until** I've bought a new car.
when	un événement se déroule au même moment ou après un autre événement	Could you call me **when** all the salespeople have arrived?
while	un événement se déroule au même moment qu'un autre événement	Please don't interrupt me **while** I'm trying to concentrate.
yet	un événement inattendu ne s'est pas déroulé, ou cherche à savoir s'il s'est déroulé	Have you finished the sales report **yet**?

Glossaire

accent
Prononcer une ***syllabe*** dans un mot, ou un mot dans une ***phrase***, de manière plus forte que les autres.
voir aussi ***emphase***

accord
Quand la ***forme verbale*** correspond au ***sujet***, par ex. **he is** = sujet singulier + verbe au singulier.

adjectif
Mot qui décrit un ***nom*** ou un ***pronom***, par ex. **quick**.

adjectif absolu
Mot qui décrit une qualité qui ne peut pas être modifiée, par ex. **unique**.

adjectif comparatif
Adjectif qui compare une chose ou un groupe de choses à un autre, par ex. **better**.
voir aussi ***adjectif superlatif***

adjectif de classification
Adjectif qui décrit le type de ***nom*** qu'il définit, par ex. dans **medical student**, « medical » décrit le type d'étudiant.

adjectif en -ed
Adjectif qui décrit la façon dont quelque chose est affecté, par ex. **bored**, **excited**.
voir aussi ***adjectif en -ing***

adjectif en « -ing »
Adjectif qui décrit l'effet que produit quelque chose, par ex. **boring**, **exciting**.
voir aussi ***adjectif en « -ed »***

adjectif extrême
Adjectif dont le sens est plus fort qu'un ***adjectif de gradation*** malgré une signification similaire, par ex. **freezing** est l'adjectif extrême de **cold**.

adjectif gradable
Adjectif qui peut être utilisé avec des ***adverbes de degré*** (comme **very**) et à la ***forme comparative***.
voir aussi ***adjectif non gradable***

adjectif non gradable
Adjectif qui ne peut être mis à la forme ***comparative*** et ne sert qu'avec certains ***adverbes de degré*** (comme **absolutely**).
voir aussi ***adjectif gradable***

adjectif superlatif
Adjectif qui indique l'extrême d'un groupe de choses, par ex. **best**.
voir aussi ***adjectif comparatif***

adverbe
Mot qui décrit un ***verbe***, un ***adjectif*** ou un autre ***adverbe***, par ex. **quickly**.

adverbe de gradation
Adverbe qui indique « combien », par ex. **extremely**.

adverbe de fréquence
Adverbe qui indique « à quelle fréquence », par ex. **usually**.

adverbe de manière
Adverbe qui indique « comment », par ex. **badly**.

adverbe gradable
Adverbe de gradation qui peut être utilisé avec les ***adjectifs gradables***.
voir aussi ***adverbe non gradable***

adverbe non gradable
Adverbe de degré qui peut être utilisé avec des ***adjectifs non gradables***.

affirmation
Proposition qui exprime ce que fait ou ce qu'est quelqu'un ou quelque chose. Elle ne contient pas de négation.
voir aussi ***négation***

agent
Personne ou chose qui réalise l'action. ***Sujet*** du verbe dans une ***proposition active***, mais pas à la ***voix passive***.

apostrophe
Signe de ponctuation qui signale l'appartenance, par ex. **John's cat**, ou une forme contractée, par ex. **I'm happy**.

article
Les mots **a**, **an** et **the**, qui indiquent si quelque chose est général ou spécifique.
voir aussi ***article zéro***

article défini
Le mot **the**, qui définit le nom qui le suit, par ex. **the house in the woods**.
voir aussi ***article indéfini***

article indéfini
Les mots **a** et **an** qui précèdent des noms lorsque le nom auquel on fait référence n'a pas d'importance, ou s'il s'agit de la première fois qu'on le mentionne, par ex. **Can I borrow a pen?**
voir aussi ***article défini***

article zéro
Absence d'***article*** devant les ***noms indénombrables*** ou au pluriel.

atténuation
Mots ou phrases qui permettent d'atténuer un discours, par ex. **apparently**, **I think**.

catégorie de mot
Indique la fonction d'un mot dans une phrase, par ex. ***nom***, ***verbe***, ***adjectif*** sont tous des catégories de mot.

complément
Mot ou syntagme qui fait suite aux ***verbes*** comme **be**, **become**, **seem**, **appear**, par ex. « happy », dans **she's happy**.
voir aussi ***verbe de liaison***

conditionnel
Structure verbale utilisée lorsqu'un événement ou une situation dépend de la réalisation préalable d'un autre événement ou situation.

conditionnel zéro
Phrase avec « if » ou « when » qui décrit une situation présente ou régulière, par ex. **If it rains, the roads flood**.

conjonction
Mot qui relie deux mots ou groupes de mots, par ex. **and**, **because**, **if**.

conjonction de coordination
Mot qui relie deux ***propositions*** d'importance égale, par ex. **and**, **but**, **or**. voir aussi ***conjonction de subordination***

conjonction de subordination
Mot qui relie deux ***propositions*** d'importance inégale, comme une ***proposition subordonnée*** à une ***proposition principale***, par ex. **because**, **if**. voir aussi ***conjonction de coordination***

consonne
La plupart des lettres/sons en anglais, à l'exception de **a**, **e**, **i**, **o**, et **u**. **Y** se comportent comme une consonne ou une ***voyelle***.

continu (progressif)
La plupart des ***temps*** continus expriment des actions qui sont en cours à un moment précis, par ex. **I'm writing**.

dénombrable
Nom qui peut être compté, par ex. **one book**, **two books**.
voir aussi ***indénombrable***

déterminant
Mot qui précède un ***nom*** et l'identifie, par ex. **the book**, **this book**.

déterminant possessif
Mot qui précède un ***nom*** et signale l'appartenance, par ex. **my**, **our**, **his**.

déterminant/pronom démonstratif
Mot qui qualifie un ***nom*** comme étant proche (**this**, **these**) ou éloigné (**that**, **those**) du locuteur, par ex. **this watch is cheaper than that one in the window**.

deuxième conditionnel
Phrase avec « if » qui décrit une situation future imaginaire, ou une situation présente impossible, par ex. **If I were you, I'd take an umbrella**.

discours direct
Mots prononcés pour une affirmation ou une question, par ex. **It's raining**.

discours indirect
Énoncés et ***questions*** répétés après avoir été prononcés, souvent par une autre personne, par ex. **He said the bus was full**.

ellipse
Omission de mots ou de propositions au sein d'une phrase, généralement car leur répétition est superflue, par ex. **He got up and [he] had a shower**.

ellipse conversationnelle
Omettre des mots dans une conversation ***informelle***, par ex. **[Do you] Want a cup of coffee?**

emphase
Lorsqu'un mot est prononcé plus fort car il est important dans la phrase.
voir aussi ***accent***

énoncé
Phrase qui offre des informations, c'est-à-dire ni une ***question***, ni un ***impératif***.

focus
Syntagme placé en tête de ***phrase*** en raison de son importance.

fonction phatique
Mots et sons prononcés par un interlocuteur pour montrer qu'il suit une conversation, par ex. **Really?**

forme contractée
Deux mots reliés par une ***apostrophe*** pour former un seul mot, par ex. **we're**.

formel
On utilise un registre formel dans les situations où on connaît peu ses interlocuteurs, ou dès lors que l'on souhaite garder une distance sociale.
voir aussi ***informel***

forme négative
Proposition qui contient un mot comme **not** ou **never**.

futur continu
Temps formé avec **will be** et le ***participe présent***. Il exprime une action qui sera en cours à un moment du futur.

futur perfect
Temps formé avec **will have** et le ***participé passé***, par ex. **will have done**. Il exprime une action qui sera terminée à un moment du futur.

futur perfect continu
Temps formé avec **will have** been et le ***participe présent***, par ex. **will have been doing**. Il exprime une action continue qui sera terminée à un moment du futur.

gagner du temps
Utiliser des mots ou des propositions courtes dans une conversation pour vous donner le temps de préparer votre réponse, par ex. **Let's see...**

gérondif (nom verbal)
Forme en « ***-ing*** » d'un ***verbe*** utilisée en tant que nom, par ex. **No smoking**.

impératif
Ordre donné à quelqu'un, par ex. **Stop!** L'impératif est souvent un ***verbe*** seul sous sa ***forme radicale***.

indénombrable
Nom qui ne peut pas être compté, par ex. **water**, **money**.
voir aussi ***dénombrable***

infinitif
Forme de base d'un ***verbe***, souvent avec le marqueur infinitif « **to** », par ex. « **to go, to run** ».

informel
Le registre informel sert dans les situations décontractées en présence d'interlocuteurs que vous connaissez bien.
voir aussi ***formel***

inversion
Interversion de deux parties d'une ***proposition***, par ex. le ***sujet*** et le ***verbe*** dans les questions.

irrégulier
Mot qui diffère de la majorité des mots ex. **men** est un ***nom pluriel irrégulier***. voir aussi ***régulier***

« it » d'introduction
« It » peut servir au début d'une ***phrase*** pour désigner une idée générale, par ex. « **It is difficult to ski** ».

locution adverbiale négative
Proposition qui fait office d'***adverbe*** et a une signification négative, par ex. **not only**, **not until**.

marqueur rhétorique
Mot ou proposition utilisés dans une conversation pour l'orienter ou ajouter un commentaire, par ex. **Well**, **Right**.

marqueur temporel
Mot ou proposition qui indique un moment, par ex. **now**, **at the moment**, **tomorrow**.

modificateur
Mot qui ajoute des informations à un autre mot, par ex. « really » dans **really interesting**.

nom
Mot qui renvoie à une personne, un lieu ou une chose.

nom abstrait
Mot qui désigne une qualité plutôt qu'une chose ou une personne, par ex. **beauty**, **hope**.

nombres cardinaux
Chiffres et nombres utilisés pour compter. Par ex. **one**, **two**.
voir aussi ***nombre ordinal***

nombres ordinaux
Chiffres et nombres utilisés pour donner un ordre, par ex. **first**, **second**.
voir aussi ***nombre cardinaux***

nom collectif
Nom au ***singulier*** qui désigne un groupe de personnes ou de choses, par ex. **family**, **team**.

nom composé
Nom qui contient au moins deux mots, par ex. **post office**.

nom concret
Nom qui renvoie à quelque chose que l'on peut toucher, voir, entendre, sentir ou goûter, par ex. **table**, **teacher**.

nom propre
En anglais, le nom d'une personne, d'un lieu, d'un jour de la semaine, etc. par ex. **Maria**, **France**, **Sunday**.

objet
Nom ou ***pronom*** qui suit un ***verbe*** ou une ***préposition***.

objet direct
Personne ou chose affectée par l'action du ***verbe***, par ex. « him » dans **We followed him**.
voir aussi ***objet indirect***

objet indirect
Personne ou chose affectée par l'action d'un ***verbe transitif***, sans en être l'objet direct, par ex. « the dog » dans **I gave the ball to the dog**.
voir aussi ***objet direct***

ordre des mots
Position des différents mots dans une ***proposition***, par ex. le ***sujet*** précède généralement le ***verbe***, et les ***adjectifs d'opinion*** précèdent généralement les ***adjectifs factuels***.

participe
Forme d'un ***verbe*** utilisée pour construire les ***temps composés***.
voir aussi ***participe passé*** et ***participe présent***

participe passé
Participe d'un verbe utilisé pour construire les temps du ***parfait*** et le ***passif***, par ex. **walked**, **done**, **eaten**.

participe présent
Participe d'un ***verbe*** utilisé pour construire des ***temps continus***, par ex. **walking**, **doing.**

particule
Mot qui suit un ***verbe*** pour former un ***verbe à particule***.

past perfect
Temps formé de **had** et du ***participe passé***, par ex. **had done**. Il exprime une action terminée qui s'est déroulée avant une autre action ou un état dans le passé.

past perfect continu
Temps formé avec **had been** et le ***participe présent***, par ex. **had been doing**. Il exprime une action en cours qui s'est déroulée avant une autre action ou un état dans le passé.

perfect
Les ***temps*** du parfait expriment un lien entre deux moments, par ex. le ***present perfect*** relie le passé au présent.

personne
Forme d'un ***pronom*** qui indique qui parle (**I**, **we**), à qui l'on parle (**you**) ou la personne ou la chose dont on parle (**he**, **she**, **it**, **they**). Les ***verbes*** reflètent aussi la personne, par ex. **am** est la forme de be à la première personne du singulier.

phrase
Groupe d'une ou plusieurs ***propositions***.

pluriel
Forme d'un mot utilisée dès lors que l'on parle de plusieurs choses ou personnes, par ex. **books**, **they**. voir aussi ***singulier***

préfixe
Lettres au début d'un mot qui changent sa signification, par ex. « re- » dans **replace**. voir aussi ***suffixe***

premier conditionnel
Phrase avec « if » qui décrit une situation future possible qui dépend d'une autre situation, par ex. **If it rains, I'll stay here.**

préposition
Mot court qui relie deux ***noms*** ou ***pronoms*** pour indiquer une relation, par ex. **to**, **at**, **with**, **from**.

préposition complexe
Préposition qui contient au moins deux mots, par ex. **next to**, **because of**.

préposition dépendante
Préposition qui suit toujours un ***verbe***, ***nom*** ou ***adjectif*** donné, par ex. **afraid of**.

présent continu
Temps composé du présent de **be** et du ***participe présent***, par ex. **is doing**. Il exprime une action en cours dans le présent.

present perfect
Temps qui se compose du présent de **have** et du ***participe passé***, par ex. **have done**. Il exprime une action entamée dans le passé et toujours en cours, ou dont le résultat se retrouve au moment présent.

present perfect continu
Temps qui se compose de **has/have been** et du ***participe présent***, par ex. **has/have been doing**. Il exprime une action en cours débutée dans le passé et qui se poursuit dans le moment présent.

présent simple
Temps qui se compose uniquement du présent d'un ***verbe***, par ex. **walk**, **say**, **eat**. Il exprime une vérité générale sur le présent.

prétérit continu
Temps formé de **was** ou **were** et du ***participe présent***, par ex. **was doing**. Il exprime une action en cours dans le passé.

prétérit simple
Temps qui se compose de la forme passée du ***verbe***, par ex. **walked**, **said**, **ate**. Il exprime une action terminée dans le passé.

pronom
Mot qui remplace un ***nom***, dès lors que celui-ci a déjà été mentionné, par ex. **it**, **that**.

pronom indéfini
Pronom qui ne renvoie pas à une chose ou une personne en particulier, par ex. **someone**, **something.**

pronom interrogatif
Mot utilisé pour introduire des ***questions ouvertes***, par ex. **What**, **Which**, **Who**, **Why**, **How**.

pronom objet
Pronom qui suit généralement un ***verbe*** ou une ***préposition***, par ex. **me**, **them**.

pronom personnel
Mot qui renvoie à des personnes ou des choses qui ont déjà été mentionnées, par ex. **he**, **they**.

pronom possessif
Mot qui remplace un ***nom*** et signale l'appartenance, par ex. **mine**, **ours**, **his**.

pronom réfléchi
Mot qui renvoie au ***sujet*** de la proposition dès lors que le ***sujet*** et ***l'objet*** sont identiques, par ex. **myself.**

pronom relatif
Mot qui introduit une ***proposition relative***, par ex. **who**, **that**, **which**.

pronom sujet
Mot qui remplace un ***nom*** au rang de ***sujet*** d'une ***proposition***, par ex. **I**, **she**, **they**.

proposition
Groupe de mots qui contient un ***verbe***.

proposition adverbiale
Proposition utilisée comme un adverbe, par ex. **on the table** (expression de lieu), **tomorrow evening** (expression de temps).

proposition infinitive
Proposition dont le verbe est à l'***infinitif***, par ex. **It's important to complete the form in full**.

proposition principale
Proposition qui pourrait former une ***phrase*** complète à elle seule. voir aussi ***proposition subordonnée***

proposition relative
Proposition qui donne des informations sur le ***sujet*** ou ***l'objet*** de la ***proposition principale***.

proposition relative définissante
Proposition qui débute par un ***pronom relatif*** (comme **who** et **which**). Elle donne des informations qui définissent une chose dans la ***proposition principale***. voir aussi ***proposition relative non définissante***

proposition relative non définissante
Proposition qui débute par un ***pronom relatif*** (comme **who** et **which**). Elle donne des informations non essentielles sur la ***proposition principale***. voir aussi ***proposition relative définissante***

proposition subordonnée
Proposition dépendant de la ***proposition principale***, généralement introduite par une ***conjonction de subordination***.

quantificateur
Mot qui précède généralement un ***nom*** pour exprimer une quantité ou un montant, par ex. **several**, **many**, **much**.

question
Phrase qui demande quelque chose, généralement une information. Le ***verbe*** est le plus souvent placé avant le ***sujet***.

question courte
Question qui se résume à un ***verbe auxiliaire*** et un ***sujet***, utilisée pour indiquer que l'on prête attention à la conversation, par ex. **Is it?**

question directe
Une question sans phrase d'introduction, par ex. **What time is it?**

question fermée
Question à laquelle on peut répondre par « yes » ou « no », par ex. **Are you English?**
voir aussi ***question ouverte***

question indirecte
Question qui commence par une phrase polie, par ex. **Can you tell me what time it is?**

question rapportée
Question répétée après avoir été posée, souvent par une autre personne, par ex. **She asked if the bus was full**.

question objet
Question dont le pronom interrogatif est l'objet, par ex. « What » dans **What did you say?**

question ouverte
Question à laquelle on ne peut pas répondre par « yes » ou « no » et qui est introduite par un pronom interrogatif (comme **when** ou **who**).
voir aussi ***question fermée***

question sujet
Question dont le pronom interrogatif est le ***sujet***, par ex. « Who » dans **Who invited you?**
voir aussi ***question objet***

question tag
Courte préposition pour transformer une ***affirmation*** en ***question***, par ex. « isn't it » dans **It's hot today, isn't it?**

racine
Partie d'un mot à laquelle on ajoute un suffixe ou un préfixe, par ex. « employ » est la racine d'**employable**.

radical (infinitif sans « to »)
Forme de base du ***verbe***, par ex. **be**, **run**, **write**.
voir aussi ***infinitif***

recul du temps
Au ***discours indirect***, lorsque le verbe recule d'un temps vers le ***passé***, par ex. du ***présent simple*** au ***prétérit simple***.

régulier
Mot qui se comporte de la même façon que la plupart des mots de sa catégorie, par ex. **books** est un ***nom pluriel*** régulier, et **waited** est une forme régulière du ***prétérit simple***.
voir aussi ***irrégulier***

réponse courte
Réponse à une ***question*** fermée qui n'utilise que le ***sujet*** et le ***verbe auxiliaire***, par ex. **Yes, I do**.

singulier
Forme d'un mot utilisée pour qualifier une seule personne ou chose, par ex. book.
voir aussi ***pluriel***

simple
Les ***temps*** simples se composent uniquement du ***verbe principal*** ; à la ***forme affirmative***, ils n'ont pas besoin d'un verbe auxiliaire.

substitution
Utilisation d'un mot pour en remplacer un autre, par ex. « He » dans **He's in the kitchen**.

suffixe
Lettres à la fin d'un mot qui modifient sa signification, par ex. « -able » dans **enjoyable**.
voir aussi ***préfixe***

sujet
Personne/chose/lieu etc. qui précède généralement le ***verbe*** dans une ***proposition***.

sujet de substitution
Le mot « it » utilisé sans référence à un nom, par ex. **It's five o'clock**.

syllabe
Chaque mot se compose d'un certain nombre de syllabes, qui contiennent chacune un son de ***voyelle***, par ex. **teach** (une syllabe), **teacher** (deux syllabes).

syntagme nominal
Nom, ***pronom*** ou mots liés à un nom, par ex. **the blue house.**

syntagme prépositionnel
Groupe de mots qui débute par une ***préposition***, par ex. **on the bus, at five o'clock**.

temps
Forme d'un ***verbe*** qui indique le temps de l'action, par ex. ***présent simple***, ***prétérit simple***.

temps composé
Temps qui utilise un ***verbe auxiliaire***, par ex. le ***present perfect*** : **has done**.

troisième conditionnel
Phrase avec « if » qui décrit une situation passée impossible et son résultat impossible, par ex. **If I had studied harder, I would have passed the exam**.

verbe
Mot qui renvoie à une situation ou une action, par ex. **stay**, **write**.

verbe à double objet
Verbe qui compte deux objets, par ex. « me » et « the phone » dans **Give me the phone**.

verbe à particule
Association entre un ***verbe*** et une ***particule***, systématiquement utilisés ensemble, dont le sens est différent du verbe seul, par ex. **make up** qui signifie « inventer ».

verbe à particule inséparable
Verbe toujours suivi de sa ***particule***, par ex. **I take after my mother**. voir aussi ***verbe à particule séparable***

verbe à particule séparable
Verbe à particule dont la particule peut être utilisée après un ***nom*** ou un ***pronom***, par ex. **bring the subject up/ bring it up**.
voir aussi ***verbe à particule inséparable***

verbe auxiliaire
Verbe utilisé avec un autre verbe, par ex. pour former des ***temps***, comme **be**, **do** et **have**.
voir aussi ***verbe principal***

verbe d'action (verbe dynamique)
Type de verbe qui décrit une action, par ex. **run**, et peut être utilisé aux temps simples et ***continus***.
voir aussi ***verbe d'état***

verbe de liaison
Verbe qui relie deux parties d'une ***proposition*** (le ***sujet*** et le ***complément***) au lieu de décrire une action, comme **be**, **seem**, **become**, par ex. **She is really angry**.

verbe intransitif
Verbe qui n'accepte pas d'***objet indirect***.
voir aussi ***verbe transitif***

verbe modal
Type de ***verbe auxiliaire*** utilisé avec un ***verbe principal*** pour exprimer des idées comme la capacité et la permission.

verbe principal
Parmi un groupe de verbes, le verbe qui est porteur du sens, par ex. « ride » dans **I can ride a bike**.

verbe rapporteur
Verbe qui introduit un ***discours indirect***, par ex. **say**, **tell**.

verbe statif et non statique
Type de verbe qui décrit des situations, des pensées ou des sentiments, par ex. **seem**, **think**, **like**.
voir aussi ***verbe d'action***

verbe transitif
Verbe qui a besoin d'un ***objet direct***. voir aussi ***verbe intransitif***

voix active
Indique que la personne ou la chose qui réalise l'action est le ***sujet*** du ***verbe***.
voir aussi ***voix passive***

voix passive
Indique que la personne ou la chose affectée par l'action est le ***sujet*** du ***verbe***.
voir aussi ***voix active***

voyelle
En anglais, les lettres **a**, **e**, **i**, **o**, **u**.
voir aussi ***consonne***

Index

Les numéros renvoient aux sections. Les numéros en **gras** indiquent la section principale pour ce sujet. Les numéros précédés d'un R, par exemple « R1 », renvoient aux informations dans le chapitre de référence.

A

B

C

D

E

F

G

H

I

JL

M

N

O

P

T

U

V

W

YZ

Remerciements

L'éditeur souhaite remercier :
Carrie Lewis pour la relecture, Elizabeth Wise pour l'index, Lili Bryant et Laura Sandford pour leur assistance éditoriale, Tim Bowen pour ses conseils linguistiques, Chrissy Barnard, Amy Child, Alex Lloyd, et Michelle Staples pour leur aide avec la conception et enfin Gus Scott pour la réalisation des illustrations supplémentaires.